国家社科基金项目编号：14BSH064

大学毕业生就业质量评价研究

冯乃秋 何莉炜 姚建树 著

燕山大学出版社
·秦皇岛·

图书在版编目（CIP）数据

大学毕业生就业质量评价研究 / 冯乃秋，何莉炜，姚建树著． — 2 版．—秦皇岛：燕山大学出版社，2023.2

ISBN 978-7-5761-0478-3

Ⅰ．①大⋯ Ⅱ．①冯⋯ ②何⋯ ③姚⋯ Ⅲ．①大学生－就业－质量评价－研究－中国 Ⅳ．①G647.38

中国版本图书馆 CIP 数据核字（2022）第 255481 号

大学毕业生就业质量评价研究
冯乃秋　何莉炜　姚建树　著

出版人：陈　玉	
责任编辑：王　宁	策划编辑：王　宁
责任印制：吴　波	封面设计：刘韦希
出版发行：燕山大学出版社 YANSHAN UNIVERSITY PRESS	电　　话：0335-8387555
地　　址：河北省秦皇岛市河北大街西段 438 号	邮政编码：066004
印　　刷：涿州市般润文化传播有限公司	经　　销：全国新华书店
开　　本：700 mm×1000 mm　1/16	印　　张：14.75
版　　次：2023 年 2 月第 2 版	印　　次：2023 年 2 月第 1 次印刷
书　　号：ISBN 978-7-5761-0478-3	字　　数：237 千字
定　　价：60.00 元	

版权所有　侵权必究
如发生印刷、装订质量问题，读者可与出版社联系调换
联系电话：0335-8387718

前　言

　　大学毕业生就业质量概念是一个多维的目标组合，其内容包括就业状况、就业服务、薪酬水平、社会保障、权益保护、教育质量、个体素质等诸多方面。目前，我国大学毕业生面临就业难度大、收入水平差距大、工作生活压力大、文化娱乐少、技能培训少、社会保障程度不足等经济与社会问题。

　　十八大报告中提出"推动实现更高质量的就业"，那么如何提升就业质量？如何评价就业质量的高低？如何稳定就业？会议结束之后，话题引起求职大军的关注，大学毕业生就是其中的一个重点群体。他们的就业质量综合体现多方期望与愿景的达成，对其进行综合测量与评价不仅是评价指标的设计问题，更是政府、用人单位、高校与大学毕业生个体之间关系的评价问题。如何评价大学毕业生就业质量与上述四者之间的关系，实现各主体之间的动态平衡是本书写作的出发点，而构建评价指标体系、评价方法是本研究的核心内容。在此基础上，正确引导大学生就业，提高就业质量，是"十三五"规划中需要解决的社会难题之一，解决的成功与否将影响到中国迈进全民小康社会和实现现代化、工业化进程的快慢。

　　本书分为八章，逻辑结构是沿着理论研究—体系设计—设计检验—实证研究—结论的范式展开，围绕评价大学毕业生就业质量的主线，在理论研究、实证研究、方法运用上有所突破，形成自己的研究特色，主要表现在以下几个方面：

　　理论突破。根据研究对象的特殊性与内容的复杂性，本书构建了大学毕业生就业质量评价指标以及指标体系，填补了我国研究就业质量（尤其是大学毕业生就业质量）指标体系构建思路的空白，即应用了企业绩效管理方法中的平衡计分卡思想，是对大学毕业生群体设置的具有针对性的评价指标体系。同时，从管理学视角出发，应用了社会学、经济学、实验经济学等方法构造了大学毕业生EQE-SC评价体系。通过本研究，中国大学毕业生就业质量评价从零散排列指标到模型化（EQE-SC），从表层走向深入。

方法突破。由于对大学毕业生就业质量的研究是多层次与多角度的交叉，所以本书在选择研究方法时，突破了常规一贯的方法，实现了多种方法的交叉融合，克服了传统指标选择随意的弊端。为了克服专家主观评价的不足，本书采用主、客观分析相结合的方法，用EQE-SC架构评价指标体系的维度，用关键绩效指标法（KPI）思路，通过关键成功要素（CSF）实现评价指标的筛选；对于各指标权重的确定，应用了层次分析法（AHP），通过专家评价，建立比较准则；通过两两比较生成构造矩阵，进行数学推演；通过一致性检验，最终获得各个指标的权重；应用了构造组合赋权的不等权重标准，突破了指标等权重的分析框架，这些方法的应用使研究成果更具科学性与可行性。

当然，我们也清楚地认识到，如何提高大学毕业生就业质量，是目前社会最为关注的问题之一。要想解决好这个问题，就必须先做好就业质量的衡量与评价工作。大学毕业生就业质量评价研究是一项复杂的社会工程，目前在国内外还没有以大学毕业生为对象的权威评价指标体系。本书旨在抛砖引玉，在研究过程中难免存在不妥之处，热诚期待专家学者们不吝赐教。

最后需要说明，本书是国家哲学社会科学基金项目《大学毕业生就业质量评价研究》（编号14BSH064）的研究成果。该研究成果得到了国家哲学社会科学规划办公室的资金资助，得到了河北省哲学社会科学规划办公室、河北科技师范学院等单位的大力支持。该研究也有河北科技师范学院硕士研究生王志兰、吕露馨的辛勤劳动，从资料收集到内容撰写，她们都作出了很大贡献。在此，对所有支持与帮助该课题研究的相关部门与研究人员表示由衷的感谢。

参与该书写作的人如下：

第一章　何莉炜　常宇靖

第二章　何莉炜　景勤娟

第三章　姚建树　王志兰

第四章　姚建树　吕露馨

第五章 冯乃秋 何莉炜
第六章 冯乃秋 何莉炜
第七章 冯乃秋 刘淑燕 熊国祥 唐孝蓉
第八章 冯乃秋 何莉炜

目　　录

第一章　绪论 1
第一节　问题提出 1
一、问题提出的必要性 1
二、问题研究的现实性 2
第二节　大学毕业生就业质量评价体系研究的重要性 4
一、研究的预期目标 4
二、研究的重要意义 5
第三节　研究方法与理论依据 6
一、研究方法 6
二、理论依据 7

第二章　国内外研究现状与理论借鉴 12
第一节　国内外研究现状 12
一、国外研究现状 12
二、国内研究现状 23
第二节　理论借鉴 27
一、人力资本理论 27
二、需求层次理论 28
三、AHP理论 29
第三节　现有研究存在的不足及进一步研究的可能性 30
一、现有研究存在的不足 30

二、进一步研究的可能性 31

第三章　大学毕业生就业质量评价内涵分析 32
第一节　相关概念界定 33
　　一、就业质量的概念及内涵 33
　　二、大学毕业生就业质量的概念及评价要素 36
第二节　我国大学毕业生就业状况 40
　　一、就业形势分析 40
　　二、大学毕业生初次就业的特点分析 41
　　三、大学毕业生就业现状 42
第三节　就业质量评价指标体系的构建现状 45
　　一、大学毕业生就业质量现状 45
　　二、不同层次大学毕业生就业质量分析 49
　　三、大学毕业生就业质量评价体系构建现状 52

第四章　我国大学毕业生就业质量影响因素分析 58
第一节　影响大学毕业生就业质量因素的总体分析 58
　　一、人力资本投资对就业质量的影响 59
　　二、社会资本状况对就业的影响 62
　　三、求职环境状况对大学生就业质量的影响 64
第二节　大学毕业生就业质量的主要影响因素分析 67
　　一、政府因素 67
　　二、高校人才培养视角 70
　　三、企业的社会责任视角 72
　　四、大学生个人竞争力 74
　　五、大学毕业生就业质量影响因素的关系 76
第三节　大学生就业质量提升的对策 78
　　一、就业质量提升整体策略 78
　　二、建立高校大学生就业质量评价指标体系全方位运行机制 80

三、建立高校大学生就业质量评价指标体系保障机制 82

第五章 大学毕业生就业质量评价指标体系构建 84
第一节 构建原则 84
一、全面与系统性原则 84
二、定性与定量、主观与客观相结合原则 85
三、普适性与可比性原则 85
四、独立性与可行性原则 86
五、简单易行原则 86
六、科学性原则 86
七、突出主要矛盾原则 87
八、体现评价方法的特征性原则 87
第二节 构建的理论依据 87
一、工作生活质量 87
二、平衡计分卡 89
第三节 构建评价指标模型 90
一、确定评价指标体系路径 90
二、确定评价指标的构建模型 91
第四节 基于EQE-SC评价指标体系确定 130
一、评价指标体系的层次结构 130
二、评价指标体系的初步确定 130
三、基于德尔菲法的大学毕业生EQE-SC评价指标体系的修正 133

第六章 大学毕业生EQE-SC指标权重的确定 140
第一节 评价指标及其权重赋值的关联度 140
一、评价指标与指标权重的关系 140
二、评价指标与指标权重赋值的关联度 141
第二节 指标权重的确定原则 142
一、SMART原则 142

二、其他原则 ... 143
　第三节　指标权重的确定 ... 143
　　一、建立评价要素指标的递阶层次结构模型 ... 144
　　二、评价要素指标权重的计算步骤 ... 145
　　三、评价要素指标权重的计算实施 ... 147

第七章　大学毕业生就业质量评价指标获得过程的实证分析 ... 163
　第一节　大学毕业生就业质量的相关实证分析 ... 164
　　一、政府机构及官员对就业质量的评价 ... 164
　　二、专家学者对就业质量评价的分析 ... 164
　第二节　本研究的实证调查与分析 ... 165
　　一、调查的实施 ... 166
　　二、调查资料的有效性判断 ... 168
　第三节　大学毕业生EQE-SC的实证分析 ... 171
　　实证分析一：基于性别差异的大学毕业生就业质量研究 ... 173
　　实证分析二：基于企业层面的大学毕业生就业质量评价研究 ... 190

第八章　大学毕业生就业质量评价研究总结 ... 207
　　一、研究结论 ... 207
　　二、进一步研究的必要性 ... 211

附录 ... 213
　附录1　大学毕业生就业质量评价调查问卷 ... 213
　附录2　大学毕业生就业质量评价指标备选征询意见表 ... 218
　附录3　大学毕业生就业质量评价指标权重确定征询意见表 ... 222

第一章 绪　　论

第一节　问题提出

一、问题提出的必要性

就业是民生之本,党的十八大、十九大报告中都指出,实现更高质量就业、更充分就业的目标意义重大,这为我们研究者与基层工作者指明了方向。研究探讨就业质量的评价方法与评价指标,对于坚持和发展就业优先战略,指导新时期的就业工作十分重要。

本研究的重点是对就业质量如何进行评价,研究对象是大学毕业生。目前,衡量我国大学毕业生就业问题的唯一重要指标就是就业率。就业率,是代表着有就业意愿、实际实现人与岗位结合的一个数量指标。而就业质量,不仅是体面就业的文字表述,而且需要用统计数据来衡量其水平的高低。我国劳动和社会保障部于2004年10月27日与国际劳工组织共同举办了"中国就业论坛",首次提出"不断扩大就业规模、提高就业质量将是中国政府一项长期而紧迫的任务"。可见,为了更好地完成这项"长期而紧迫的任务",必须对提高就业质量问题给予极大的关注与重视。

（一）基于实践层面的研究

改革开放40多年,我国的高等教育大众化飞速发展,高校扩招规模不断增加。高校扩招在一定程度上缩小了我国公民与国外公民受教育水平的差距,但不可忽视其带来的一些问题。首先,扩招政策下,每年的大学毕业生人数成滚雪球式增长,2019届大学毕业生人数已经达到834万。面对如此庞大的大学生就业群体，政府不仅需要解决就业数量的问题，更应将提高就业质量提上日程。因此，就业质量如何评价就成了相关政府机关、科研院所、学术界以及社会团体所关注的热点与焦点问题。综观国内外关于就业质量的研究，仍然是仁者见仁、智者见智，尚无一个科学完善的评价体系可供使用①。

本研究结合当前现状，以大学毕业生为对象获取样本展开调查，实证分析了大学毕业生就业质量的影响因素，并在此基础上提炼影响其就业质量的重要因素，建立并评价就业质量的指标体系。本研究预期主要成果是建立大学毕业生就业质量评价指标体系，评价其就业质量高低。

（二）基于技术层面的研究

就业质量的评价，本身就是一个复杂且涉及多学科的交叉内容。从研究的技术层面上看，之前评价大学毕业生就业质量的指标体系中，有许多项目统计资料不多，很难得到全面的统计。因此，只有通过大范围调查，取得具有代表性的样本，才能做出评价。同时，设计指标评价体系。指标的选择与权重的确定一直是研究中的难题。如果指标选择的不好、权重的确定欠合理，应用其进行评价的结果就自然不够准确，最后可能会导致决策的失误，影响到大局方向。本研究考虑到指标的选择有很多是属于主观方面的感受，所以在确定指标时，必须多方面采集数据，提炼评价要素，以其作为确定指标的依据。所以，本研究采用抽样调查方法（问卷调查法）、面对面访谈法等调查方法取得第一手资料并进行分析归纳，再结合德尔菲法、文献归纳法等确定指标。从技术上将平衡积分卡法、关键绩效指标法结合起来，应用关键质量指标分析法精选评价指标。在指标权重的确定中，应用层次分析法，经过数学推演完成。

二、问题研究的现实性

（一）研究的时代背景

本书针对我国高等教育大众化实施后，大学毕业生数量急剧增加、就业难度不断上升的现状展开研究。就业难度上升的原因：一是就业岗位数量供应紧张；二是大学毕业生的自身素质有所下降，这是影响就业难度的主要因素。为

---

① 杨河清，李佳. 大学毕业生就业质量的实证分析[J]. 中国劳动，2007（12）：26-28.

了降低大学毕业生的就业难度,《国家中长期教育改革和发展规划纲要（2010—2020）》中第十八条、三十三条提出,"全面提高高等教育质量","改革教育质量和人才评价制度"。

提高教育质量,就要对教育质量评价和人才评价的制度进行全面的改革,这需要由政府相关部门、高等院校、社会三个层面一起参与。随着高等教育改革的进一步深入和推进,高校大学毕业生就业质量越来越被国家、社会及学校重视与关心。在衡量高校办学水平的高低方面,毕业生的就业质量已成为一个重要指标。所以,提高毕业生就业水平、提升就业质量已越来越成为目前高校的重点工作[①]。

在国家层面,政府对大学毕业生的就业问题给予了高度重视。党中央、国务院、人力资源和社会保障部以及各省级政府,都提出了具体的帮扶计划与权益保障措施。在高校层面,各高校将提升高等教育质量作为现阶段高等教育的工作重点,围绕实现高就业率、高就业质量进行教育教学改革。

本研究处于这样一个时代,结合政府、高校等对大学毕业生就业及就业质量的重视,深入基层开展调查,并通过对大数据调查资料的分析运用,以前瞻性的视角解释、服务现实问题。

（二）研究的特殊背景

首先,通过调查发现,在大学毕业生供给量大幅增加、就业难度较大的背景下,大学毕业生的薪酬、工作的稳定性、个人发展机会以及工作时间等出现了各种问题。另据麦可思《2016年中国大学生就业报告》显示,2015届中国大学毕业生半年后的平均月收入为3726元,比2014届的3487元增长了239元,比2013届的3250元增长了476元；大学毕业生的月平均工资虽然不断增长,但均低于我国当年就业人员的平均工资（注：国家统计局2016年公布的年度数据显示,2015年,我国城镇单位就业人员年平均工资为62029元,其他单位就业人员年平均工资为46945元,月平均工资为3912元）。这些在大学毕业生身上出现的问题,大多属于就业质量的范畴。要想解决大学毕业生就业质量的问题,首要的工作就是对其就业质量进行客观评价。对于大学毕业生就业质量的评

---

① 王志兰. 河北省高职院校毕业生就业质量评价体系研究[D]. 秦皇岛：河北科技师范学院, 2017.

价，国内外一直缺乏统一的评价标准和比较完善的评价指标体系。我国学者对该问题的研究主要集中在大学毕业生工作满意度的影响因素方面；西方学者则较多地把"体面工作"，如安全、待遇和福利等作为指标体系中的关键因素。本研究针对现状，认为构建一个能综合多方视角、准确衡量大学毕业生就业质量的评价指标势在必行。

其次，结合本研究小组的基本情况，需要说明：本研究组的主要成员都是高校教师，并且多年从事人力资源管理教学，每天都与在校大学生接触并长期关注已毕业大学生的就业问题。作为一名高校教师，不仅为在校学生教授知识，同时也为学生的就业提供相关帮助。本研究组的主要成员都是教授专业课程的教师，毕业后与学生们保持密切联系；毕业生在遇到工作上的困难，尤其是专业工作中出现问题时，大多是寻求原毕业学校教师为他们提供解决问题的方案，给予他们帮助。经过长期与大学毕业生接触，本研究组成员对大学毕业生就业以及就业质量问题了解较多，从而对就业质量产生了进一步研究的欲望。

第二节 大学毕业生就业质量评价体系研究的重要性

一、研究的预期目标

构建大学毕业生就业质量评价平衡计分卡（Balanced Score Card, BSC）模型。依据大学毕业生就业质量的主要影响因素，应用BSC思路，构建大学毕业生就业质量评价模型（见图1-1）。

BSC不仅是一种新的评价系统，而且更重要的是，它是一种管理思想。尝试引入平衡计分卡思想，作为对大学毕业生就业质量评价的管理工具，是本课题研究的主要任务。应用BSC模型理论，构建大学毕业生就业质量评价指标体系。

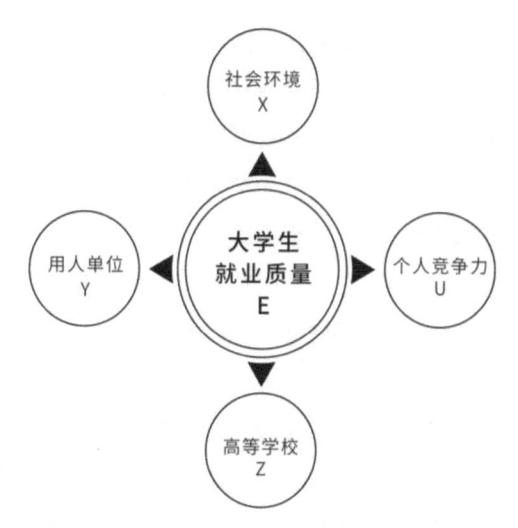

图1-1 大学毕业生就业质量指标体系BSC模型思路

二、研究的重要意义

（一）国家发展进步的需要

进行有关就业质量的研究对我国经济发展和社会稳定，对国家竞争力的提升，对中国梦的实现有着重大的现实意义。就业质量的问题涉及众多学科领域，国外很多研究学者已经在各自领域对就业质量提出了自己的见解和看法。由于我国的劳动力市场发展较晚，就业质量在国内仍属于比较新的概念[①]，有关就业质量的研究才刚刚兴起。

（二）改善民生的有力抓手

目前，关于高校毕业生就业质量尚未形成科学的评估体系，甚至还出现了一些错误的导向。如把"重要单位就业的比例""考研比例""一线、二线城市就业比例"等作为考核毕业生就业质量的主要指标。从表面上看，这些指标似乎有一定的道理，但仔细研究就会发现，这些指标不仅在学校之间没有可比性，而且还存在着重大误区，无形中宣扬了社会职业的高低贵贱和官本位思想，与党和政府鼓励倡导高校毕业生面向基层就业的重大战略决策相违背；与社会

---

① 李巧巧. 大学毕业生就业质量评价指标体系研究[D]. 长春：东北师范大学，2012.

经济发展及高等教育大众化带来的从"精英就业"转向大众化就业的发展现实相违背；与弘扬社会的主旋律与正确的价值观相违背[①]。因此，建立一套基于政府、毕业生、用人单位三方满意度的高校毕业生就业质量指标考核体系，科学、合理地评价高校毕业生就业质量十分重要和迫切。

（三）助推经济发展，维护社会稳定

习近平总书记指出，"就业，牵动着千家万户的生活"；"我国劳动人口众多，又面临经济下行压力，如果就业问题处理不好，就会造成严重社会问题。所以，我们必须统筹抓好经济社会发展和促进就业工作，千方百计增加就业岗位，着力提高就业质量"；"就业是社会稳定的重要保障。一个人没有就业，就无法融入社会，也难以增强对国家和社会的认同。失业的人多了，社会稳定就面临很大危险"。针对就业质量进行研究，符合当前形势需要，符合党和国家的需要，是对习总书记在党的十八大以来重要论述的进一步贯彻落实。本研究具有深远的现实意义。

第三节　研究方法与理论依据

一、研究方法

（一）文献法

研究中，通过中国期刊全文数据库（CNKI）及其他数据库和网站检索，查阅国内外关于就业质量及其解决途径的相关文献，借鉴国内外相关研究成果，对其进行整理、分析，尽可能掌握已有文献，力求全面、客观、真实、准确地把握我国大学生就业的基本状况。通过对国内外学者相关理论及成果的学习，分析和总结以往的研究成果，明确研究思路，掌握一些理论依据，为本研究提供了可借鉴与研究的文献资料。

（二）问卷调查法

通过对高校毕业生现场发放调查问卷或借助电子邮箱、QQ、微信等方式

---

① 张瑶祥. 基于三方满意度的高校毕业生就业质量评价研究[J]. 中国高教研究，2013（5）：82-86.

发送调查问卷，采用抽样调查的方式对结果进行统计分析。问卷根据评价指标体系构想设计而成，分为基本信息方面、政府方面、个人方面、高校方面和用人单位方面五个部分。

在数据收集方面，本研究选择了河北、北京、天津、上海、广州、福建、四川、重庆、贵州、河南、湖南、山东、吉林、辽宁等省市作为调查范围，采用随机抽样方法对其2010届至2015届的3309名大学毕业生进行了问卷调查。被调查对象毕业于所调查区域内高校，就职于党政机关以及各种类型的企事业单位。整个施测过程分为两个阶段：第一阶段为预测，第二阶段为正式施测。通过问卷调查收集到的一手数据，为本书的研究提供了基础和支撑。

（三）**德尔菲法**

在就业质量指标构建过程中，主要运用了德尔菲法。德尔菲法主要运用在确定就业质量评价指标的环节中。为了确定哪些指标适用于我国大学毕业生的就业质量评价，本研究组建了九人的专家小组对从文献中搜集到的指标进行识别和选择。专家小组成员包括来自高等院校和就业指导机构从事就业相关问题理论研究的专家学者，来自企事业单位的人力资源管理实践专家以及专业技术人员代表。经过多轮的专家意见调查和反馈汇总，依据专家意见对就业质量的衡量指标进行修正和调整，最终确定了就业质量的衡量指标，构建了高校毕业生就业质量指标体系。

（四）**数理统计分析法**

调查过程中，课题主要用到层次分析法（Analytic Hierachy Process，简称AHP）、描述性统计分析以及多元线性回归方法。运用AHP构建出大学生就业质量评价指标体系，通过计算指标权重，构建评价指标及评分表；运用描述性统计，对大学毕业生就业质量进行实证研究，同时使用SPSS21.0统计软件做数据分析。

二、理论依据

（一）**绩效管理理论**

绩效管理是指各级管理者和员工为了达到组织目标而共同参与的绩效计划

制订、绩效辅导沟通、绩效考核评价、绩效结果应用、绩效目标提升的持续循环过程。绩效管理是对员工的行为和产出的管理，它在现有的人力资源管理的框架下，在强化人本思想和可操作性基础上，以企业的战略发展目标为依据，通过定期的绩效考核，对员工的行为与产出做客观、公正、综合的评价。

（二）质量管理理论

质量，最初是一种企业话语。人们对质量管理问题与质量管理理论的重视，源于作为营利性组织的企业面临外部竞争的不断加剧。作为一个起点性概念，对质量进行准确界定，对于本研究具有重要意义。质量是一个很难确切定义的概念。原因在于不同的历史时期，从不同价值取向出发和在不同的层面上，其内涵都不尽相同。目前引用较多的是在国际标准化组织中，质量保证技术委员会提出的"质量是反映实体满足明确和隐含需要的能力的特性和总和"。

近年来，质量已经成为组织绩效的一个重要方面，质量管理已经成为人们关注的热点。Kathleen Guin指出，"实际上，绩效管理过程可以加强全面质量管理。因为绩效管理可以给管理者提供管理的技能和工具，使管理者能够将全面质量管理看作组织文化的一个重要组成部分"。可以说，一个设计科学的绩效管理过程本身就是一个追求"质量"的过程——达到或超过内部、外部客户的期望，使员工将精力放在质量目标上等。

诸多跨国公司的成功实践使质量管理理论越来越具有世界影响力。同时，质量管理理论开始逐渐向包括大学在内的非营利性组织渗透。从某种意义上说，企业为同处于激烈竞争大环境中的大学进行质量管理启蒙。随着高等教育逐渐从社会的边缘走进社会中心，大学本身也存在着质量管理的很多困惑，迫切需要来自企业的质量管理经验。作为一种和经济社会联系更加紧密的高等教育，大学毕业生的质量管理问题一直受到政府、社会、院校和毕业生自身的高度重视[①]。

为了对企业质量概念进行教育学改造，很多教育研究者对就业质量给出了自己的界定。尽管学者们对如何定义就业质量有各种分歧，但是对质量的核心内涵却达成不少共识。比如，质量与定位或目标密切相关，质量都是正向质量。根据大学毕业生的发展态势和评估实践的实际要求，本研究把大学毕业生的就

---

① 陈宁．论高等教育质量保障体系建设的框架设计[J]．西华师范大学学报（哲学社会科学版），2009（6）：1-8．

业质量定位于大学毕业生就业质量具有较强的环境相关性;大学毕业生就业质量是对既定目标的达成度;大学毕业生就业质量是作为高校服务对象的学生和用人单位的满意度。

(三)劳动力市场分割理论

约翰·凯恩斯和约翰·穆勒最先提出了劳动力市场分割这一概念,他们指出,新古典劳动力市场原理具有一定局限性,无法对收入差距作出解答,也无法解释歧视问题的出现。现代劳动力市场分割理论产生于20世纪六七十年代,对新古典经济学的劳动力市场理论提出了挑战,并且开始出现了不同的学术分支,其中Michael J. Piore和P. Doering二人全面地研究并阐述了该理论。

1.劳动力市场分割理论的主要观点

Michael J.Piore和P. Doering的《内部劳动力市场及人力资源管理》是劳动力市场分割原理的典范之作。二人在他们的著作中指出,依据劳动力市场中工资报酬的决定、社会福利水平与升迁机制等特点可以将劳动力市场划分为两级劳动力市场:一级劳动力市场与二级劳动力市场。Michael J. Piore(1970)对劳动力市场的双重性是这样描述的:"一级劳动力市场的特点是工资报酬高、工作环境好、工作稳定、社会福利优厚、公司管理正规和公平,员工有相对公平的提升机会。二级劳动力市场的特点则是工资水平较低、工作环境差、工作不稳定、福利水平差、公司管理不够正规、严苛的规章纪律,而且员工的晋升机会也很少。"[①]国内关于劳动力市场分割的研究开始于20世纪90年代。因为中国是发展中国家,城乡二元体制特征明显,加上长期以来的户籍制度对农村劳动力自由流动的阻滞,所以中国关于劳动力市场分割的研究主要集中在城乡劳动力市场的分割、制度性分割等方面,探讨的重点多集中在分割对劳动力流动及就业方面的影响等[②]。

2.劳动力市场分割理论在本研究中的应用

对于二元劳动力市场,它是对劳动力市场在报酬、流动性、福利水平以及就业稳定等指标上的两分法,可以用这种方法来检验一个国家或地区劳动力配

---

① Derek Bosworth Peter Dawkios, Thorsten Stromback. 劳动市场经济学[M]. 何璋等译. 北京:中国经济出版社,2003.
② 李松. 劳动力市场分割的理论研究与经验验证[D]. 呼和浩特:内蒙古财经大学,2018.

置的市场化程度①。第一，我国当前的劳动力市场呈现出体制性分割和制度性分割。体制性分割主要表现为城乡差别、区域差别以及工作岗位性质之间的劳动力市场分割。制度性分割则是由我国的户籍制度、社保制度以及人事档案制度造成的。因此，大学毕业生很少选择去小、微企业或者基层就业。第二，历史性因素使得我国的劳动力市场分割为一级市场和二级市场。随着经济的发展，两个市场劳动者的收入差距不断扩大。因此，大学毕业生在进行工作选择时，首先会选择城市，而不愿意在经济欠发达的农村就业，从而导致就业区域选择的结构性问题。第三，劳动力市场的区域性分割表现在东部沿海经济发达地区和中西部经济欠发达地区。当前，我国东部和西部的经济发展水平存在非常大的差距。区域经济社会发展水平在毕业生的择业过程中是一个非常重要的选择因素。麦可思在2014年大学生就业报告中分析指出，大学毕业生的区域流动出现西才东送现象。由此可见，多数大学本科毕业生把经济发达地区作为首要就业目的地，这种选择使他们在就业的过程中丧失了原有的社会资本，从而增加了工作搜寻的难度，影响就业质量②。

Bulow和Summers基于劳动力市场分割理论提出了二元劳动力市场模型，该模型区分了两级劳动力市场。假定一级劳动力市场不能受到有效监督而二级劳动力市场能够受到有效监督，按照效率工资理论，一级劳动力市场的工资高于市场出清水平，二级劳动力市场中工资依据边际生产率决定。在均衡状态下，一级劳动力市场的工资水平高于二级劳动力市场，即便劳动力是同质的。二级劳动力市场的就业者即使接受低工资也无法进入到一级劳动力市场，原因如效率工资模型。企业若是接受了低工资，就等于是激励员工偷懒，所以企业不会以低工资为条件接受二级市场的劳动者。因此，在劳动力均衡状态下，劳动力市场会形成分割，从而获得不同的工资待遇③。

在我国，首先，城乡、区域和行业的非均衡发展导致了中国劳动力市场分割，阻碍了大学毕业生在各个劳动力市场间的自由顺畅流动，进而引发了毕业

---

① 胡学勤. 劳动经济学[M]. 北京：高等教育出版社，2011.
② 赵萍. 欠发达地区本科毕业生"就业难"问题研究[D]. 西安：西北大学，2015.
③ 姚先国，黎煦. 劳动力市场分割理论：一个文献综述[J]. 渤海大学学报（哲学社会科学版），2005，27（1）：78-83.

生过度集中于某些地区和行业的状况。大学毕业生作为高素质劳动力资源，通常会选择经济发展水平较高的地区和城市就业。其次，劳动力市场分割导致大学毕业生就业流动成本增加。中国劳动力市场仍受现行的户籍、住房、福利、社会保障，特别是社会保险等多种制度因素制约，使得大学毕业生在不同劳动力市场之间的工作转换难度大、自由流动性较差，由此增加了大学毕业生就业市场中的营运成本。

大学毕业生在就业过程中大多争取进入一级劳动力市场，这样可以接触更好的管理制度、培训方案、工作环境，获得较高的薪酬和满意度。但过度集中于一级劳动力市场将会导致人才的结构性供过于求或岗位挤占效应的出现。同时，大学毕业生流向二级劳动力市场就业则可能出现降低就业层次或就业质量的状况。

因此，一级劳动力市场岗位竞争态势愈演愈烈，而经济欠发达省份、西部地区、基层、农村和乡镇企业所构成的次要劳动力市场却景象萧条或人才匮乏。

本研究试图参考人力资本理论和劳动力市场分割理论来分析大学毕业生就业质量的构成要素，劳动力市场分割理论将用于分析影响大学毕业生就业质量的因素以及评价其就业质量的指标选取等方面。此外，劳动力市场分割的改善是就业质量提升的重要途径，通过宏观管理和调控有利于减轻和消除劳动力市场分割对大学毕业生就业质量的影响。

第二章 国内外研究现状与理论借鉴

第一节 国内外研究现状

一、国外研究现状

（一）国外就业理论

就业是关涉社会大众生活水平的重大社会经济问题，历来都备受关注。西方学者从很早就开始关于就业理论的研究了。大致来说，西方就业理论按时间可分为四种，即传统就业理论、近代就业理论、现代就业理论、后现代就业理论。尽管这些理论产生于不同时代，但都有其产生的现实基础，都是针对其所处时代所出现的就业问题进行的思考。

1. 传统就业理论

传统就业理论是在古典经济学的基础上建立起来的，主要包括新古典学派就业理论和周期波动理论两部分。

新古典学派就业理论由萨伊奠基、以马歇尔和庇古为主要代表。其理论要点可归结为：（1）市场经济依靠价格机制可以自动调节是由市场流通中的价格波动所导致的经济失衡。（2）在正常的市场运营机制下，劳动市场中劳动力的供求总体是平衡的，在大多数情况下可以实现充分就业。（3）市场经济在自动实现充分就业方面发挥重要作用，所有人为干预只会影响这种自动调节机制，引起经济动荡或失衡。因此，政府不应该干预经济、干预要素市场的自动调节。新古典学派就业理论阐明了经济增长与就业增长之间的基本关系：在正常情况下，经济增长可以创造新的就业岗位，能够促进就业增长。当市场需求不足时,劳动力需求也就不足,这时就会出现失业现象。该理论还认为在资本主义社会中,仅仅存在暂时的自愿性失业和摩擦性失业,不会存在大规模的生产过剩和失业现象,政府不应该干预市场运转。这种观点显然是不科学的,并且在现实中也是行不通的[①]。

周期波动就业理论是以经济周期论为基础建立起来的。传统经济学认为,经济发展是周期性波动的,劳动力市场也随之经历着周期性的变化。关于经济发展周期性的原因,各个学派都有自己的解释:消费不足理论的代表英国经济学家马尔萨斯、法国经济学家西斯蒙第等认为,个人收入分配不均导致消费不足,因而造成就业不足、经济萧条的现象,因此可以实行收入分配均等化政策解决失业和经济萧条的现象。投资过度理论的代表是奥地利经济学家哈耶克,他认为经济发展会遵循经济繁荣、经济萧条、经济复苏的周期性循环,所以就业也随之出现周期性波动的现象,由这种现象引起的失业可以通过市场的自我调节予以消除[②]。以美国经济学家熊彼特为代表的创新理论指出,经济的繁荣和萧条相互交替是经济发展过程中的必然现象,是创新所引起的旧均衡被打破而向新均衡的过渡。要克服经济危机、增加就业,必须应用新技术、新发明并积极扩散。创新过程的不稳定性导致了周期性的经济波动现象。历史上的创新截然不同,对经济和就业的影响也就大小各异,所以形成了长短不同的周期[③]。

2.近代就业理论

20世纪30年代爆发了世界性的经济危机,致使生产过剩、大批工厂倒闭、大量工人失业,整个社会经济陷入极端混乱和瘫痪之中,传统经济理论面临严峻挑战。在此背景下,凯恩斯建立了国家干预的充分就业理论,即后世所著称的"凯恩斯理论"。也就是说,要解决就业问题必须放弃之前的自由放任政策,取而代之的是国家干预。需要通过一些手段来刺激投资和社会消费,比如财政政策和货币政策,以扩大社会有效需求,从而实现充分就业。凯恩斯主义在阐明了经济发展、就业增加的基本规律之后,极力肯定了政府干预对增加就业的意义,为后世各国政府出台各项政策刺激消费、增加就业提供了理论基础。

---

① 赵利. 技术进步对劳动就业的影响研究[D]. 天津:天津大学,2009.
② 张玉茹. 中国经济周期波动与就业问题研究[D]. 成都:西南财经大学,2010.
③ 唐宇. 我国城镇失业成因与对策研究[D]. 重庆:西南师范大学,2005.

3. 现代就业理论

"二战"以后，各国纷纷出台政策刺激经济发展，凯恩斯主义奉行的国家干预成为有力杠杆，在西方各主要资本主义国家占主导地位。但从根本上来说，凯恩斯主义并不能消除资本主义社会的顽疾，直到20世纪70年代出现了滞胀局面，失业与通货膨胀并存。为了解释并解决经济发展的难题，各种新的理论学说便应运而生了。

20世纪50年代末60年代初，以美国著名经济学家弗里德曼和哈伯格等为代表的货币主义就业理论出现了。该学派区分了"市场失业率"和"自然失业率"，认为经济中首先不存在"非自愿失业"，只是自愿失业和摩擦性失业。只要发挥市场竞争作用，信息充分、自由流动，就能降低自然失业率，促进经济稳定增长，劳动市场的供求双方也能达到平衡，最终使实际失业率接近自然失业率水平，这样就业问题也就得到了解决。

现代就业理论还包括以阿瑟·拉弗为代表的供给学派就业理论。该理论认为长期实行凯恩斯政策导致需求膨胀、供给不足。继续用凯恩斯的政策，不但解决不了失业问题，还会加剧通胀。在市场供给与需求关系中，供给是主要方面，强调自由放任，让市场机制自发调节经济，主张减税、减少政府开支，以促进增加供给。其关于就业的观点：减税是刺激经济增长和就业扩大化的最重要手段；政府庞大的社会福利支出会使失业增加；提高劳动使用成本的做法会阻碍就业的扩大，所以主张通过减税刺激供给的增加；反对国家过多干预，主张市场调节；削减政府的福利开支，对失业救济金增税；实施限制性的货币政策，恢复金本位；由政府普及教育，鼓励私营企业对工人进行技术和专业培训，以适应科技发展和经济结构调整对劳动力的需要等。

4. 后现代就业理论

后现代就业理论，也叫非正式就业理论，包括由国际劳工组织提出的贫困就业理论，由约翰·穆勒提出的用来阐述劳动力市场结构的劳动力市场分割理论，以及用来解释非正规就业得以存在和发展的二元经济理论等。

5. 对几种理论的评述

新古典学派就业理论和周期性波动理论虽然对失业产生的原因说法不同，但都持有相同的观点，即反对政府干预，主张自由放任。这与当时产业大革命蓬勃发展，大力鼓吹自由创新精神的时代背景是有直接关系的。以凯恩斯主义为代表的近代就业理论在阐明了经济发展、就业增加的基本规律之后，极力肯定了政府干预对增加就业的意义，为后世各国政府出台各项政策刺激消费、增加就业提供了理论基础。现代就业理论从多方面阐述了失业问题产生的原因，而不单单只关注经济方面，这是理论研究的重大突破。后现代就业理论不仅关注了影响就业的经济动因，更从社会角度深入剖析了失业、临时性就业等现象产生的社会动因，指出了就业市场存在着不公正、有失公允的现实，为从根本上解决就业问题指明了方向。

（二）国外关于就业质量的表述

1.体面劳动

"体面的劳动"新概念是在1999年6月第87届国际劳工大会上，由国际劳工组织新任局长索马维亚首次提出的。他明确指出，"体面的劳动"意味着生产性的劳动，包括劳动者的权利得到保护、有足够的收入、充分的社会保护和足够的工作岗位。为了实现"体面劳动"这一战略目标，必须推进"促进工作中的权利""就业""社会保护""社会对话"四个目标整体上平衡而统一。后来国际劳工组织把"体面劳动"定义为"促进男女在自由、公平、安全和具备人格尊严的条件下获得体面的、生产性的可持续工作机会"。并且指出，体面劳动应该具有如下六个方面特征：生产性的工作；劳工的正当权利和权益应当受到保护；足够的工资；享受社会保险；加强劳工、雇主和政府之间就劳动就业涉及的问题的三方对话；有足够的岗位，使每个人都具有得到收入的机会。

2.工作质量

欧盟习惯用"工作质量"来评价工作本身以及工作对个人、组织和社会各方面的影响。所谓工作质量即更好的工作，意味着不仅考虑薪酬，还要考虑其他方面。工作质量与各项工作的质量密切相关，是一个多维的概念。具体来说，例如对产品质量、服务质量的保证程度等。从广义来说，工作质量涉及很多方面。例如，与就业联系的客观特征包括：各个部门、各个岗位工作的有效性，就业岗位上的人的特点，人岗的匹配程度，劳动者的满足感等。工作质量既涉及单个工作的特征，也囊括广泛的工作环境特征，比如劳动力市场如何从整体上发挥市场机制作用，包括劳动力流动、劳动者进入和退出劳动力市场。工作质量不像产品质量那样，可以直观地表现出来。工作质量的好坏最终通过产品质量、经济效果表现出来，在生产、技术、经营活动之中可以通过工作效率和工作成果来表现。

3.就业质量

20世纪90年代，经济全球化的大潮席卷全球，各国的经济发展均受到了冲击。对于经济实力薄弱和科学技术比较落后的发展中国家而言，在经济发展和增加就业方面面临更加严峻的风险和挑战。一批拉美经济学家首先提出了"就业质量"，随后开始深入系统地探讨全球化对劳动力市场的影响，并以智利、巴西等拉美国家为背景分析了全球化对一国劳动者的生存状态的影响。之后，各国机构、各学者对就业质量展开了多方研究。

4.DGBI指数

德国工会联合会提出好工作指数，主要目的是从雇员角度来衡量工作质量。该指数从2007年开始每年发布，数据来源于对大约6000名雇员进行的调查。该指标体系分为3个维度、15个二级维度以及若干个具体指标。

5.奥地利工作气候指数

奥地利工作气候指数是由奥地利代表工会利益的机构编制的反映就业质量的综合指数，于1995/1997年首次制定/发布，并且每6个月更新一次。该指数在奥地利有较高的社会关注度，每次新闻发布往往成为全国新闻。其编制目的是追踪奥地利雇员工作满意度的变化，但实际上指标体系也包括了一些客观指标，因此也可以看作是一个就业质量指数。该指数由4个维度组成，拥有16个二级指标和25个三级指标。4个维度分别是社会、公司、岗位和预期。

6.好工作和坏工作指数

国际劳工组织研究人员Joseph A. Ritter和 Richard Anker研究指出，该指数由劳动收入、社会福利、工作兴趣、工作自主性、提升技能机会、晋升机会等6个维度构成。特别需要指出的是，该指数不同于国际劳工组织的体面劳动，而是基于工作满意度的主观指标。

7.工作生活主观质量指数

该指数由捷克劳动和社会部、捷克工伤研究所等几个机构共同合作完成，其目标是设计合理的工具，用以衡量工作生活质量，尤其是，该指数主要是从劳动者角度来选择就业质量的指标数量，并根据每个劳动者的评分给每个指标赋予权重，因此是一个主观指标体系。指标体系共分为6个维度、18个指标。

（三）国外的就业质量评价指标

国外关于就业质量评价指标的研究有很多。虽然大部分都包含了"薪酬福利""就业稳定性""就业环境"等几项内容，但各有不同。以下是几个典型研究。

1.国际劳工组织提出的体面劳动指数

国际劳工组织把一种对社会、工作场所和劳动者个体三个方面的与工作有关的基本保障定义为体面劳动，形成了体面劳动指数[1]。又可以进一步分为劳动力收入保障（income security）、代表性保障（representation security）、市场保障（labor market security）、就业保障（employment security）、职业保障（job security）、劳动保障（work security）和技能复制保障（skill reproduction security）七大内容[2]，其中前两个保障是基础。依据该理论基础，可以分别定义体面劳动的宏观含义、工作场所含义和劳动者个体微观含义，进而从宏观、中观和微观三个层面构建了国家体面劳动指数、体面工作场所指数以及体面劳动指数。

2.CIBC经济委员会的就业质量指数

为了考查经济中新创造岗位的质量，CIBC经济委员会开发了就业质量指数（Employment Quality Index，简称EQI）。EQI包含相对就业补偿指数（The Relative Employment Compensation index）、就业稳定性指数（The Employment Stability Index）和全日制等量就业比重（The Share of Full-time Equivalent Employment）三个小指数，分别用来衡量不同行业的薪酬差别、某一行业的就业稳定性、全职就业占就业总量的比重[3]。相对就业补偿指数

---

[1] 董亚婷. 经济深化改革背景下上海青年群体高质量就业促进机制的研究[D]. 上海：上海工程技术大学，2014.

[2] Smith R B D A. Employment Security and the Labor Market: Interdisciplinary Approaches and International Evidenceby C. F. Buechtemann[J]. Relations Industrielles / Industrial Relations，1995，50（1）：229-231.

[3] Stinebrickner R，Todd R. Stinebrickner. Working during School and Academic Performance [J]. Journal of Labor Economics，2003，21（2）：473-491.

等于某行业的净就业变化率与该行业的补偿得分的乘积,其中补偿得分是指某行业平均周工资占整个经济平均周工资的比重。就业稳定性指数等于某职业的净就业变化率与该职业的稳定得分的乘积,其中稳定得分是指该职业中,从某一特定时间点T算起,就业6个月至12个月的劳动者的数量与该行业中就业6个月或6个月以下的劳动者的数量的比率。全日制等量就业比重等于兼职的就业增长率乘以0.5比上全职的就业增长率乘以1(两个兼职等于一个全职)。在上述三个指数的基础之上,CIBC委员会最终提出了就业质量指数计算公式:

EQI=0.5×(相对就业补偿指数+就业稳定性指数)×全职等量就业比重。

通过EQI指数的计算过程可以看出,这个指数在衡量某一行业的就业质量方面很方便实用,但不适用于微观的个人就业质量的评价。

3.加拿大政策研究机构的16个评价就业质量指标

主要内容包括:(1)信息交流渠道和可获得的资源;(2)工作中的计算机应用;(3)个体的工作体验;(4)就业安全保障;(5)工作流程设计;(6)工作环境;(7)工作时间;(8)雇佣关系;(9)工作任务难度;(10)工资与福利;(11)是否有获得职业培训的机会;(12)工作家庭平衡;(13)所属企业的类型;(14)就业质量的性别差异;(15)就业质量的地区差异;(16)就业质量的国别差异。该体系所包含的内容很广,关注到了有关就业质量的各方面指标,但究竟这些指标之间是什么关系,究竟某项指标所占的分量有多重,还有待研究。

4.欧洲基金会提出的与就业质量和工作有关的4个关键维度

(1)职业和就业安全(career and employment security);(2)健康和福利(health and well-being);(3)技术发展(skills development);(4)非工作和工作生活的和谐(the conciliation of working and non-working life)[①]。之后,欧盟理事以10组指标为基础对一系列通用指标进行了定义。

5.欧洲雇主组织就业质量的研究

作为雇主的联合体,欧洲雇主组织建议就业质量应当关注以下方面:劳动生产率;职业病的比率;工作场所致命和严重事故的数量;由于伤病导致的工

---

① 叶金珠. 社会资本对就业质量的影响[D]. 武汉:华中科技大学,2006.

作天数损失；寻找第一份工作或新工作的平均时间；在工作人口中，信息和通信技术水平高、中、低各自比重；在工作人口中，高、中、低教育程度的各自比重；按性别、年龄和教育程度分，就业率和失业率状况；劳动年龄人口中的创业比重①。

6.有关学者的研究

Beatson从"反应劳动/回报关系的经济契约内容"和"反应雇主/雇员关系的心理契约内容"两个维度衡量就业质量。从美国及欧盟国家的宏观就业质量指标出发，Richard Brisbois主要分析了健康与福利、技能开发、职业及就业安全、工作满意度等维度②。

综上所述，国外关于就业质量评价指标的研究都关注到了"就业质量"当中的"薪酬福利"等经济方面，并且也关注到了"工作环境""工作机会可获得性"等社会方面，甚至还包括了"工作与家庭的平衡"等，可以说是比较全面。

（四）国外的就业质量评价指标体系

1.国际劳工组织提出的"体面劳动"指数

为了准确衡量一个国家的"体面劳动"劳动指数，西方理论界提出了有关体面劳动的11个属性，包括六大维度和40个指标（见表2-1）。前10个属性是体面劳动的一般特征，作为第11个属性的经济和社会背景虽然并未直接体现，但对于全面理解体面劳动具有重要意义，因为其既体现了在特定社会里的"体面"，又体现了个人在获得体面工作后能够为社会所作出的贡献的程度③。

---

① 翁仁木.国外就业质量评价指标体系比较研究[J].中国劳动，2016（10）：22-27.
② Kuo C S, Munakata K, Reddy C P, et al. Characteristics and possible mechanism of ventricular arrhythmia dependent on the dispersion of action potential durations[J]. Circulation, 1983, 67（6）：1356-1367.
③ 罗燕，宋小川.体面劳动背景下我国集体谈判制度的构建[J].经济社会体制比较，2012（5）：26-35.

表2-1 体面劳动的11个测量属性

体面劳动的11个测量属性	体面劳动的40个衡量指标
就业机会	劳动参与率；就业人口占总人口的比例；失业率青年失业率；与时间相关的就业不足率(工作时间低于工时起增点且有能力并想要额外工时的就业者的比例)；非农就业中有酬就业的比例
不可接受的工作	就业中失学儿童所占的比例(按年龄划分)；有酬就业中儿童的比例或自雇佣劳动率(按年龄划分)
足够的收入和生产性的工作	收入不足的比例(收入低于50%中等收入或最低工资的就业人员所占百分比)；某些行业的平均收入；超时工作(工作超过工时起增点的就业者的比例,按就业形式分类)；与时间相关的就业不足率；近期参与岗位培训的就业者比例(最近12个月内参与由雇主或政府提供或付酬的岗位培训的就业者比例)
超时工时	体面的工作时间；时间相关的就业不足率
工作的稳定性和安全性	期短于1年(工作时间少于1年)的就业者比例；临时工作(其工作被划分为临时性的就业人口比例)
工作和家庭生活的平衡	有低于义务教育年龄的子女的女性就业率(20~49岁所有女性的比例)；超时工作
就业中的公平待遇	由于性别导致的职业隔离(在以男性为主导的职业和以女性为主导的职业中,非农就业的比例和相异指数)；经营和高层管理职业中女性就业的比例(非农就业中女性就业的比例)；非农有酬就业中女性的比例；某些职业中,男女工资或收入比率；其他推荐指标中的男女比率或男女差异
安全的工作环境	导致死亡的职业事故发生率（每10万名就业者）；劳动监察（每10万名就业者中监察者的数量）；工伤保险覆盖率（被保险覆盖的就业者比率）；超时工作
社会保护	公共社会保障支出（占GDP的百分比,分总支出、医疗保险开支和养老保险开支）；支撑基本生活保障的公共开支；基本生活保障的受益人（占贫困人口的百分比）；65岁以上享有养老保险的受益人占总人口的比例；缴纳养老保险费的经济活动人所占的比例；月平均养老金（占中等和最低收入的百分比）；工伤保险覆盖率（被保险覆盖的就业者比率）

(续表)

体面劳动的11个测量属性	体面劳动的40个衡量指标
社会对话和工作场所关系	工会密度；集体谈判工资覆盖率；罢工和停工（每100名就业者）
体面工作的经济和社会背景	非正规经济就业（非农或城镇就业的百分比）；单位就业者的产出（购买力平价水平）；单位就业者的产出增长（总的和制造业）；通货膨胀（消费物价）；成年人口的教育（成人识字率和成人的中学毕业率）；就业的经济部门构成（农业、工业、服务业）；收入不平等（收入或消费最高1%与最低10%的比率）；贫困（日收入低于1美元或2美元的人口百分比）

注：与时间相关的就业不足率、超时工作，这两项指标重复出现在不同属性里。

2.欧盟委员会提出的工作质量的一般框架

工作质量是一个相对多维的概念，不可能用单一标准来衡量。大多数研究建议并采用了工作质量的多种关键维度，通常包括工作的具体特征和工作环境方面，前者包括薪酬、工作量、工作任务难度等，后者包括学习深造的机会、工作发展、就业保障等。还有一些学者将工作满意度主观指标纳入评价工作的质量体系中，经过几代人的整理补充，形成了衡量工作质量的多维度评价表（见表2-2）。

表2-2 工作质量的内容维度

工作质量的内容维度	工作质量的建议指标
内在工作质量	劳动者的工作满意度（考虑工作性质、合同类型、工时以及与岗位要求有关的任职资格水平）；经过一段时间获得更高收入就业的劳动者的比例；低工资获得者、工作贫困和收入分配
技能、终身学习和职业发展	具有中等和高等教育水平的劳动者的比例；接受培训或其他形式的终身教育的劳动者的比例；具有基本或较高水平的数字扫盲的劳动者的比例
性别平等	男女报酬差距（按部门、职业或年龄）；性别隔离（在不同的职业或部门里，女性和男性拥有或缺乏代表性的程度）；在职业或部门范围内，具有不同水平责任感的女性和男性的比例（考虑年龄或受教育程度等因

素）	
	（续表）
工作质量的内容维度	工作质量的建议指标
健康和工作安全	工伤事故的综合指标（包含成本）；职业病发生率；与工作相关的压力水平和其他困难
灵活性和安全性	具有灵活工作安排的劳动者的比例；由于裁员而失去其工作岗位的劳动者的比例以及在给定期限内实现其他就业的劳动者的比例
包容性和劳动力市场进入	年轻人向积极生活的有效转移；就业和长期失业率（按年龄、教育水平和地区）；部门和职业之间的劳动力市场瓶颈和流动性
工作组织和工作生活的平衡	具有灵活工作安排的劳动者的比例；产假和育儿假的机会以及实际休假率；学前和小学年龄组儿童保育设施的覆盖范围
社会对话和员工参与	集体协商的覆盖面和拥有员工代表的工作委员会的企业数量；对所在企业财政状况感兴趣或参与企业财政问题的雇员比例；由于劳资纠纷导致的工作时间损失
多样性和非歧视	老年劳动力相对于平均水平的就业率和报酬差距；残疾人和少数民族相对于平均水平的就业率和报酬差距；劳动力市场申诉程序存在和获得成功结果的信息
整体经济表现和生产率	平均每个劳动者的小时生产率；平均每个劳动者的年产出；人口平均年生活标准（考虑就业率和抚养比）

3.加拿大学者的就业质量指标体系

加拿大两位有工会背景的经济学家Andrew Jackson和Pradeep Kumar提出了就业质量指标体系，指标体系共有7个维度：报酬、社会待遇、对工作时间的满意度、工作计划、工作稳定性、工作物理环境、工作社会环境。该体系主要用于评估加拿大不同时期的就业质量变化情况，设定了一个基准年，所有指标取值都是100[①]。

通过几个研究可以看出，国外评价一国就业质量高低的体系要综合考虑各种因素，不仅关注员工个人对所从事工作的满意度，还关注了"就业歧视""社会保障"等社会大众关心的社会因素。

---

① 许彦.中国转型期就业问题研究[D].成都：西南财经大学，2011.

二、国内研究现状

虽然国内的研究起步较晚,但仍然取得了一些成果,主要集中在就业质量评价指标以及大学毕业生就业质量评价体系方面。

(一)就业质量评价指标

就业质量是反映职业对个人、社会所产生影响的综合概念。从广义上说,就业质量体现在就业人员、就业岗位、就业工作三个方面。就业人员方面包括劳动者的技能、资历、素质等;就业岗位方面包括劳动密集型、技术密集型岗位,劳动条件,工资水平等;就业工作方面包括工作水平、服务水平等[①]。

国内学者关于就业质量评价的研究主要是基于两个方面:宏观与微观。宏观层面主要关注国家、省或地区某一个范围内的劳动者就业整体优劣程度;微观层面主要关注影响个体劳动者就业的具体因素。一般来说,就业质量主要用就业满意度、月收入、工作与专业相关度、职业期待吻合度、离职等方面来体现;高校毕业生就业质量的市场价值用收入的高低来体现;毕业生所从事的职业与期待的差距用职业吻合度来反映;毕业生对就业的主观满足程度用就业满意度表示。毕业生满足了用人单位的需求,用人单位也符合了毕业生的期望,二者之间匹配度较高,说明离职率低、工作稳定性较强[②]。

刘素华认为,就业质量是一个综合性的范畴,体现在整个就业过程中,是劳动者与生产资料相结合并取得报酬或收入的具体状况的优劣程度。他从"基本因素"的角度构建了就业质量指标体系,并给出了就业质量评价标注和评分表。基本要素包括聘用条件(23%)、工作环境(24%)、劳动关系(30%)和社会保障(23%),具体又分为17个子要素[③]。

史淑桃从多个角度评价就业质量,如劳动报酬、工作福利、个人发展、工作单位性质、劳动关系和谐性、获得新知识与新技能、工会组织、用人单位认同度、社会保险、毕业生主体认同度、就业率、劳动保护等[④]。

[①] 徐平国. 我国中小企业发展促进就业研究[D]. 北京:北京交通大学,2011.
[②] 贺媛. 关于大学生社会资本与就业质量的实证研究[D]. 大连:大连理工大学,2016.
[③] 刘素华. 建立我国就业质量量化评价体系的步骤与方法[J]. 人口与经济,2005(6):34-38.
[④] 史淑桃. 学校毕业生就业质量专业差异的比较研究[J]. 黑龙江高教研究,2010(1):77-79.

邱良认为就业质量指标评价体系有三类指标：第一类，薪酬福利以及个人发展。内在薪酬的高低由工作者从工作中得到的技术多样性、工作特性、自主权和反馈的程度决定，是为完成工作而形成的思维形式。外在薪酬包括货币薪酬和非货币薪酬。个人发展包括晋升的机会、企业的类型与规模、所在地区性质、职工培训、工作性质以及能力和兴趣与岗位的相适性等。第二类，工作稳定性以及专业对口。第三类，劳动关系与工作环境。劳动关系是劳动者与用人单位之间在实现劳动过程中发生的社会关系。工作环境体现在两方面，包括企业的声望、人际关系、社会认同以及企业文化和自身原则的契合度在内的软环境和包括工作的物理条件和工作的安全条件在内的硬环境[①]。

综上所述，就业质量是反映职业对个人、社会所产生影响的综合概念。它既有质的标准也有量的标准，既可以是宏观的也可以是微观的，既关系到劳动者个人，也关系到地区、行业乃至整个国家的发展状况，包含客观和主观方面。国内有关就业质量评价指标的研究大多关注到了薪酬、工作前景、劳动者个体满意度、用工单位满意度等指标，但关于就业歧视等国外研究中被认为是不可或缺的社会政治因素则关注较少，尚有待进一步研究。

（二）我国大学毕业生就业质量评价体系

1.大学毕业生就业质量评价体系研究现状

随着市场经济的发展以及我国大学扩招，大学生就业难问题越来越突出。作为劳动力市场上一个重要的就业群体，大学毕业生的就业质量也备受学界的关注。东北师范大学李巧巧在其研究中构建了大学毕业生就业质量评价指标体系[②]（见表2-3）。

表2-3 大学毕业生就业质量评价指标体系

一级指标	二级指标	三级指标
工作条件	工作条件	就业机会、劳动报酬、工作稳定性、工作时间、社会保障、劳资关系和谐性、工作安全性、就业中的公平、个人发展、有意义的工作

① 邱良.财经类大学生就业质量评价体系初探[J].中国校外教育，2010（8）：39-40.
② 刘巧巧.大学毕业生就业质量评价指标体系研究[D].长春：东北师范大学，2012.

(续表)

一级指标	二级指标	三级指标
就业政策体制	就业服务	建立就业信息系统的投入、劳动力市场中介机构投入、基础建设和公共设施建设投入
	就业政策	
	就业制度	劳动力择业自由度、劳动力的流动自由度、工资的决定自由度、用人单位的用工自由度
区域经济发展水平	国内生产总值	—
	产业结构比例	
	高新技术产业总产值	
	人均消费水平	
	人均可支配收入	

柯羽构建了高校毕业生就业质量评价指标体系[①]（见表2-4）。

表2-4 高校毕业生就业质量评价指标体系

一级指标	二级指标
就业率（10%）	一次性就业率（40%）和年终就业率（60%）
毕业生供需比（10%）	需求单位层次（45%）、需求岗位层次（35%）、专业需求相关性（20%）
薪金水平（15%）	三个月平均起薪（40%）和年终薪酬待遇（60%）
就业结构（50%）	单位性质（40%）、就业地域（20%）、自主创业（30%）、其他（10%）
社会认可度（15%）	毕业生家长认可度（50%）和用人单位认可度（50%）

倪伟、詹奉珍[②]在《高校毕业生就业质量评价指标体系构建研究》一文中，列出了10项评价就业质量的指标并分别赋值。其中，就业率是衡量整体就业质量的指标，所以单列出来，剩下的9项指标是用来衡量个人就业质量的。该研究

---

① 柯羽. 高校毕业生就业质量评价指标体系的构建[J]. 中国高教研究, 2007（7）: 82-84, 93.
② 倪伟, 詹奉珍. 高校毕业生就业质量评价指标体系构建研究[J]. 中国大学生就业, 2012（24）: 18-21.

给每项指标赋值之后，又对每项指标进行了分级量化评分，做出了一张个人就业质量评分表（见表2-5）。

表2-5 大学毕业生就业质量评分表

指标名称	指标等级划分	得分
职业发展（30%）	毕业一年后升职或深造	1
	毕业三年后升职	0.8
	毕业十年内一直没得到升职	0
单位层次（15%）	国际、国内著名的企事业单位等	1
	注册资本500万以上	0.8
	注册资本500万以内	0.4
就业岗位层次（12%）	管理类岗位	1
	专业技术类岗位	0.8
	工勤类岗位或者其他岗位	0.2
劳动报酬（10%）	第一份工作实习结束后月收入6000元以上	1
	第一份工作实习结束后月收入4000~6000元	0.8
	第一份工作实习结束后月收入2500~4000元	0.5
	第一份工作实习结束后月收入2500元以下	0.2
专业对口性（10%）	对口	1
	基本对口	0.7
	不对口	0.2
单位对毕业生满意度（8%）	满意	1
	一般	0.5
	不满意	0
社会保障（6%）	五险一金	1
	四险一金	0.8
	无社会保障	0
工作稳定性（5%）	第一份工作满3年以上	1
	第一份工作1年到3年	0.8
	第一份工作不满1年	0.2
毕业生对单位的满意度（4%）	满意	1
	一般	0.5
	不满意	0

2.评述

国内对就业质量评价指标体系的研究主要集中在三方面：一是评价主体；二是评价指标及权重确定；三是数据来源及体系运用。如柯羽从高校视角提出了包括5个一级指标和10个二级指标在内的评价体系，并运用层次分析法确定指标之间的权重。倪伟、詹奉珍试图从毕业生角度来创建就业质量评价指标体系，指标权重确定也主要参考毕业生意愿，采用问卷调查的方法，针对就业质量的各项指标对其重要性程度进行调查，每个被调研者都对10项指标进行重要程度排序，得出指标大概权重值，再参考专家意见对每项指标权重值进行修正。而李巧巧构建的大部分指标均可量化，用层次分析法进行确定和评价，但是第11个一级指标（就业政策和体制）以及其子指标都是定性的，无法得到确切的数据，需选用模糊综合评价法来确定。而且由于目前可获得数据的基础性、单一性、缺乏权威性，仅限于对整个评价指标体系里相对容易获得的数据，从劳动报酬、工作稳定性和人职匹配度三个方面进行案例评价。

从现有的文献看，国内对大学毕业生就业质量评价指标体系的研究仍然很有限，即使是已开发的评价指标体系也不够完善，或者基于某一视角，如高校或者大学生自身；评价指标体系中多采用主观评定方法选取指标及赋值权重，无法保证评价体系的合理性和准确性。如何构建一个较为全面、可量化兼具可操作性的大学生就业质量评价指标体系是本研究的初衷及关注点。

第二节　理 论 借 鉴

一、人力资本理论

人力资本（Human Capital）指经过长期性投资形成的体现在个体或群体身上的，能够带来收入和经济增长的知识、才能、经验和健康状况构成的资本。因为人能通过劳动把原材料变作劳动产品，而劳动产品可以被当作商品进行交换，产生经济效益，因此，经济学家就把人的素质也看作是一种"资本"，即人力资本。

人力资本理论主要包括：（1）一切资源中最主要的资源是人力资源，经济学的核心问题是人力资本理论。（2）现代经济中，人力资本对于经济增长的贡献远比物质资本重要，经济发展取决于人，而非资源和物质资本。（3）提高人口质量是人力资本理论的核心。人力资本的再生产主要靠教育投资，所以教育很难区分是生产性的还是消费性的。人力资源是生产力三要素之一，每个人身上蕴含着的劳动能力不一样，则表征不一样的人力资本。（4）教育投资应以市场供求关系为依据，以人力价格的浮动为衡量符号①。

人力资本理论从经济学视角阐明了教育对个人及社会的重要意义。就业是把蕴藏在个体身上的人力资本转化为以现实货币体现出来的重要途径。就业质量其实就是人力资本的实现程度。在后文初步析出的指标中，国家层面的社会保障、就业报酬、就业权益，用人单位层面的满意度、企（职）业年金、薪酬水平，高校层面的基本素质和职业能力，个人层面的专业能力和综合素质无不体现了人力资本投资的结果和价值所在。从四个层次很好地诠释了人力资本投资收益的多重性和溢出性，包括经济的、政治的和社会的，也涵盖了物质的、精神的和心理的。所以需要呼吁全社会积极主动多渠道、多途径、全方位助力提升大学生的能力素质，积累人力资本，提升就业质量和就业能力。

二、需求层次理论

美国心理学家马斯洛把人类需求分为生理、安全、爱和归属、尊重和自我实现五个层次。五种需求按对人的重要性依次从下向上呈三角形排列（如图2-1）。

图2-1 马斯洛需求层次图

---

① 武雪. 上市公司高管股权激励与公司绩效研究[D]. 天津：天津财经大学，2013.

马斯洛需求层次理论认为，人的需求是有层次的，且人人有需求。五种需求由低到高逐级提升，总体分为两个级别，底下三层是需要外部条件来满足的基本低级需求，最上面两层是需要通过内部心理因素起作用的高层次需求。高层次需求是无尽的，所以人的欲望也是无限的。一般来说，低层次的需求得到相对满足，人们才会产生更高层次的需求。同一时期，一个人可能有多种需求，但只有一种主导需求或优势需求会支配人的行为。多种需求同时并存时，最迫切需要的那一层次需要首先得到满足，才能激励其他的需求。各层次的需求相互依赖、相互重叠。任何一种需求不会因为发展了更高层次需求而消失。发展了高层次需求，低层次需求依然存在，只是因为其得到了满足而不那么明显了。

马斯洛需求层次理论解释了就业质量与人们生活质量之间的关系。就业质量高意味着人们的需求得到了很好的满足。一个国家的就业质量高，这个国家的人民生活水平也必然高。马斯洛需求层次理论为探讨就业质量的决定因素提供了借鉴。当一份工作满足了从业者的各项需求，它的质量必然是高的。需求层次理论还解释了为什么职业满足感、职业自尊是决定就业质量的重要因素。在最后建立的就业质量评价体系中，大学生个人层面的就业能力、就业满意度、学习创新能力、个人发展机会四个方面，在一定程度上充分体现了马斯洛需求层次的递延发展与依次升级。

三、AHP理论

20世纪70年代初，美国匹茨堡大学教授萨蒂（T.L.Santy）提出了一种层次权重决策分析的理论与方法，即AHP理论。它也是一种分析技术，又叫层次分析法，其核心思想是对要做决策的复杂问题中所涉及的各种元素进行分层分类，利用一小部分元素所具有的量化信息为其他不可量化的元素赋值，使复杂混乱的结构变得有条理，以便最终做出决策。AHP理论把质性分析和量化考察结合起来，让决策者运用已有经验确定各因素对最终结果的影响程度，相对合理地为每个影响因素赋值，并通过计算确定每个指标的权重，制订出备选方案，最终做出决策。AHP理论指导分析技术，其基本实施步骤分为四步：第一，建模型。将所涉及的所有因素按相互关系和重要程度分出层次，包括目标层、准则层、方案层，绘出结构图。第二，把目标层以外的元素在层内进行两两比较，构造成对比较矩阵，运用Santy1～9标度法标出每个元素的权重指数。第三，在每一层次内部运用数学方法进行一致性检验。第四，在层与层之间进行排序，并进行一致性检验。

AHP分析技术在解决复杂的社会问题方面应用非常广泛。就业问题既是经济问题也是重大社会课题。其中涉及很多维度，包括主观和客观的、微观和宏观的、非常重要和不太重要的。要深入探讨影响就业质量的因素和各项评价指标之间的关系就必须应用AHP分析技术，以便构建就业质量评价体系模型。本研究应用层次分析法，首先将指标体系中的各个指标的相对重要性进行量化；然后在同一层级中，主观地将指标两两比较构造判断矩阵；根据判断矩阵进行数字处理；最后对结果进行一致性检验，最终确定各指标的权重。

第三节　现有研究存在的不足及进一步研究的可能性

一、现有研究存在的不足

（一）微观研究较多，宏观理论探讨较少

目前关于"就业质量"概念的内涵，学界还没有一个确定的结论，大多数的研究都关注了某一地区（如某省市）或某一范围（某一高校或某一专业）的就业质量，也有部分研究关注了影响就业质量的因素、评价就业质量的指标等，但针对全方位影响就业质量的各个因素的研究较少。

（二）注重数量指标构建，质量指标的构建较少

大多数研究在探讨"就业质量评价指标"的时候都关注到了就业率、薪酬福利等容易量化的指标，关于影响就业质量的不易量化的因素，如就业机会可获得性、就业环境、工作与家庭之间的平衡、休息权的保障等很少进行探讨。

（三）过于注重经济指标，对社会问题关注较少

大多数关于就业质量评价的研究都关注了薪酬、福利等经济因素对就业质量的影响，但关于就业环境、劳动关系和谐度、个人发展的可获得性等社会因素探

讨的较少。由于历史文化因素的影响，国外注重研究影响就业质量的就业公平、就业歧视（包括性别、种族、地域）等，而国内对这方面的研究还很少。

（四）泛泛研究较多，建立模型较少

国内外关于就业质量评价体系的探讨很多，但大多数的研究都只是把各项指标列出来，有关每一项指标在整个体系里占多大的比重、对就业质量有多大程度的影响，还有待进一证实。不可否认，有少量研究进行了建立量化评价体系的尝试，但各指标对应的权重指数的科学性还有待检验，需要建立一个就业质量评价体系模型。

二、进一步研究的可能性

（一）关于"就业质量"内涵的深入探讨

深入探讨"就业质量"的内涵、范围，弄清楚究竟什么是就业质量，进一步探讨影响就业质量的因素，探讨就业质量评价体系的构建，按照逻辑顺序，研究才能一步步深入、一步步细化。

（二）进一步探讨影响大学毕业生就业质量的质性因素

探讨究竟有哪些不便量化的因素影响着就业质量，可以通过何种方式确定其对就业质量的影响，如研究工作环境、劳动关系的和谐度等对就业质量的影响程度。

（三）进一步探讨就业软环境、就业区域、性别歧视等社会问题

进一步探讨就业软环境、就业区域等社会因素对就业质量的影响，展开关于性别歧视、地域歧视等因素在就业质量评价体系中所占分量的研究，以引起人们对就业公平性的重视，营造良好的就业环境。

（四）建立就业质量评价EQE-SC模型

进一步运用BSC理论确定有哪些因素影响就业质量评价，哪些是关键因素，哪些是非关键因素。这些因素或者评价指标在整个指标体系中所在的层级及所占的权重，最终构建就业质量评价体系的EQE-SC模型。

第三章　大学毕业生就业质量评价内涵分析

就业具有重大的社会经济意义，是经济发展中惠及民生的重要手段。习近平同志在十九大报告中提出，提高保障和改善民生水平，加强和创新社会治理。他说，要抓住人民最关心最直接最现实的利益问题，既尽力而为，又量力而行，一件事情接着一件事情办，一年接着一年干。一是优先发展教育事业。要全面贯彻党的教育方针，落实立德树人根本任务，发展素质教育，推进教育公平，培养德智体美全面发展的社会主义建设者和接班人。二是提高就业质量和人民收入水平。要坚持就业优先战略和积极就业政策，实现更高质量和更充分的就业[①]。作为促进就业增长、改善民生的重要方面，就业质量的提升意义重大。就业质量的考察和提升再次成为就业领域的优先目标，它是我国未来就业工作方面的重要指标之一。大学生是我国青年就业的主力人群，是青年人的就业风向标，其就业质量的研究受到社会广泛关注。相应地，对大学毕业生群体就业质量评价研究的要求也更加系统、客观。总之，面对就业问题，我们在关注就业总量提升的同时，还要对就业质量进行评价研究。本章我们主要研究三个方面的内容：第一，进一步明确大学毕业生就业质量评价研究过程中涉及的相关概念及其内涵；第二，深入调查了解我国大学毕业生就业质量状况；第三，梳理归纳我国大学毕业生就业质量评价指标体系的构建现状。以此为建立科学合理的评价指标体系和就业质量评价机制提供依据，实现评价主体的多元和评价口径的一致。

---

① 中国政府网．http：//www．gov．cn/zhuanti/2017-10/18/content_5232656．htm．

第一节 相关概念界定

一、就业质量的概念及内涵

（一）就业、就业率与就业质量

"就业质量"的内涵丰富，基于不同视角，考察对象也不尽相同，到目前为止，还未形成统一的界定，没有公认的概念。但关于"就业"的定义观点比较一致，主要指达到法定年龄、具有劳动能力的劳动者，运用生产资料从事某种社会劳动，并获得赖以为生的报酬收入或经营收入的经济活动，包括就业数量和就业质量两个方面[①]。"就业率"是指某一时点内，从事就业活动的人口数占某一经济活动总人口数的比例。经济活动总人口数包括就业的人口数和失业的人口数，一般用百分比来表示。未成年人、在校学生、退休和丧失劳动能力的人不能包含其中[②]。"大学毕业生就业率"的概念，简而言之就是反映大学毕业生就业数量情况的评价指标之一，具有直观性的特征[③]。在统计就业情况时，应涵盖从事工作的人员的岗位数量和工作质量两个方面的基本指标。为了更客观、更全面地反映就业情况，除了就业数量这个研究指标之外，就业质量越来越受到重视。在研究就业质量时，"质量"作为此概念的一个核心要素，在国际标准化组织ISO9000：2000《质量术语》中被定义为一组固有特性满足要求的程度。《辞海》中关于"质量"的解释：（1）产品或工作的优劣程度。（2）量度物体惯性大小和引力作用强弱的物理量。在就业质量的研究中，质量的界定选取第一层解释。综上，本章提出的就业质量，是指在整个就业过程中，劳动者与生产资料相结合，取得报酬或收入的优劣程度的综合性范畴，反映了劳动者就业的过程、状况及其职业发展情况[④]。

---

① 温海池. 劳动经济学[M]. 天津：南开大学出版社，2000.
② MBA智库百科. https://baike.sogou.com/v368202.htm?fromTitl.
③ 金鑫，番振，师达. 高校毕业生就业质量内涵及评价指标体系研究[J]. 学理论，2017（12）：206-208.
④ 刘素华. 就业质量：概念、内容及其对就业数量的影响[J]. 人口与计划生育，2005（7）：29-31.

（二）就业质量的概念及内涵

就业质量的概念最早出现在西方国家以"工作质量"为核心术语的古典管理学理论中。泰罗从组织角度提出，为了最大化地发挥员工能力，合理安排员工与岗位，能够提高生产效率。20世纪40年代，工作质量的内涵开始细化并赋予人文关怀。20世纪70年代，美国学者提出"工作生活质量"的相关概念，开始关注员工对就业工作的满意度，以及就业工作和生活的相互影响。20世纪90年代，国际劳工组织有了就业质量的提法，定义为促进男女在自由、公平、安全和具备人格尊严的条件下，获得体面的、生产性的、可持续的工作机会。1999年6月，国际劳工组织提出了"体面劳动"一词，认为体面的、高质量的就业应该是机会平等、安全、有尊严的工作，是自由的和非强迫的。总而言之，就业质量是一个内涵非常丰富的综合性概念，通过就业质量，可以反映出一个国家或者地区人们的生活和工作状况以及劳动力受尊敬的程度。从经济学角度对就业质量的评价一般包括宏观和微观两个层面[1]。宏观层面是指国家、地区或者行业为社会劳动者提供的获取就业信息、寻找合适岗位、就业市场选择、面试入职、进行职业生涯规划、参与企业发展建设等一系列整体性的建构方案，具体包括就业机会、就业结构、就业环境、劳动保障等。在这个层面上，就业质量是指劳动者在就业过程中被公平对待的程度，包括平等地参与工作的机会、劳动强度大小的指标、关于安全和尊严的权利保障、工作价值体现、主观能动性反应、劳动者的工作积极性、就业满意度、社会价值的体现等多维概念。微观层面则反映劳动者本人的职业社会地位、发展空间、工资水平[1]、职业成就等因素，反映国家和地区的就业结构、劳资状况、工作安全、收入水平、充分就业程度等问题[2]。

从这两个层面上看，就业质量既有区别又有联系。在反映就业质量状况方面侧重点各有不同：个体层面就业质量水平普遍较高的话[3]，代表就业质量整

---

[1] 杨其勇，张杰. "五个满意"：高校毕业生就业质量评估体系的思考[J]. 西南师范大学学报（自然科学版），2013，38（1）：151-155.

[2] 高磊. 大学生就业质量问题研究[D]. 大连：东北财经大学，2014.

[3] 陈晨，刘冠军. 实现高质量就业与提升人力资本水平研究[J]. 中国特色社会主义研究，2019（3）：42-50.

体水平较高，就业质量从国家和社会整体来看发展得比较均衡；而宏观层面的就业质量水平较高，则有两个方面的可能性：一是代表社会生活中个体劳动者的就业质量普遍较高，二是劳动者内部就业质量差异较大、就业质量不均衡，需要国家宏观政策方面的协调和引领。

在进行就业质量内涵的研究中，本章综合了部分国内外学者对于就业质量的相关研究，如刘素华在《就业质量：内涵及其与就业数量的关系》中，提出就业质量包括主客观工作环境、劳动者工作性质、单位聘用条件、就业工作稳定性、劳动关系匹配度、社会保障措施等内容[1]；赖德胜等在《2011中国劳动力市场报告》中提到，就业质量指标应包括就业环境、就业能力、就业状态、劳动报酬、社会保障、社会关系等六大方面的框架及其具体细化实施内容，包含20个二级指标、50个三级指标[2]。对就业质量得出5个方面的理解："就业质量"要反映国家地方经济发展能力；要反映劳动者掌握生产资料的程度；要反映劳动者社会价值及价值体现情况；要反映劳资双方就业匹配及满意程度；要反映劳动者职业规划及发展前景。

（三）就业率与就业质量的关系

就业率和就业质量是评价高校毕业生就业情况的两个重要指标，受到国家和社会的广泛关注。在研究过程中，要注意把握就业率和就业质量之间的区别和联系，更好地统计运用两者的指标体系以便全面客观地反映高校毕业生就业情况和高校人才培养情况[3]。

1.就业率与就业质量之间的独立性

就业率是"量"的反映，不受人主观意识的影响，具有较强的客观性；就业质量是"质"的反映，其评判和结果带有一定的主观性。就业率的计算标准目前较为统一，以数据说话，操作简便、结果直观；就业质量的评价更加多元化，包含国家、社会、高校、个人等多个层次、多个方面，评价方式复杂，具体操作及量化困难。就业率主要侧重于在特定时间节点上就整体就业情况的评

---

[1] 刘素华. 就业质量：内涵及其与就业数量的关系[J]. 内蒙古社会科学，2005，26（5）：125-128.

[2] 赖德胜，等. 2011中国劳动力市场报告[R]. http://finance.sina.com.cn/focus/labor_2011/index.shtml.

[3] 张小诗，于浩. 高校毕业生高质量就业的基本内涵[J]. 现代教育管理，2016（7）：115-117.

价和反馈，针对学生个体就业状况测量结果不够明确；就业质量评价范围可以是整体也可以是个体，具有动态特性。二者间具有差异性和独立性，不能通用。

2.就业率与就业质量之间的关联性

作为两个独立的就业情况评价指标，就业率和就业质量是具有相同指向的同一个指标体系中的两个部分。对于整体就业状况而言，高就业率是实现高质量就业的基础和前提，只有在较高就业率的基础上研究就业质量才有意义。就业质量的提升需要就业率基数的保障。就业率达到一定高度范围时，需要进一步细化和分辨就业情况的好坏，这就需要从多维度研究就业质量情况、就业质量是否均衡。整体及个体全面的就业质量好坏有赖于对就业质量的具体客观的研究。就业率是就业质量的基础，是就业质量研究的基础指标。就业质量是就业率的延伸性评判，是对就业率的进一步细化和总结，使就业率更客观、更能反映客观实际。

二、大学毕业生就业质量的概念及评价要素

（一）大学毕业生与大学生就业概念的界定

"大学生"在《现代汉语大词典》中的定义：在普通高等学校注册入学的群体总称。顾名思义，大学毕业生是指在普通高等院校完成学业并达到规定的学历学术水平，取得相应毕业证书的大学生。广义上，大学生是指所有具有本、专科学历的人员；狭义上，大学生仅指一般本、专科在读学生[①]。大学生就业问题研究，一般只考察大学毕业生毕业当年的就业情况，即其在走向社会之际的职场选择和就业落实情况。大学生就业，就是指大学毕业生完成学业进入劳动力市场后，与生产资料相结合并建立劳动关系的过程。大学生群体就业过程具有较强的专业知识性、时代创新性、发展可塑性等特点，这个群体就业既具有一般劳动者就业的特点，又有其特殊性，需要研究者探讨和关注。

（二）大学毕业生就业质量的含义

对于大学生就业质量的相关研究，从政府视角看，上一级政府对于地方、高校毕业生就业工作的考核相对固定，已有比较完善的就业质量评价体系；从

---

① 孟庆子. 高校毕业生就业状况分析与就业评估体系研究[D]. 北京：华北电力大学，2009.

市场视角看，以供需适配为主的评价体系也在诸多研究中逐步形成。应该说，针对大学毕业生就业质量的探索正在被社会广泛关注，趋于成熟，但仍存在不足，表现在：从大学毕业生个人视角来讲，就业质量的指标体系尚无系统的评价路径，亟须建立和完善；关于大学毕业生就业质量的论述虽有学者提出了研究结论，但对大学毕业生就业质量的概念目前尚无统一定论[1]；专家学者对大学毕业生就业质量及评价指标的界定各有见地。张小诗、于浩认为，大学毕业生就业质量是衡量大学毕业生就业状况的关键指标，在就业政策制定层面，就业质量体现了劳动者和生产资料的结合程度，是评价劳动者个人价值实现程度和个人职业发展的综合性概念[2]。在劳动者及用工单位层面，就业质量是指毕业生本人对工作情况综合要素的反映与评价。杨河清、李佳等围绕就业相关指标建立和完善了就业质量指标评价体系。秦建国认为，大学毕业生就业质量是大学毕业生即将或正在进行的工作状况和工作性质、工作环境的优劣程度及大学毕业生对工作本身的特征能够满足自身需要的程度[3]。这些研究结论对高校毕业生就业质量的研究具有一定参考价值。借鉴相关文献，我们主要从就业机会获得与稳定（就业率、在岗时间、离职率）、就业单位质量（就业地域选择、就业单位性质/规模/行业影响力）、职业发展（职业获得感、就业机会、晋升空间）、工作岗位质量（人岗匹配、薪资报酬、福利待遇、满意度）、社会保障（劳动签约率、参加社会保险率）等方面来度量大学毕业生的就业质量。从以上指标维度所形成的反映大学毕业生就业质量的评价指标较多，因而需要在甄别重要信息的前提下对指标适当简化。在本书中，将大学毕业生就业质量定义为大学毕业生在掌握国家政策并对工作环境进行客观认知的基础上，利用学校资源进行个人专业能力和综合素质的提升培训以达到或超过劳动力市场中对劳动者就业的基本要求，通过就业平台和招聘渠道进行双向选择，尊重劳资双方的就业意愿，力争创造公平、安全、自由的就业选择条件，使其获得相对满意的

---

[1] 刘艳华. 关于大学生就业质量的研究现状与启示[J]. 北京教育：高教版，2012（7）：158-159.

[2] 张小诗，于浩. 高校毕业生高质量就业的基本内涵[J]. 现代教育管理，2016（7）：115-119.

[3] 秦建国. 就业质量评价指标体系探析[J]. 广东行政学院学报，2011（2）：76-80.

工作,能够与生产资料结合并就此获得报酬和发展机会的优化程度[①]。

(三)大学毕业生就业质量的评价要素

本书参考结合国内外学者对"质量""就业质量"的研究情况,提出对"大学毕业生就业质量"的研究观点:第一,社会适应性和认可度。主要指国家、社会和用人部门吸纳高校毕业生服务,并为其提供满意的需求的情况,即国家、社会和用人部门满足毕业生需求以达到其服务要求的程度。其特点是以外部满足的程度作为评价就业质量高低的标准。"就业率"[②]是一个重要的参照系数,能够在特定时间节点反映高校对大学生的培养情况。通过初次就业率,衡量大学培养质量及培养目标的达成情况。第二,高校培养的针对性和关注度。就高校人才培养而言,主要指在学生培养时及就业前的准备过程中,高校对学生专业知识储备培养方式、职业生涯及就业创业指导以及为以后的"就业创业"所提供准备的充分程度,也是使学生在就业过程中达到岗位适应及人岗匹配的程度。第三,个人就业能力及就业满意度。主要是指学生个体的就业能力、就业意识、就业选择的市场适应、满意度与自我发展程度。重视学生作为个体的自由与独立性、完整性、自我指导性和自我实现的程度。第四,就业质量评估与反馈的全面覆盖。做好毕业生初次就业及职业发展情况的指导与统计,注重全方位考查国家、社会、学校、学生的就业质量培养及就业满意度和就业稳定性,充分利用调查研究资料,建立客观真实、具有现实指导意义的就业质量评价指标体系。

(四)大学毕业生就业质量的衡量标准

衡量大学毕业生就业质量应该体现"学以致用,人尽其才"的总原则,主要有四个方面的标准:就业政策稳定,社会保障体系完善,毕业生有较为公平合理的就业机会和就业渠道;毕业生与用人单位相互之间满意度高,在工作中人职匹配,职业胜任力高,具体表现为签约率高,灵活就业率、违约率、改派率低;毕业生就业流向在行业与地域分布上结构合理、分配均衡;毕业生职业规划明确、发展良好,能够成为业务骨干、行业精英,总体成才

---

① 陈曦. 大学生初次就业质量评价及影响因素研究——以华中农业大学为例[D]. 武汉:华中师范大学,2011.
② 郭园园. 高校社会资本对高校大学生就业质量影响研究[D]. 武汉:武汉工程大学,2014.

率较高。

衡量大学毕业生就业质量①主要体现在：微观层面，大学毕业生所获得的就业机会、就业岗位、工作满意度等，主要体现在就业率、岗位适配性、职场发展前景、职业晋升渠道、培训机会、薪资水平、劳动关系等方面。宏观层面，促进就业发展的就业创业政策为大学生提供良好的就业环境，指导市场发展，提供人力资源就业平台，为大学生提供就业信息和就业入职机会，利用《劳动法》保障劳动者合法利益不受侵害、规范和约束用人单位的用工制度，提升政府及公共部门服务和管理水平，加大医疗、卫生、养老、社保等部门的监管，保证政策的落实。就业率主要反映就业机会的把握和就业人员的数量，可以量化，比较直观；就业质量反映了就业层次、结构、均衡性等方面，需要多层次多角度进行分析①。对于如何衡量就业质量，主要借鉴赖德胜的《牢牢把握高质量就业的内在逻辑》文章中的观点②：一是工作的稳定性，即劳动者连续工作的状态。随着社会的发展，终身制的工作逐渐消失，劳动者具有持续工作的能力，继而带来持续的工作收入，保持工作的稳定和连续性，或者寻找新工作成本较低并且迅速入职，以达到工作的持续稳定性。二是工作待遇和工作环境。根据需要层次理论，劳动者所从事的工作具有高质量的待遇和保障，劳动者在工作中有获得感和荣誉感，对就业环境的认可度较高，人职匹配，这是高质量就业最重要的指标之一。三是提升和发展机会。职场发展顺畅，劳动者职业规划明确，工作过程中有较多的职业发展及培训学习机会，晋升渠道和职业前景较为明朗。四是工作和生活的平衡度。能够在工作中兼顾家庭和事业的平衡，工作和谐、家庭幸福是保证社会发展和稳定的目的。应注意事业和家庭的平衡感。工作时间长、就业压力大、就业满意度降低，影响了就业质量的提升。五是意见表达和对话机制。劳动关系和谐，有高质量、健全的对话机制，有利于协调劳资关系，使沟通渠道通畅，面对劳资双方存在的问题更有利于及时解决，以便更加快速地推进劳动制度的改革和劳资双方的进步。

---

① 杨佳丽，侯方勇. 以高质量就业为导向的人才培养模式探索[J]. 创新与创业教育，2019（2）：110-112.
② 赖德胜. 牢牢把握高质量就业的内在逻辑[J]. 劳动经济研究，2017（6）：7-8.

第二节　我国大学毕业生就业状况

一、就业形势分析

大学毕业生是国家宝贵的人力资源，对大学生就业问题的重视，体现了国家对知识和人才的尊重。随着高等教育的"大众化"推进得越来越快，教育部统计数据显示，近年来进入社会工作的大学毕业生人数呈现高速增长趋势，2021年，全国毕业生人数近1000万，再创历史新高。我国的市场经济正处在经济转型升级的战略机遇期，新经济、新业态、新产业的发展提供了更多更新的就业机会，体现在高校毕业生就业方面就是就业形式更加多元化，就业机会也会有所增加。虽然毕业生人数近年来持续提升，就业压力逐年增大，但在国家政策的影响和宏观调控作用下，我国大学毕业生总体就业形势平稳。随着就业的产业结构和区域结构的不断改善，国内的教育改革和就业政策的改革也使得国内的人才结构有了一定的变化，毕业生就业观念转变使其就业形式趋于灵活[1]。对于大学生就业问题的讨论已由起初单纯从数量角度破解"就业难"转向从质量角度引导大学生如何"高质量就业"，即促进职业生涯的和谐发展和提高就业质量[2]。党的十九大报告指出，要"做好以高校毕业生为重点的青年就业工作"，继续把高校毕业生作为就业工作的重点。就业包括就业的数量、结构和质量三个方面[3]。当前一段时期，高校毕业生就业的最大矛盾就是迅速增长的大学毕业生人数和供需能力不足的就业市场之间的矛盾[4]。毕业生就业市场表现出以下特点：

一是由于改革开放、经济发展、人口变化、技术进步等原因，就业市场中存在结构性失衡。受人口结构和人力资本投资水平变化的影响，我国的劳动力市场也发生了深刻的变化。在经济新常态下，经济增长从高速转为中高速，使就业压力不断加大，供给侧结构改革、去产能过程中，释放了剩余劳动力，加

---

[1] 王文涛. 大学生就业形势及政策分析[J]. 人才资源开发，2018（22）：29-30.
[2] 赵雷. 大学生就业质量现状及改善对策研究[J]. 山东行政学院学报，2013（3）：28-30.
[3] 赖德胜. 高质量就业的逻辑[J]. 劳动经济研究，2017（6）：6-9.
[4] 唐诗潮. 当前我国大学生就业问题及对策研究[J]. 高教学刊，2018（16）：194-196.

大了就业压力，对大学生进入劳动力市场造成冲击。劳动力市场中，中高级人才的需求更为强烈，经济社会发展紧缺人才与应届毕业生就业情况不匹配，许多应届大学毕业生不能满足紧缺型人才的要求或者个人就业预期与就业市场相差较远，造成就业结构性失衡。

二是就业市场的要求更高更精更细，应届毕业生进入就业市场的门槛明显提高。产业升级转型带来的行业洗牌、行业内部岗位洗牌，导致管理的精细化程度更高。对劳动者的就业能力和岗位胜任力的要求不断提高，人岗匹配需求更加强烈，就业市场更加成熟，在选拔人才时更注重效率和标准。加之，当代大学生显现了"个性突出"的特点，这使得大学生在就业岗位选择时更注重发展型岗位。对就业市场的把握以及对大学生就业能力的要求逐步提高。

二、大学毕业生初次就业的特点分析

目前，应届大学生就业意向可分为以下几类：升学深造、公务员、基层服务项目、大型国企、事业单位、民营企业以及自主创业等。大学毕业生是典型的知识型群体，他们就业的性质与其他劳动者相比既相同又不同，其劳动市场的进入模式、进入时间、就业选择、价值体现等方面有较为鲜明的特点，表现在以下几个方面：

第一，群体性。大学毕业生是作为一个群体，几乎是在同一时间段涌入劳动力市场的。1999年扩招后，大学毕业生群体不断扩大。现在，每年的大学毕业生数量高达七八百万，劳动力集中供给规模巨大，对劳动力市场的影响不容小觑。同时也对劳动力市场的供需平衡和国家的就业结构造成相当巨大的影响。

第二，时效性。应届大学毕业生就业选择集中在一定的时间段，具有很强的时效性。在毕业生就业市场的双向选择中，应届大学毕业生因其具有可塑性和较强的适应性，往往更容易受到用人单位的青睐。一部分高质量就业单位针对应届大学毕业生有校园招聘专项，为应届毕业生提供相对质量较高的就业岗位，应届毕业生毕业当年的就业单位和就业岗位的选择机会较多。

第三，知识性。大学毕业生通过在校几年的学习经历，在劳动力市场中就业选择的层次较高，属于高质量的知识技能型劳动者。他们有区别于其他就业群体的明显优势，知识驾驭能力较强，并有着较高的理论知识体系和学习能力，存在优势[1]。但这也不同程度地影响了大学毕业生的就业心态和就业期望。

第四，政策性。国家宏观经济政策影响着我国经济的发展和人才的需求配置，影响着大学毕业生的就业选择。自2017年以来，国家相继出台了针对大学毕业生群体的就业创业促进政策，这对大学毕业生的就业起着关键性作用。例如鼓励大学生基层就业、自主创业等对大学毕业生的就业选择产生了较为重大的影响。

在朝着就业意向目标做好就业储备的同时，在现实工作选择中也难免遭遇一些就业困境，理想和现实的差距给高校应届毕业生带来了困扰。由于对社会、行业、岗位了解得不够透彻，大学生在初次择业时往往高估或是低估自身的就业能力，形成不够成熟的世界观、价值观、就业观，不能客观估计就业形势，对职业发展缺乏合理的规划，这就需要不断调整，适应新形势、新要求。否则，如果毕业当年就业机会把握不准，就会错过黄金工作时间[2]，仓促就业会降低就业的质量层次。

三、大学毕业生就业现状

21世纪，我国高校毕业生人数快速增长，从2001年的114万增加到2019年的834万，增长了7倍之多，就业压力较大。目前，我国的经济形势向好发展，国家稳增长、促改革、调结构等经济政策持续出台，"互联网+"平台建设、新经济形式的出现、"大众创业、万众创新"等大力提倡的经济模式的出现给高校毕业生就业增添了新的活力，为年轻的大学毕业生群体带来了新的展示自我的舞台[3]。国家促进就业、鼓励创业相关政策不断完善，给大学生就业创业提供了良好的政策环境和发展空间。就业形势的新特点，从营造良好的就业环境、提升就业质量、切实提高劳动者的就业创业能力和水平、着力保障劳动者权益等

---

① 李巧巧. 大学毕业生就业质量评价体系研究[D]. 长春：东北师范大学，2012.
② 陈欢，刘春风. 高校毕业生就业质量评价体系构建[J]. 现代教育管理，2012（12）：57-58.
③ 孟续铎. 当前高校毕业生就业形势和主要问题[J]. 中国劳动，2018（5）：4-13.

方面，对就业优先战略提出了更高要求。大学毕业生就业情况呈现新的态势。

对大学毕业生就业状况的分析，我们从总就业率、不同性别、不同地区、不同专业就业情况入手①。

（一）就业率

据麦可思研究院统计，毕业生就业研究从2014年至2018年的5年间，高校就业率平均维持在91.5%左右，年均未就业大学生数量达到60万左右。一部分学生在就业当年存在不就业和慢就业的现象，准备国考、准备升学不急于找工作、想一步到位找个合适的工作的思想还很严重。毕业前一年9月开始至毕业当年7月是毕业生就业工作的高峰时段，大部分学生能够主动进入社会，从事生产劳动，学有所用。但是，仍有一部分学生观望、迷茫，导致错过最佳求职时机。就业期望与现实世界存在一定差距，导致毕业生不及时就业，对就业市场造成压力。大学生群体毕业当年的失业率是城镇人口失业率的2倍，"毕业即失业"现象产生的同时也给大学生们造成了心理压力，影响就业率的提升。在就业质量方面，就业选择不够普遍客观，存在盲从行为，导致大学毕业生自身职业规划不明朗，产生就业迷茫现象。《2018年中国大学生就业报告》显示，大学生就业满意度67%，存在盲目就业、草率选择的突出问题，不少大学毕业生就业择业期内存在主动离职的行为，入职6个月内的离职率普遍较高，高达33%，大学生就业问题突出，需要引起全社会的重视②。

（二）性别因素

2018年政府工作报告提出，要建立健全劳动关系协商机制，排除性别和身份歧视，促使更加公平、更加充分的就业成为我国发展的突出亮点。实际工作中，尤其是在应届毕业生就业工作时，会受到不同程度的"性别歧视"，造成就业工作进展得不够顺畅。在钢铁、电力、物流等特定行业和岗位，女生就业困难。用人单位在招聘过程中，除少数传统的文员、助理、客服以及新兴电竞、电商、直播等门槛较低的行业外，同等条件下，招聘人员往往倾向于录用男性劳动者，甚至条件稍差一些的男生依然会有较多的工作机会。在就业市场中，女生比例已经超过男生，占有数量优势，但是，因为性别因素造成的就业困难

---

① 孟续铎. 当前高校毕业生就业形势和主要问题[J]. 中国劳动，2018（5）：4-13.
② 曹群. 大学生就业中的地方政府责任研究——以W市为例[D]. 南京：南京大学，2019.

情况仍在加剧。在劳动力市场中,男生更受青睐。

(三)就业区域、行业和单位

随着我国经济发展策略的推进,经济圈建设规划逐步完善,环渤海经济圈、京津冀一体化等新型经济圈的出现,影响了毕业生的就业择业活动。高校毕业生中一大部分选择北京、天津、上海、广东、深圳等大城市,95%的毕业生有在大城市及省会城市、沿海开放城市就业的强烈意愿,但实际上,能够确实在这些地区就业落户的不足七成[①],理想和现实的落差巨大。与传统的行业选择不同,大学毕业生不再单纯看就业的稳定性,大中型企业单位、事业单位的吸引力也在逐年下降,除薪资待遇的影响因素之外,对就业前景和创新性、挑战性工作的追求占很大一部分。对大学生就业行业的调查显示,大学生择业的热门行业集中于金融保险业、教育文化和传媒业或党政机关和社团等收入高、待遇好且有较大晋升空间的行业。对技术类、营销类岗位的追求大于管理岗位和文员等岗位。在进行就业行业和岗位的选择时,出现"忽冷忽热"的情况,阻碍人才均衡流动和健康发展。

(四)专业差异

2014年到2018年的5年间,高校本科毕业生毕业半年后的就业率统计结果为,工学类为93.5%,达到最高;其次是管理学,为93.2%;法学为85.3%,最低。从近5年的就业率的变化趋势可以看出,管理学、经济学、艺术学毕业生毕业半年后就业率在逐年下降。2018届本科毕业生半年后就业率排前三位的是软件工程(96.7%)、能源与动力工程(95.8%)、电气工程及其自动化(95.6%)。专业的差异影响了毕业生在就业市场上的表现,毕业生就业质量的研究与其初次就业的选择及就业表现关系较大,具有正相关性。

近些年,大学毕业生就业过程中也出现了一些新的问题,表现在:

第一,就业观存在偏差,就业准备不足,前景比较迷茫。盲目等待、准备不足、不积极主动出击是当前大学生找工作过程中存在的主要问题。不知道自己适合哪些工作,对工作不甚了解,没有明确的求职目标,人云亦云。对工作和岗位的理解不明确,追求短期利益,忽略长远的发展。

第二,"匠心"不足,岗位流动性大,职业稳定性欠佳。毕业生对自己的

---

① 邹治. 高校毕业生失业预警系统研究[D]. 南京:南京航空航天大学,2012.

第一份工作不珍惜，仓促入职之后缺乏对单位及岗位的深入了解，毅力不够，主观要求脱离客观实际，就业2~3年择业期内跳槽比例较高。调查显示，大学生毕业后三年内跳槽比例达到70%左右。毕业生对待工作态度较任性，不能客观评估自身能力与岗位的适配程度，存在消极怠工行为，就业满意度不高。

综合来看，2020年我国普通高校毕业生874万人，劳动力供给的数量依然较大。劳动市场求人倍率增高的主要原因之一是大学生的就业意愿下降。

第三节　就业质量评价指标体系的构建现状

一、大学毕业生就业质量现状

（一）大学毕业生就业质量研究现状

就业质量水平评价研究成果，国外研究人员已经形成三个重大结论[①]，分别是：在工作层面建立了就业质量评价体系；在国家层面形成了就业质量整体评估框架；在行业层面开发了工作岗位质量评价指标——"就业质量指数"（见表3-1）。

表3-1　国外就业质量水平评价研究层次分析

指标研究情况	就业质量指标内容
工作层面就业质量评价体系	工作满意度
	自由
	公平
	工作生活平衡度
	个人尊严
	安全
国家层面就业质量整体评估框架	国际劳工组织"体面劳动"
	欧盟委员会"工作质量"
	欧洲基金会"工作和就业质量"
行业层面工作岗位质量评价指标	就业质量指数

---

① 王阳. 我国就业质量水平评价研究——兼析实现更高质量就业政策取向[J]. 经济体制改革，2014（5）：15-19.

以"大学生就业质量"为主题,在CNKI上共检索到1449篇文献,时间跨度为2004年至2019年。在国内学者提出的文献中,涉及的就业质量水平评价体系更倾向于选择客观指标和微观指标,针对劳动者主观感受的评价不足,从国家、地区或行业的角度评价也不足。这些研究存在弊端,不利于全方位地探索和把握我国劳动者的就业质量总体水平,片面的研究结论不能转化为推动我国就业质量提升的宏观经济政策和措施。对高质量就业水平的评价,要面向高质量就业群体,在考虑劳动者主观感受的同时,又要利用政策工具加以改善,那么至少包括三个维度(见表3-2)。

表3-2 国内大学生就业质量评价研究的三个维度

维度评价	就业质量指标
劳动者的就业状况	就业机会
	就业结构
	就业稳定
	工作安全
劳动者就业环境	公平合理的劳动报酬
	法律政策制度健全
	社会保障稳定
劳动者就业发展	劳动关系和谐
	人职匹配

通过概括总结发现,对于大学生就业质量的定义目前没有定论,对其概念和内涵的界定不统一,涵盖的评价要素在不同的视角有不同的认识,研究方向不一致;对大学生就业质量的研究偏重于理论探讨,实证研究的文章较少;对于劳动者本人的职场适应能力及就业质量的相关要素研究不足,对就业质量产生环境的评价较多,对大学毕业生就业情况及能力提升的关注不够深入,宏观研究多,微观研究少,对就业质量的研究不够细致。多从微观视角出发,关注大学毕业生群体,深入研究大学生的生理和心理特点,对构建合理的劳动力市场,建立和谐的劳动关系,引导学生进行职业生涯规划教育,建立健全高校毕业生就业服务体系,加强就业创业政策的实施和创业者群体的指导都有重要的现实意义[①]。

---

① 刘艳华.关于大学生就业质量的研究现状与启示[J].北京教育:高教版,2012(Z1):158-159.

（二）大学毕业生就业质量现状

大学生就业质量受到政府、社会、高校和个体状况的制约，就业质量的提升不仅关系个人的发展，而且为政府政策出台、社会劳资关系和谐和高校人才培养提供参考，是毕业生就业活动全员努力实现的目标。首次入职的职场活动和体验以及对工作岗位的理解更加透彻，就业质量的提升和选择也就更加理智。本书中，大学生就业质量选取了就业机会、劳动保障、薪酬水平和就业满意度、就业发展等五个方面重点考虑。

1.从就业机会看，就业率保持高增长

就业率主要以高校毕业生就业率和供需比例作为主要衡量指标。国家重视，党和国家把促进高校毕业生就业工作始终放在重要位置，高校毕业生就业创业水平稳定增长。2014年以来，我国就业创业工作全面展开，国家层面把对创业工作的要求提到新的高度，就业创业人数呈现出"双增长"的良好态势，毕业生初次就业率超过70%。数据显示，高校大学生毕业工作半年后的就业率分别为：2018届为92.6%，2017届为92.3%，2016届为91.6%，2015届为91.7%，2014届为92.1%。大学毕业生就业区域和产业分布趋于理性，逐渐合理。毕业后半年内，大学生从事生产岗位的人员比例最小，第一产业就业人员较少，随着新经济、新产业、新业态、新模式的发展，第三产业内部结构持续改善，可以容纳更多高校毕业生就业，毕业生求职过程中面临更多选择，获得的就业机会更多（见表3-3）。

表3-3 毕业生获得就业机会数量统计表

就业机会	平均值	最大值	最小值
单位录用机会（个）	2.53	3.4	1.73

资料来源：2018年，麦可思研究院发布《中国大学生就业报告（就业蓝皮书）》

2.从劳动保障看，劳动者合法权益得到有效保障，劳动合同制度逐步规范

国家法规及企业制度为大学毕业生提供劳动保障，包括三个方面的主要内容：权益保障到位、劳资关系和谐、就业创业政策渠道明晰。《劳动法》《劳动合同法》的出台对劳动者合法权益有效保障起到积极作用，与就业质量的提升正相关。从劳动关系看，建立健全企业单位的组织机构，成立工会、党支部等党群组织，促进企业用工规范。社会工作环境更加制度化、人性化，劳动保障体系建立健全，劳动保障监督机制执行到位，妇女、儿童等弱势群体有专门的立法保护，减少就业歧视，劳动市场环境更加和谐。党和国家更加重视和关注大学毕业生高质量就业情况，出台的一系列就业创业优惠政策，为大学生就业创业提供有力支撑和发展平台，促进了大学毕业生就业工作的顺利开展，提升了就业质量。

3.从就业满意度看，多次就业的比例较大，就业稳定性不高

就业满意度包括毕业生个人满意度和单位工作满意度[①]。毕业生个人满意度是指毕业生对所从事工作的总体满意程度。用人单位满意度是指单位对所招聘的大学毕业生在实际工作中的表现的满意程度。受人职匹配、待遇要求、就业预期等诸多因素影响，初次就业学生对所属工作的满意度偏低。毕业生对就业现状不满意的主要原因是"收入低"（64%）、"发展空间不够"（54%）。2018届大学毕业生工作与职业期待的吻合度为49%，在本科院校中，"双一流"院校2017届毕业生工作与职业期待的吻合度为48%，非"双一流"本科院校2018届毕业生工作与职业期待的吻合度为53%。本科和高职高专院校2018届毕业生毕业半年内的离职率分别为23%和42%。在本科院校中，"双一流"院校2018届毕业生毕业半年内的离职率为13%，非"双一流"本科院校2018届毕业生毕业半年内的离职率为25%。2018届大学毕业生的就业满意度为67%。

4.从薪酬水平来看，初次就业的起薪呈隐性下降

我国薪酬总体水平逐年提高，2018届大学生的初始月薪平均在4317元，比2017届的3988元增长了329元。其中，本科院校2018届毕业生的月收入为4774元，高职高专院校2018届毕业生的月收入为3860元。毕业半年后，在本科院校中，"双一流"院校毕业生月收入达到5691元，非"双一流"本科院校毕业生的月收入为4590元，薪酬水平呈现连续上升趋势。月薪绝对值有了较大提升，但是从总体来看，把大学生的薪酬水平放到经济大环境下进行对比发现，受到社会经济发展水平和不断上涨的物价水平等因素的影响，大学毕业生起步薪酬水平实际上有所滑坡。

---

① 王海平，姜星海. 我国大学生就业质量研究综述[J]. 北京教育：高教版，2019（4）：52-54.

5.从就业发展来看,就业的地域、城乡、行业分布不平衡,专业对口率较低

大学毕业生的首选城市仍然集中在北京、上海、广州、深圳,其次为江苏、浙江两省。大学毕业生在初次就业选择时,由于主体思想准备不足,同时受到招聘市场的猛烈冲击,存在先入为主的就业选择偏差。在择业时,不考虑专业对口情况及岗位的适配度,凭第一印象和较为强烈的个人爱好进行盲目选择。还有部分大学生在就业过程中,不同程度地存在焦虑、盲目的情况,有从众心理,受到先就业再择业的思想影响,频频择业,却难以长远。还存在"慢就业"现象。2019年报名参加研究生考试的人数达到290万,比2018年报考人数增长近20%,对其考研动机进行调查显示,就业压力大排在首位,一旦就业形势趋紧,大部分学生会选择保守的慢就业或是稳定的体制内就业,不考虑个性化的发展需求,存在就业质量提升的隐患[①]。

二、不同层次大学毕业生就业质量分析

实现高质量就业已经成为新时代就业政策的导向,就业质量已经成为中国各高校人才输出水平的判断标准,对于当今时代下的社会经济发展与个人职业生涯发展具有非常重要的作用和非常深刻的影响。就业质量反映的是毕业生多个维度的情况,包括毕业生满意度、薪资标准、就业率与离职率、职业稳定性等多个方面。通过对部分不同层次院校毕业生就业质量分层次分类别的整合调查,分析现行毕业生的就业质量情况。

(一)2015—2019年毕业生就业率

大学毕业生就业数据显示,2015—2019年毕业生人数逐年增加,分别达到749万、765万、795万、820万、834万人。机遇与挑战并存,大学生求职态度积极,虽然就业形势严峻,但整体就业趋势向好。

在样本中的多所高校中,毕业生更加倾向于更高层次的追求,不同类别的院校对于重点的关注已有所差别。2019年,各个类别院校的就业率整体上升,就业形态更加多元化,学生的考虑内容更加丰富。

初次就业率整体上升,即在就业规模扩大、比例增加、人数扩展的基础

---

① 牛雪晖. 大学生就业质量发展研究[D]. 西安:西安工程大学,2015.

上，就业质量也有了不同程度的提升，985等重点高校的对口就业率相比之下会更高。

对口就业率越高，智力投资结构越合理，智力投资宏观经济收益越大，反之，则越小。因此，对口就业率是判定就业质量的重要因素。根据调查显示，各类型院校的对口就业率差别并不是很大，但总体而言比例较低。除了不同院校的不同区别，不同专业之间对口就业率的差别也非常明显，文科专业就业对口率相对较低，工科则较高（见表3-4）。

表3-4 不同层次大学毕业生年度平均初次就业率与平均对口就业率统计表

类别	985	211	省重点院校	普通院校
初次就业率	93.65%	98.68%	95.02%	97.61%
对口就业率	38.62%	35.70%	34.63%	28.78%

资料来源：2015—2019年，麦可思研究院发布《中国大学生就业报告（就业蓝皮书）》

（二）2015—2019年毕业生初始薪资

高校毕业生就业形势有喜有忧，其中在薪资水平方面表现得非常明显。2015—2019年，参加校招企业个数逐年上升，毕业生需求逐年增加，薪酬也普遍提高。根据对各类院校的分层调查，以毕业生薪资作为就业质量的重要依据，有助于更好地认识就业形势和社会需求。

学生的初始薪资待遇基本与企业待遇对接，在问卷整理过程中，高校毕业生对于薪资水平的要求趋于合理，选择工作时更看重就业机会和发展空间，而此类要求在985、211等院校的表现更加明显，而在其他高等院校的表现也有所提升。

就业质量在某一方面来讲，是说从业者在进行工作时获得的报酬或收入的优劣程度，从此次调查来看，结合不同层次、不同院校的就业质量报告信息，得出不同院校的薪资差距大，所面临的问题和挑战也不相同，院校毕业生在从业过程中的就业质量很大程度上决定其满意度和职业稳定性，而薪资水平作为重要支撑，在各个维度都至关重要。

表3-5 2015—2019年不同层次毕业生年度平均初始薪资与两年后年度平均薪资情况统计表

类别	985	211	省重点院校	普通院校
初始薪资/元	8246	5743	4529	3249
两年后薪资/元	9800	9027	7000	6298

资料来源：2015—2019年，麦可思研究院发布《中国大学生就业报告（就业蓝皮书）》

（三）2015—2019年毕业生就业地域趋向

统计调查显示，在进行就业区域选择时，逐年呈现出差异化与多元化。重点高校毕业生更倾向于在一线城市发展，寻求更多的发展机会和更大的发展空间；普通院校学生则更注重家乡归属感和职业稳定性，更愿意回到生源地发展。

以地域选择作为就业质量的衡量标准，我们可以认为学生对于地区的选择受到社会环境、学校引导侧重点等多个方面的影响，而面临严峻的就业形势，毕业生也会有多方面的考量。

相比于往年，无论是重点院校还是普通院校，一线城市特别是北京、上海、广州、深圳等核心城市的选择率有所下降。新一线城市对本科生吸引力增强，如成都、西安、杭州等，大学毕业生择业观的转变以及高校就业工作侧重点的倾向、合作单位规模拓展等因素，使地域趋向方面的就业质量正在向好发展。

表3-6 2015—2019年不同层次大学毕业生毕业流向和区域选择

类别	985	211	省重点院校	普通院校
一线城市	82.33%	61.58%	44.37%	24.70%
生源地	14.2%	42.28%	48.21%	60.5%
院校所在地	46.38%	23.40%	38.27%	28.88%

资料来源：2015—2019年，麦可思研究院发布《中国大学生就业报告（就业蓝皮书）》

（四）2015—2019年毕业生升学及就业选择

从就业形式来看，灵活就业是多数高校就业的重要发展形势，本科生升学是院校毕业生发展的重要内容。各类院校的升学比例都在逐年提高，毕业生选择深造的人数逐年增加。虽然形势向好，但提升空间仍然很大，需要进一步加强此类毕业生的建设发展工作。

根据调查可知，重点院校毕业生的考研率、公务员选调生比例要远高于普通院校，普通院校更应该侧重于灵活的就业政策推广和优秀毕业生的宣传。

表3-7 2015—2019年不同层次大学毕业生升学、就业选择情况统计表

类别	985	211	省重点院校	普通院校
升学	37.75%	31.83%	31.50%	15.78%
就业	93.65%	98.68%	95.02%	97.61%
未就业	1.68%	1.32%	1.97%	2.39%

资料来源：2015—2019年，麦可思研究院发布《中国大学生就业报告（就业蓝皮书）》

综上所述，就业质量有各种不同的考量形式，无论是就业率、薪资水平、还是就业满意度、地域趋向，都体现了先行就业政策与高校就业工作的有机结合，以及毕业生个人的价值取向和职业能力。对于不同层次的院校而言，重点院校的就业环境及就业质量更加突出，但同样也面临着重大的挑战。而同样的，在就业政策和社会环境的双重刺激之下，加之高校就业工作的不断推进，普通院校的就业质量取得了长足进步，更需要紧紧把握就业内涵和时代要求，拓宽就业发展思路和道路。

三、大学毕业生就业质量评价体系构建现状

（一）大学毕业生就业质量评价体系构建研究现状

对于就业质量评价体系构建的研究，按照不同的标准和对就业质量内涵的理解和把握，我国学者关于大学毕业生就业质量评价指标体系的研究视角广泛。在评价指标体系的设计上，主要从国家、学校、毕业生、用人单位等四个维度的评价主体来设置。在具体评价指标内容方面，专门探索设置评价指标体系衡量高校毕业生的就业情况，有助于深化高校毕业生就业工作机制改革，促进和完善就业管理和就业指导服务体系建设（见表3-8、3-9、3-10、3-11、3-12，图3-1、3-2）。

表3-8 李金构建的高校毕业生就业质量评价指标体系一览表

一级评价指标	二级评价指标
工资福利	工资水平、五险一金、提薪空间、带薪假期、住房保障
发展前景	行业前景、单位前景、晋升空间、培训进修
工作条件	工作环境、工作氛围、工作强度、工作压力
工作匹配性	专业相关、能力匹配、兴趣程度
家人支持	家人物质及精神支持

李金、秦建国、陈源波对适用于高校毕业生的就业质量评价体系进行深入研究，如李金从就业质量评价主体、客体角度去构建评价体系，把就业的层次、高校本身特性、大学生主体性作为评价就业质量的主要标准。

表3-9 秦建国构建的大学生就业质量指标体系一览表

一级指标	二级指标
大学生就业前主客观前提指标	就业能力、就业制度、就业服务、就业外在压力
大学生就业岗位质量指标	工作条件、工作环境、工作报酬
大学生就业满意度指标	专业对口性、工作稳定性、劳动关系的和谐性、职业发展前景、福利和社会保障
大学生就业宏观表现指标	宏观经济表现、创业大学生的比例、考研率、出国率

秦建国从宏观和微观两个角度来构建大学生就业质量指标体系：大学生的就业能力、就业制度、就业服务以及大学生就业的外在压力等大学生就业前的主客观前提指标；工作条件、工作环境及工作报酬等大学生就业岗位质量指标；专业的对口性、工作的稳定性、劳动关系的和谐性、职业发展前景以及福利和社会保障等大学生就业满意度指标；宏观经济表现、创业大学生的比例、考研率、出国率等大学生就业宏观表现指标。

表3-10 柯羽选取的就业质量评价指标一览表

客观指标	主观指标
就业地区流向	人职匹配度
就业单位性质	就业满意度
薪金水平	职业发展前景

柯羽基于主成分分析的浙江省大学毕业生就业质量综合评价，选择了就业地区流向、就业单位性质、薪金水平三个客观性指标和人职匹配度、就业满意

度、职业发展前景三个主观性指标。

表3-11 李业昆选取的就业质量评价指标一览表

一级指标	二级指标
就业岗位	工作报酬、工作环境、工作条件
就业发展	职业匹配度、职业发展前景
就业满意度	毕业生个体满意度、用人单位满意度
劳动保障	劳动关系、工作稳定、社会保障
就业机会	就业率、毕业生供需比例
就业结构	就业单位性质、就业区域、创业与深造

李业昆等从主观、客观相结合的角度将就业质量的评价指标划分为就业岗位（工作报酬、工作环境、工作条件）、就业发展（职业匹配度、职业发展前景）、就业满意度（毕业生个体和用人单位满意度）、劳动保障（劳动关系、工作稳定、社会保障）、就业机会（就业率、毕业生供需比例）、就业结构（就业单位性质、就业区域、创业与深造）。

表3-12 需求层次与评价指标一览表

需求层次	就业需求层次	评价指标
生理需要	获得就业机会	就业率
安全需要	稳定的就业岗位	就业稳定性、薪酬
尊重/社交需要	人职匹配高质量就业	对口就业率
自我实现需要	社会价值体现	就业满意度

马永红等根据马斯洛需求层次理论，认为高质量就业是高质量人力资本企业乃至国家创新的重要配置和布局。要明确高校毕业生高质量就业的内涵，应在实现高就业率的基础上，使毕业生、高校、用人单位、社会和国家各利益相关者的利益达到均衡满足。

第三章 大学毕业生就业质量评价内涵分析

图3-1 高质量就业多塔结构理论框架

（金字塔从上到下）
- 实现个人价值匹配：学生视角，较高的就业满意度、职业与期望符合度、收入期望达成度、工作对未来职业发展重要性、个人职业期望得到充分满足、就业实现个人价值与社会经济发展的匹配
- 学生忠诚度：高校视角，较高的高校忠诚度和专业学科忠诚度，毕业生再次选择时仍然会选择本校或本专业学科
- 人职匹配：用人单位视角，较高的学历匹配度、能力匹配度与专业匹配度，能胜任工作、满足单位的用人需求
- 实现高校人才培养目标满足社会需求：社会视角，社会需求符合度较高，高校人才培养目标与社会需求相匹配
- 充分就业：国家视角，较高的就业率、直接就业率、创业率、深造率，较低的待业率，满足国家对人才数量的要求

马永红等根据马斯洛需求层次理论，构建了高质量就业多塔结构理论框架①。

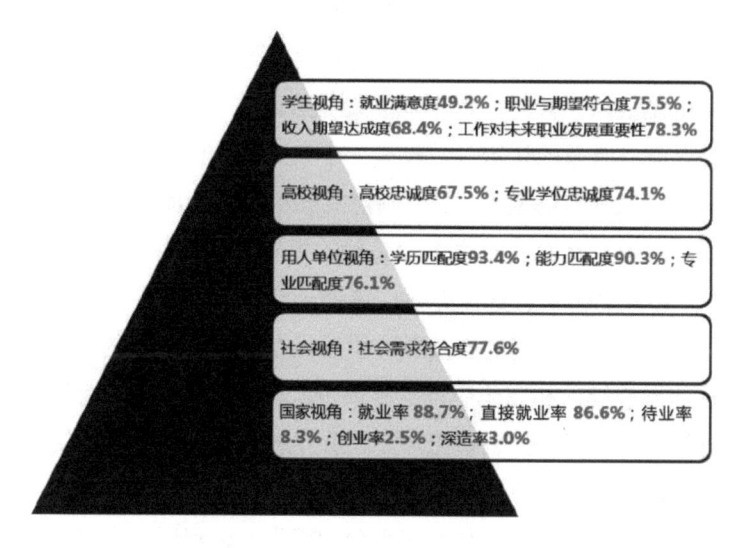

图3-2 2017年专业硕士毕业生总体就业质量的多塔结构图

（金字塔从上到下）
- 学生视角：就业满意度49.2%；职业与期望符合度75.5%；收入期望达成度68.4%；工作对未来职业发展重要性78.3%
- 高校视角：高校忠诚度67.5%；专业学位忠诚度74.1%
- 用人单位视角：学历匹配度93.4%；能力匹配度90.3%；专业匹配度76.1%
- 社会视角：社会需求符合度77.6%
- 国家视角：就业率88.7%；直接就业率86.6%；待业率8.3%；创业率2.5%；深造率3.0%

---

① 马永红，于苗苗，袁文婧，等. 基于多塔结构的专业硕士高质量就业研究[J]. 国家教育行政学院学报，2018（8）：33-40.

（二）大学毕业生就业质量评价体系构建现状

大学生就业质量的高低能够反映高校的人才培养质量的好坏，反映服务国家的能力和水平。就业质量评价指标体系作为综合性检验工具，既能直观显示影响大学毕业生就业质量的因素，又能为国家、社会、企业、个人提供有效的数据依据。我国关于大学毕业生就业质量的研究起步较晚，20世纪90年代后期才开始专门研究和热化，大学生就业质量评价指标体系的构建工作仍存在不足，主要表现在：

1.指标设计覆盖面窄，评价主体单一

每年大学生就业率及就业质量的统计工作分散繁复，主要负责部门是省级教育主管部门及各高校就业管理处。就业数据的统计是由下而上统计完成的，直接的评价主体是负责收集学生信息的部门及负责老师，数据统计具有局限性和主观性，覆盖面窄，评价主体单一，不能全面反馈当年学生的整体素质及就业质量情况，存在弊端[①]。

2.评价指标体系有待完善，评价指标单一

在进行大学生就业质量统计时，作为重要指标的是学生的就业率。就业率在很大程度上是反映一段时间内毕业生就业数量的指标，在就业质量的评价方面有局限性，就业质量的认定目前没有一个完整的、权威的指标规范，需要进行大量的调查研究和实际摸索之后，确定能够尽可能全面反馈毕业生就业质量的指标体系。目前，还没有一个统一完整的指标体系，评价指标单一。

3.评价方式系统性平台建设欠佳，评价方式单一

新时代背景下，互联网的普及和应用已经在改变着我们的生活方式，毕业生就业指标体系的统计和完成应该与时俱进，适合当前大学毕业生的生理心理特点，利用新媒体开展统计调研工作。以前开展统计工作只是利用问卷调查及面对面访谈的形式，评价方式和内容略显单薄，不能全面反映毕业生真实的就业质量情况，需要完善评价信息系统平台的建设，达到评价方式的多样化和科学化。努力缩小市场需求与大学生综合素质之间的差距，优化人才培养模式，从而切实反馈大学毕业生的就业率和就业质量。

---

① 陈源波.高校大学生就业质量评价指标体系的构建及应用研究[J].安徽水利水电职业技术学院学报，2018（4）：93-96.

(三)大学毕业生就业质量指标评价体系存在的问题

(1)部分评价指标项目分散,总结归纳工作烦琐。通过对多位研究者的研究显示,就业质量评价指标运用情况不集中,指标不集中,提及频率较低,不利于指标客观选择,对指标体系的构建造成了一定的困难。为了指标体系的全面性,一些使用频率较低的指标也会被考虑加入。

(2)指标体系的选取和操作不够客观,主观性重要指标有流失风险。一些操作性较强的指标体系在设计上更加偏重于量化打分,而忽视了一些重要的主观性、不能简单量化的指标,造成重要指标的流失和忽视,没有充分考虑主观性指标的结果,从而使就业质量分析结论片面、不准确,造成调查研究的失败。所以,不能在可操作性复杂的情况下随便剔除重要的主观性较强的影响指标,还应积极探索合理的方法,以便将主观指标加以量化。

(3)在设计评价指标体系时,相当一部分观点只提出了高校毕业生就业质量评价的设想,还有的观点只提出评价大学毕业生就业质量的评价指标,而缺乏对指标体系的具体执行和评价方法。缺乏系统的、客观的评价系统体系构建。

(4)片面地描述和构建就业质量指标,着重强调就业工作中就业活动对个人发展的意义和满意度分析,忽略了个人就业行为对就业工作的重要影响。大部分就业质量评价指标都针对求职者个体的就业状态和能力体现,描述了个人状态对就业活动的影响,描述就业状态对社会产生影响的指标较少,个体就业对社会的贡献和价值没有得到应有体现。

(5)就宏观背景环境的描述有待加强,指标概括得不够细致和全面,有重复统计的现象发生,指标分层不够具体。国家宏观经济政策对某一地区就业质量的影响巨大。就业质量从一定范围来说,是区域经济的一种表现,对宏观经济背景的描述和把握十分重要,不可或缺。

第四章　我国大学毕业生就业质量影响因素分析

随着大学毕业生人数的持续增长,大学毕业生的就业质量受到国家和社会的广泛关注,毕业生就业质量的提升不仅影响着学生及其所在家庭的成长和发展,更有利于社会的和谐稳定与国家的长治久安。当前,新常态下,经济发展的新业态、新职位、新商业模式给我们带来了新的就业机会,经济形势总体向好,但是也存在就业总量基数大和就业市场结构性矛盾共存的问题和企业有效需求不足、就业信息不对称共存的问题。大学毕业生就业质量受多种因素的影响,如何在新形势下有效提升就业质量,需要多方发力。

第一节　影响大学毕业生就业质量因素的总体分析

对于影响大学毕业生就业质量的因素,主要涉及宏观、中观和微观因素三个层面。第一,宏观因素。宏观层面主要考查求职环境对毕业生就业质量的影响。包含了求职过程中国家制度、就业政策、社会经济环境等的影响因素,主要从工作机会、发展空间、社会保障、体面劳动等方面进行研究。第二,中观因素。中观层面主要考查社会资本状况对就业质量的影响,主要是指社会资源利用及教育提升的特征因素,包括学校的综合实力和影响力、专业设置的状况、培养方案制订情况、毕业生的综合素质、就业指导和服务的有效性等。第三,微观因素。微观层面主要考查求职者个体的人力资本投资对就业质量的影响。

包括求职时的个性特征、就业能力、职业规划、就业观念等。

一、人力资本投资对就业质量的影响

舒尔茨和贝克尔致力于人力资本理论的研究，他们认为，人力资本投资能够使劳动者的生产能力产生差别。不仅影响巨大，还能够通过增加人的资源影响到物资及财产收益。人力资本投资[①]能够使劳动力获得异质性的技能，这使得具有异质性技能的劳动者在劳动力市场上减少搜寻成本，降低交易成本，能够更快更好地找到合适的工作，提高岗位的人职匹配。而教育投资、职业培训投资、专业知识学习、社会资本投资以及工作中的经验积累都是提升人力资本的有效手段。

人力资本是指个人所拥有的可以创造个人、社会和经济福祉的知识、技能、能力和素质。创新是经济发展的动力，人才是推动创新的源泉。人力资本理论认为，人力资本的积累能够提升劳动者的技能从而推动经济增长[②]。

（一）就业能力对就业质量的影响

在新的发展阶段，经济高速增长不宜再作为发展目标，我们也必须放弃传统推进经济增长的模式，即依赖于生产要素投入的发展模式。新时代，经济发展必然要以效率提升为基础和前提，这依赖劳动者素质的提升。大学生就业能力主要包括四个方面，分别是专业知识、实践能力、交往能力和适应能力。

（1）专业知识是指大学生在学习过程中习得的系统化的知识体系。专业知识对于毕业生而言，是他们进入社会工作的立足之本，是岗位适配的重要依据之一。随着经济结构改革，用人单位对人岗匹配的要求更加规范，专业知识的运用和熟练掌握影响着毕业生的就业质量。高校在进行人才培养方案的论证时，应设置个性化的培养方案，因专业因层次施教，提升学生核心竞争力，使其在人才市场中不轻易被替代。

---

① 孔微巍，廉永生，刘聪. 人力资本投资、有效劳动力供给与高质量就业[J]. 经济问题，2019（5）：9-18.
② 陈晨，刘冠军. 实现高质量就业与提升人力资本水平研究[J]. 中国特色社会主义研究，2019（3）：42-50.

（2）实践能力是大学生理论联系实际、学以致用的能力。适应社会需要，为用人单位带来效益和财富，对单位文化有更深层次的理解，更容易进行岗位对话。理论与实际相结合能使毕业生更快地进入工作角色并增加工作的成就感和满意度。

（3）过硬的政治理论、家国情怀更利于学生找准定位和发展方向，提升综合素质，从而能够迅速在工作中脱颖而出。一专多能的人才更为社会所需要，有较强的组织管理能力、心理适应能力、沟通及团队合作能力、市场营销能力的毕业生是有发展潜质的人才。在做好专业工作的同时，也要具备审美能力、鉴赏能力、自我约束和管理能力。这样才会在工作过程中不倦怠、不松懈、可持续发展。

（4）社会适应能力是指大学生为适应社会经济环境而进行的心理上、生理上及行为上的各种适应性的改变，以期达到和谐状态的能力。跟上社会发展的需要，是新时代对大学生的期待和要求，要更好更快地融入社会群体，适应自己的角色需要，提升就业质量。

（二）就业观对就业质量的影响

就业观就是我们对工作世界的认识和看法，是一种对就业方向和前途的实现形式的观念。树立正确的就业观，有利于我们大学生找准就业方向，尽快进入工作角色，投身社会需要之中，早日实现自身价值。在现实世界中，大学毕业生有着比较鲜明的时代特色。在就业过程中，个性特征显著，对就业及就业质量的提升有较大影响。在进行就业选择时，找准方向目标，树立正确的就业观念，有利于就业质量的提升。

传统的就业观对大学生就业质量影响深远。就业主观预期不合理，不符合自身发展需要，就很容易导致对就业市场估计出现偏差，如不能正确面对就业环境，对就业收入和自身工作状态等预期过高，进入行业、企业、岗位时，不满意环境，导致工作积极性受挫。还有就是就业功利性强，对传统就业观不能正确认识、取其精华去其糟粕。当前，应届大学毕业生中报考公务员、事业单位、国有企业等传统岗位的人数众多，考试初衷并非热爱，而是希望通过考取这些相关岗位，一劳永逸，回避竞争。对于就业市场亟须新兴行业、企业和就业市场缺口不感兴趣。另外，就业"地域观"对大学生就业质量也存在不可忽视的影响，毕业生在选择工作和岗位时偏爱大城市。

（三）职业规划对就业质量的影响

多林格尔和皮奥里提出"二元劳动力市场理论"，把劳动力市场进行分类，有头等劳动力市场和次等劳动力市场之分。头等劳动力市场即所谓的"好市场"，具有工资福利好、劳动保障到位、就业机会公平等特点；次等劳动力市场与之相对，有薪酬水平低、就业机会缺乏、劳动保障不完善、社会福利差等特点。作为职场新人的大学毕业生，在投入到工作岗位之前，需要对自身及企业做好充分的准备，了解行业前景、发展现状等，能够有效地结合自身特点，规划个人职业发展路径。采取学习、培训、实习、实践等措施提升自身人力资本水平，达到行业需求，提高就业知识、能力和素质的储备，提升竞争能力，为自己进一步发展奠定坚实的基础。随着新兴行业和新兴职业的出现，大学生在大学期间的知识和技能储备就显得尤为重要，如果没有提前对就业有足够的重视，将导致投入的时间和精力不足，对工作职业的理解仅仅停留在看招聘信息等表层，对于招聘流程和企业行业概况不了解、理解不透彻，在进行岗位选择的时候容易答非所问、人云亦云，体现不出当代大学生的理论水平和职业修养。在工作过程中，由于缺乏清晰的目标指引，会影响大学生就业质量的提升。

（四）性别差异对就业质量的影响

性别的不同影响大学生的就业质量，这是在现代劳动力市场中比较普遍的现象。从就业心理来看，通常情况下，女生就业观念相对保守，更倾向于遵循传统的就业观念，追求工作环境的舒适及工作性质的稳定，对工作本身而言，并没有太大的追求，普遍存在舒适安逸的职业思维。男生在找工作的过程中更加客观，也更理性，他们主要追求工作的发展前景及个人价值的实现，这一价值观与社会经济发展需求更加切合。男生在社会中就业机会多于女生。就自身能力来看，女生可以选择的工种和地域范围不够广泛，她们同时面临家庭和事业的双重压力，在就业时需要维持生活及工作的平衡，选择范围更窄。这是有一定的历史和社会原因的，是多种因素共同作用、长期积累的结果。同等条件下，招聘方更倾向于把更具挑战性的职位留给男生，以减轻招聘成本，更保守，更安全，这既造成人力资源的浪费，也影响到了女大学生就业质量的提升。

二、社会资本状况对就业的影响

大学生就业时所讲的社会资本是指围绕大学毕业生周围的社会网络关系的和,它们对大学生就业活动产生较大影响,是大学生提升就业能力及工作生活质量的重要因素。它能够从功能上集结社会就业网络的各种要素,全方位进行针对性的分析,对大学生制定就业目标有较大帮助。毕业生的社会资本主要包含两个内容:一是家庭传承的社会资本;二是大学毕业生上学及进入社会工作时,自身开发的社会资本和主要社会关系。社会资本对大学生就业质量好坏的影响较大。就业过程中对大学生影响较大的社会资本变量有:学校就业部门及指导水平、学生家庭条件及背景、父母的人力资本水平、亲戚朋友的数量及发展前景、生源地等。社会资本水平越高的毕业生,其就业期望值与现实差距越小。

(一)社会资本对大学毕业生就业质量的影响

1.更高效,更便捷

社会资本能够更加快捷有效地锁定就业信息目标,有针对性地集中力量全力以赴进行就业目标活动。劳动力需求一方通过扩充单位社会资本渠道对大学生进行招聘,减少了对前来应聘的大学生的基础了解时间,能够有更多的资源投入到关键环节当中去。利用单位社会资本提供的渠道招聘大学生,对他们的基本素质、能力等了解也较为充分,既节约了信息搜集的成本,又有利于优化入职的匹配效果,有的放矢,降低求职成本,减少求职风险,能够较快达到供需双方资源的最佳配置效果。

2.更匹配,更满意

诚信度和稳定性更有保障。社会资本有助于提高供需双方的就业满意度,更容易入职匹配,提升效率。供求双方对各自信息真伪的辨别能力增强,减少了沟通环节,使求职者在运用社会资本进行就业筛选的同时,对单位的真实发展情况、可信程度等有相对精准的了解。从委托代理理论讲,通过求职者的社会资本渠道,用人双方彼此之间信任感增强,满意度提高,有利于实现双赢,节约求职成本。

3.机会多,竞争力大

比起盲目筛选,大学生在求职过程中的成败在一定程度上取决于能否抢占先机。求职者所属的劳动力市场与其家庭背景有密切关系,父母的人力资本水平构成其最初的家庭背景,这是社会资本的重要来源之一。家庭背景的高低,也对就业机会的获得有很大影响。社会资本是一种自由流动性的资源,有着较为广泛的流动空间。大学生或多或少会在职业选择及求职过程中受到家庭因素的影响,家庭背景较好的学生,除了自身付出的努力外,能够在较高层次的劳动市场中找到更高质量的机会,具备优势和地位。

4.结构合理,稳定性强

社会资本是大学毕业生掌握的社会资源,能够在其就业过程中给予意见建议,并指导帮助大学生进入工作环境,在进行职业发展和工作稳定性的保持方面发挥重要作用。对大学毕业生来讲,社会资源掌握得越多,层次越高,作用越直接,收到的成效越大。社会资本在大学生就业质量的提升方面主要作用表现在:更能体现大学生的工作价值,有利于岗位适配;在工作中,基于对毕业生的全面了解,实现精准帮扶,满意度更高,稳定性更强;有利于就业岗位的合理配置;有利于毕业生工作中表现的稳定性;有利于职业发展机会的拓展,使人才资源配置更加合理、就业结构更加稳固。

(二)社会资本对大学生职业获得和社会流动的影响

社会资本对于职业获得与社会流动的影响十分明显,部分大学生为了进入劳动力市场,不仅调动教育获得的人力资本,还要调动物质资本和社会资本。

(1)从求职机会方面进行考虑。利用社会资源并通过直接关系找到工作的毕业生能够获得热门户口、就业机会、优质单位的优势比通过间接关系找到工作的毕业生明显。工作户口主要指北京、天津、上海、广州和深圳这些热门城市的户口。"就业场所"是指是否在北京、上海、广州、深圳等热门城市安家立业,单位性质又分为体制内和体制外就业。直接关系比间接关系更有助于毕业生解决热门城市户口,实现在"体制内"就业和在"好单位"就业。

(2)从职业发展角度进行考虑。社会资源利用的程度与大学生及其帮助者同谋求的职位相关度有关,相关度越高,关系越紧密,越有可能帮助大学生在心仪的城市找到工作并解决这些城市的户口问题。无论是对户口解决、热门城市就业还是在"体制内"或"好单位"就业,社会资本关系是用人单位雇员的情况下,其作用的发挥得比其他角色的帮助者更大。

（3）从职业选择方面考虑。运用社会资源时，帮助者的地位对大学生谋求工作有更大的相关性，帮助者地位越高，毕业生的就业机会越多。在帮助大学毕业生在"好单位"就业方面，处于高层社会地位帮助者的作用大于中层，中层的作用又大于中下层。相对于"中下层"社会资源帮助者，社会地位是上层和中层的人员，对于帮助毕业生在热门城市就业起到显著的作用。

（4）大学毕业生的家庭地位对毕业生就业发展影响较大。父母的人力资本水平高，直系亲属的社会经济地位高，都会影响毕业生就业的起点及职业发展的高度。我们发现，家庭成员中最高社会地位者的社会地位是上层的，明显有助于毕业生解决热门城市的户口；而社会地位是中层的，对毕业生在热门城市就业帮助程度也会大一些。

（三）社会资本对大学生就业质量的消极影响

社会资本对大学生就业质量的影响较大，除了对个体而言的积极影响因素外，也会影响求职就业的公平性，存在消极影响：

（1）社会资本存在内向型，对就业市场的自由流动和资源配置造成影响。服务具有单一特性，在为某些大学生提供帮助的同时自然排斥了其他大学生。这种人为创设的障碍限制了区域内组织对人员的选择范围，容易造成单位组织中人力资本质量的递减，制约着组织的创新发展。

（2）可选择领域较小，社会资本的运用使劳动力市场的社会结构更加封闭，对外天然具有排斥特性，对劳动力市场资源的良性流动有一定阻碍。社会资源网络丰富的大学生进入较好的就业领域的局限性较小，可选择范围宽，社会资本薄弱的大学生在进入门槛较高的就业行业及岗位时，即使各方面素质都不错，也不一定有机会进入该领域，造成就业成本增加，市场运行效率降低，影响大学生公平就业竞争。

三、求职环境状况对大学生就业质量的影响

大学生作为我国青年就业的主力群体，其就业质量的研究要与社会经济发展密切结合。高质量的就业活动离不开对社会经济政策的理解，离不开良好的经济社会发展环境。大学生群体的就业不是独立存在的，解决大学生就业质量

的相关问题，要把它放到系统的环境中进行考量。

（一）社会经济环境对大学生就业质量的影响

中国特色社会主义进入新时代，我国社会主要矛盾是人民日益增长的美好生活需要和不平衡不充分的发展之间的矛盾。就业是劳动者追求美好生活的根本途径，就业质量的好坏关系到劳动者个人价值的实现与否，包括能否有获得感、幸福感和安全感。随着社会经济的发展，劳动者对高质量和充分就业的期待与日俱增。

（1）期待更高质量和更充分的就业。就业不仅是谋生的手段，还是劳动者实现自身价值、融入社会、为后代带来希望的途径。高质量的就业体现在就业机会充分、社会保障完备、薪酬水平提升、工作氛围和谐、就业场所健康有序、职业发展空间广阔等方面。根据需要层次理论，当人们满足了生理和安全需要之后就开始追求更高层次的尊重和社会价值的认可。更高质量和更充分的就业，是新时期促进就业的核心目标和显著特征。当前及以后很长一段时期，更高质量、更充分的就业理念将深入人心并伴随相关政策的出台，达到更加和谐的就业效果。

（2）就业难和招工难同时并存。就业结构性矛盾已成为就业领域的主要矛盾，不平衡不充分问题凸显，这是我国就业新形势及其发展趋势的一个显著特征。就业结构性矛盾突出表现在产业、地区、城乡、群体等多个方面。从地区和产业看，淘汰过剩产能，使一部分青壮年劳动力从不发达地区劳动密集型行业解放出来流向市场。但是，随着产能发展的需要，高新技术产业用人需求较多，这就造成招工难和就业难并存，人力资本的落后跟不上产业结构调整的步伐。供给侧结构改革造成一部分年轻群体结构性失业。同时，不同行业、不同地区、不同工种的就业与工资收入分配、社会保障水平及其可持续能力等相关联起来，差异明显，不平衡、不充分问题突出。

（3）劳动力供求关系矛盾凸显，经济转型升级对劳动者素质提出更高要求。随着我国产业转型升级的需要，资金、技术、劳动力等生产要素重新组合，使得已有的高技能人才缺乏，短期内不能满足市场需要，劳动力供求矛盾更加突出。

（二）新经济增加了市场活力，拓展了就业空间

网络技术的发展给市场增添了活力，提供了空间和平台。"互联网+"就业模式造就了劳动力市场的鲜明特征,对传统的劳动、就业模式和社保制度提出了新的要求。

创新创业政策支持力度加大。鼓励大学生自主创业,培养大学生创新创业修养和改革的勇气和魄力。市场主体大幅增长,新的就业机会不断涌现出来,现有的体制机制不断改革,新的劳动关系和工作理念逐渐代替了传统的观念和工作方式。平台经济的出现解决了大量劳动力就业的同时,也给我们生活的方方面面带来了巨大的变化。这一新的经济形势带来了电子商务、网络约车等新型就业形态,为青年群体就业提供了思路,增加了新的就业增长点和就业活力。新的就业形态和创新创业政策带动了就业的快速增长。

随着经济转型升级步伐加快,劳动力在不同地区、产业、单位间顺畅流动的要求更加迫切。很大一部分大学毕业生存在大城市心态,愿意在大城市奋斗,对于相对落后的家乡、中小城市不做考量,导致大城市部分岗位的就业竞争加剧,选择面比较固定,囿于人才流动的城乡障碍、身份障碍等一系列问题,劳动力转换受到限制,体制机制障碍有待破除。同时,社会保障、职称改革等也存在区域壁垒。这些壁垒不利于生产要素的优化组合,束缚了生产率的提升,减少了劳动者努力工作实现自身发展的机会,制约了劳动者积极性、主动性和创造性的发挥。如何使劳动力供需双方能顺畅自由流动是市场发挥资源配置决定性作用的基本要求。加大改革力度,破除体制机制弊端,给每位劳动者提供实现自身发展的机会是重大改革课题。

(三)制订全方位社保服务公共就业的需求方案

全方位的公共就业服务是创新政府治理形式、构建智慧政府的重要环节,是就业优先战略和积极就业政策的有力支撑。新时代呼唤新作为,以大学毕业生为主力的青年群体面对就业选择时需要全方位的就业服务,社会、政府及高校、家庭的关心关注,能够全面提升大学生就业水平和就业质量。大数据、"互联网+"公共服务体系的全面构建为劳动者的就业和劳动关系的流动、社会保障的延续提供方便快捷的服务平台。要着力培养能够熟练运用掌握互联网及统计数据的人才,提升人员服务专业化水平,完善公共服务体系,进一步提升就业服务质量,使毕业生就业服务更加精准,更接地气,就业质量也会逐年提升。

公共就业服务体系基本形成[①]，大学毕业生就业服务进入良性循环。就业保障措施实施到位，《劳动法》《就业促进法》《妇女权益保障法》等法律条文的出台，保障了普通劳动者及其特殊群体的就业权益，公平的就业机会的提供、保障措施的进一步加强，根据灵活规范的劳动力市场就业现状，统一灵活的劳动力市场规范机制建立，使劳动者就业形式的多样性、流动性有了依据和法律支撑，劳动保障服务的覆盖面进一步扩大。就业创业的促进政策越加深入人心，新的就业形势不断涌现，这需要大学生们在进入工作岗位之前，做好职业规划，认识多样化的就业形式，慎重选择喜欢的岗位，提高对岗位工作的满意度，改善就业观念，实施积极的就业策略，从而达到就业质量的整体提升。

第二节 大学毕业生就业质量的主要影响因素分析

大学生就业质量的研究，不能简单脱离客观实际独立进行，其受到内外环境以及主客观等因素影响较大，是一个综合性指标，也是各种指标因素的集中反映，内涵非常丰富。本章从主客观因素为主要观测点进行全面分析，主要包括政府因素、高校因素、企业因素和学生自身因素等方面。

一、政府因素

（一）政府宏观调控对大学生就业质量的影响

集中体现在政府对经济市场的宏观调控以及就业创业政策的制定和监督执行方面，致力于营造良好的政治生态环境，促进大学生就业质量的有效提升[②]。大学生就业是每年大学毕业生和用人单位通过市场媒介、根据各自需求进行的双向选择，虽然表面看来是市场行为，受到劳动力市场供求关系的影响，实际

[①] 郑东亮，张丽宾，赵立卫，等. 就业质量要与经济发展水平相适应——关于就业质量问题的研究[N]. 中国劳动保障报，2013-01-19（3）.

[②] 曹群. 大学生就业中的地方政府责任研究—以W市为例[D]. 南京：南京大学，2019.

上，作为特殊的就业群体，大学生的就业问题不仅牵涉个人的发展和幸福，还是社会经济状况的重要分析指标，每年的大学生就业率和就业质量的统计数据都是国家政策制定的重要依据。大学生就业问题是社会和谐发展的重要组成部分。这个特殊的青年群体，每年多达700万～800万人进入到劳动力市场当中，参与国家建设，引领社会发展，就业质量的好坏不容小觑。大学生就业是一个长期过程，不是在某一个时间节点可以一蹴而就的。他们有享受国家教育资源的权利，从进入大学开始，就伴随着就业规划的制订，享受国家对大学生的各项补助、奖励和福利待遇。人才是第一生产力，国家层面对大学生就业提供有效的政策指导和支持，在我国的基本国情影响下，政府宏观调控，对劳动力市场提供政策指导性意见，对毕业生的招聘和吸收，对劳动力市场进行有效监管，营造良好的就业创业市场环境。政府责任的发挥，对毕业生资源的有效配置意义重大。就业政策像"看得见的手"一样，对市场经济环境进行行之有效的调控，弥补了瞬息变化的劳动力市场的不足，从国家政策层面对毕业生就业活动进行调控，不断加大公共政策措施的扶持和投入力度。尊重市场"看不见的手"在经济运行中的规律性，并对其精准把握、有效调控，有利于参与到大学毕业生的就业过程中去，提升和改善大学生就业环境，提高就业质量。当前，我们的党和政府在促进大学生就业方面采取了很多举措，表现在：

1.就业创业促进政策

完善落实大学生就业创业的政策，加大就业扶持力度，重点加强对就业困难学生的精准帮扶，深入实施大学生创业引领计划，多次强调就业活动的民生地位等，规范了就业创业的途径，对大学生就业质量的提升提供了有效引领。

2.就业相关法律

《劳动合同法》《就业促进法》《劳动法》等相关法律文件直接关系到劳动者的权益保障和就业质量。政府部门牵头，制定完善的就业法律法规，能够规范劳动秩序，打击劳动侵权行为，给劳动者创造公平合法的就业创业环境。法律的有效执行影响劳动者尤其是初次就业劳动者的就业权益保障，对提升就业质量具有深远影响。

3.就业配套服务

政府部门对资源的统筹，区域经济发展能力、公共服务能力和政策监督落实能力、对劳动人员的保护能力以及措施对就业质量具有强大的保障作用，能够提升大学毕业生的就业信心。对就业人员的全方位监督和服务，有利于促进高质量就业目标的实现。

（二）政府宏观调控方面存在的问题

（1）经济大环境背景下，我国进行供给侧改革，淘汰落后产能，使劳动力市场呈现结构性矛盾。相关就业创业政策与产业政策调整衔接不力，就业市场尤其是大学生就业市场结构性矛盾显现。高精尖技术岗位、高层次管理岗位呼唤知识性、适应性强的新生力量，而作为高层次就业群体的大学毕业生不能快速进入相关行业和产业，不适应高速发展的经济增长需求，劳动力市场呈现供需双方需求不能满足的情况。

（2）教育主管部门对高校教学质量进行客观细致的评价，同时，要加强对高校服务能力和培养水平的监督，对不适应社会发展的专业和学科及时进行调整，力争理实结合，适应经济发展要求，真正做到学以致用。对与社会发展人才培养不相适应的部分要及时指导，调整专业设置、课程体系，否则，容易造成人才培养与市场需求之间的脱节。

（3）与大学生就业相关的劳动法律体系未成系统，对劳动合同的签订具体条款把握得不够精细，指导力度不足、制度条文相对粗犷，对绩效福利方面的规定得不够细致，特别是对大学生在就业实习期间的劳动法规有待完善，针对实习见习的条款有待健全。

（4）就业促进政策宣传力度不足。就业宣传平台利用不够充分，促进高校毕业生就业创业的政策文件很多，也很有吸引力，但是已制定的很多就业创业等优惠政策宣传力度不够，宣传平台有待创新，还有一些政策、条款不够细致，对毕业生宣传不够深入，好的政策落实过程中存在落差，比如西部计划、特岗教师、应征入伍等针对毕业生的政策宣传力度有待加强。具体实施时，还要增强政策落实的普遍性，真正使有此意愿的毕业生实现梦想。

总之，政府制定大学生的就业政策，从劳动力供给、劳动力需求与劳动力供求匹配的角度来说，作用于大学生从择业到就业的全过程[①]。可以说，大学生就业质量受到政府宏观调控政策的影响，与社会的经济环境有直接联系，经

---

① 杨歌舞. 就业政策对大学生就业质量的影响研究[D]. 长沙：湖南师范大学，2008.

济增长对社会提供更多的就业机会提供了帮助。大学生就业质量的提升需要引起全社会的广泛关注和重视认可,在劳动保障监督、劳动关系立法、劳动待遇提升、劳动机会平等、劳动素质培训提升等方面都有联系。

影响大学生就业质量的诸多因素包括大学生人力资本培养情况、社会资本网络情况和国家政策、社会经济形势、用人单位的劳动力需求状况以及劳动力市场的发育程度等客观因素。其中,政府宏观调控就业政策的制定涵盖了这些因素的各个方面,为大学生就业提供了强大的、宏观的制度背景支持,除此因素之外,还要全方位地探索其他各方面的影响因素,从而更好地提升就业质量。

二、高校人才培养视角

高校服务社会的功能,是教育三大功能之一,服务社会是人才培养的关键指标,培养的人才是否合格、能否被各个用人单位认可和接受是高校教学质量的体现,合格的人才培养是高校提升社会美誉度和办学可持续发展的重要支撑。在培养方案的设计当中,高校及教育主管部门所重视的最主要的原则,是根据市场的需要设置,需经常审视、定期更新、动态调整。提升就业质量,人才的培养是重中之重。作为人才培养基地的高等院校应该注意采取有效措施,加大人才培养的力度,提升针对性和时效性,满足国家及社会对高层次人才的需要。

(一)高校人才培养举措对大学生就业质量的影响

改革的不断深入使劳动力市场对高素质人才的知识结构和能力水平的要求日益更新、不断提升,这对高等院校在专业设置和课程设计方面提出了新的要求。

1.人才培养模式

人才培养模式概括了该所高校如何培养人才与培养什么人的概念,它决定了一所高校人才培养的质量,人才培养质量又直接影响着就业质量。人才培养模式主要包括课程设置、教育方式、教育内容等。通过系统的培训学习,及时掌握专业理论知识,培养专业知识技能和人文素养。知识体系建立起来之后,通过理实结合,就业指导及职业生涯规划指导,推动大学生了解工作世界,掌握求职技巧。当培养工作完成后，进入社会工作过程中，能够不与现实脱节，工作状态进入较快，工作中更容易找到结合点，实现自身价值。

2.专业适配

专业适配可以看作是人职匹配的一个重要指标，是指所从事的岗位与所学的专业技能具备较高的相关度。毕业后，大学生专业对口的就业率还不理想。大多数毕业生入职后从事基层工作，与专业相关度较低。一方面，用人单位招聘专业性强的人才困难，另一方面，大学生想要专业对口，还需要扎实的理论功底和学习能力。目前，所学非所用的矛盾致使很多毕业生在选择职业时不能做正确规划，在职业发展过程中容易遭遇瓶颈，错过人生发展的最好时机。高校要加强专业能力的培养培训，根据市场需求及时调整培养方案，保证人才培养的有效性和适用性，为经济建设发展服务。

3.实践实习

高校培养人才的过程中，不能单纯注重理论的学习，还应该注意实践，把学到的知识应用到实践中来，以更能适应社会对人才的需求。实习是提升技能、认识职业岗位的有效途径。经过实践实习，能够帮助大学生客观认识工作环境和就业形势，进入工作状态的时间更短，就业预期更客观。从用人单位角度来看，有实习经验的毕业生，更适合岗位和工作的要求，减少了岗前培训的时间，对工作的理解更快，就业满意度更高，为高质量就业打下了基础。

（二）高校人才培养过程中存在的问题

1.职业生涯规划指导不够完善、细致，仍有提升空间

就业指导对于就业质量的高低有着重要影响。各个高校目前阶段，对开设职业生涯规划课程的重要性认识得不够充分，开设的就业指导和职业生涯指导课程内容不够丰富，内容涵盖得不够全面。有的高等院校就业创业技能训练及职业生涯规划类课程没有专任老师，没有系统性授课过程，凭借几次讲座和交流远不能满足学生的需求，对促进和引导学生树立正确的择业就业观念产生影响，使学生们不能更好地把握就业机会，不能客观地认识自己，进入工作岗位之前，常常感到前景迷茫，对自身的职业能力、职业方向没有清晰的认识，人云亦云，想当然的选择就业行业和岗位，对自身职业发展产生较大影响，阻碍了就业质量的提升。高等院校应构建就业创业指导与职业生涯规划课程体系，培养专门的师资力量，利用好校内外资源，理实结合。这一系列课程要贯穿整个学程，帮助学生系统性地完成自我就业能力及个人发展的评估，以便其在进入社会生活时不会产生过大的心理落差，适当增加就业安全及就业心理调适等内容，为毕业生顺利安全就业保驾护航。

2.高校思想政治教育不够深入，就业观念存在偏差

思想政治教育进课堂，是党中央对高校人才培养对政治素质教育的要求。对学生进行社会主义核心价值观的培养，引导其树立正确的世界观、人生观，健全其人格，从长远来看，是符合高等教育的育人目标的。就业指导过程中，应注意引入思想政治教育，不应因过多地强调技巧的培训而忽略了综合素质及人文素质的培养。思想政治教育的作用是培养学生的健康人格，能够全面地看待工作和学习生活，这是单纯的技术培养所不具备的。长期忽略思想政治的培养，与"德才兼备"的培养理念相悖。政治修养关系到青年的价值理念是否偏差，奋斗方向是否正确，是人才培养过程中很重要的环节之一。没有情怀、没有温度、没有思想高度的劳动者，不能成长为社会主义合格的建设者和接班人。在进行专业学习教育的同时，更要加强政治理论素养的教育，提升就业质量内涵。

3.在人才培养及课堂教学方面，教师要注重行为的引领示范作用

提高学生课堂参与度，保证课堂培养的效果。在教学过程中，尤其是实践性较强的课程，要着力提升学生的实际操作能力，利用高校实训基地、实训平台等条件进行专业实践，在实践中发挥学生的主观能动性，提升学生的专业自信，从而使其在激烈的市场竞争中脱颖而出，做理论和实际都过硬的新时代大学毕业生。具有较强动手能力的学生深受就业市场和用人单位的青睐，就业有优势，质量有保证。

三、企业的社会责任视角

企业的目标是追求价值最大化，创造和追逐利润。除此之外，作为社会发展的组成力量，还有社会责任需要承担，对新进人才的吸收接纳、培养发展，正是企业社会责任的体现。推动更高质量、更充分的就业是企业的职责担当。

（一）校企协同育人对大学生就业质量的影响

企业与高校协同培养人才是大学生培养的一个方向，目的是为大学生就业实习创造条件，为人才培养理实结合谋求发展，既提升了大学生的就业能力，开发了人力资本，又有利于企业良好形象的树立。在校企合作实习实践的过程中，能够最大限度地创造条件，使学生学思结合，岗位匹配。同时，对于用人单位来讲，能够提前熟悉储备需要的人才，入职更顺畅更专业。目前国内外越来越多的企业愿意为学生提供实践的机会，在实习实践的过程中，能够增进相互之间的了解，共同进步、提高、改进。协同合作培养人才，使学生有更多的校外实践机会，对企业人才的培养和人力资本的投入都有促进作用。企业重视人才培养和人力资本的投资，企业对员工人力资本的投入更有针对性，主要集中在人才引进、在职培训、继续教育投资、健康投资等方面，能够更快地取得人力资本投资的收益，劳动力供需双方劳动关系更和谐，满意度更高，离职率更低，尤其对于年轻的就业群体来讲，这是提升大学生就业质量的积极体现。

（二）用人单位对大学生就业质量的影响因素

1.人力资源配置

人岗匹配是发挥才干的首要条件，用人单位对毕业生从招聘到使用，在选人用人管人过程中，对人力资源配置得是否合理，直接影响到高校毕业生就业质量的好坏。每个岗位有每个岗位的要求，企业人力资源配置的目标即为"人尽其才，才尽其用"，达到人力资源配置的最大化需求。

2.企业文化

企业文化是从文化层面诠释企业的工作理念和价值观。根据马斯洛需求层次理论，员工在生理、安全等需要得到满足之后，会有更高层次的追求，包括尊重及自我实现。大学毕业生在选择就业单位及岗位时，不仅关注薪酬水平，还会关注未来的发展趋势，对企业文化和理念的关心也在情理之中。大学毕业生个性特征明显，对企业岗位的追求也不仅仅停留在养家糊口的层面，更多的是企业价值的认同感，既有热情也要有兴趣。尊重员工利益的文化氛围，有利于创造和谐的劳资关系，团结员工，提升团队的凝聚力。更加尊重员工的个性特征，了解员工的职业发展需求，制定行之有效的选拔机制，为员工提供更通畅的职业发展渠道、公平温馨的工作氛围，增加员工对单位的认同感，有利于提升大学生的就业质量，稳定员工，降低离职率。同理，员工的人文素养、道德品质也同样被用人单位所看重，文化的一致性有利于提升大学生的就业质量。

3.就业保障

社会保障要求是对劳动者劳动的认可和尊重，国家有专门的劳动保障法，保障公民工作的合法权益，任何企业和个人都要遵守国家的法律法规，用人单位要自觉为对员工提供就业保障和劳动保护，维护劳动者的尊严和合法权益。同样，为员工提供全面的劳动保障的企业也被员工所青睐，有更多的机会选择合适的员工。

4.就业培训与晋升发展机制

晋升空间和途径代表了员工的职业发展空间，培训机制完善、发展渠道畅通的单位，员工能够长期保持职业获得感，满意度高，精神面貌相对较为积极。培训和晋升的机会也影响着员工职业发展前景。对于年轻人来讲，在进行职业选择时，相当一大部分员工更看重个人的发展前景，是否在入职后有实现自身价值的机会，是否被用人单位认可，继而为其提供更有吸引力的发展红利。员工对企业的认同感促进员工工作热情的提升，也会降低评价员工和绩效考核的难度，更是实现高校毕业生长期高质量就业和社会整体就业质量的保证。

四、大学生个人竞争力

学生个人竞争力是其在社会工作岗位上立足的重要依据，也是核心竞争力的表现。大学毕业生的就业竞争力表现在其自身的个性特征、综合能力、工作能力和就业素质等方面。

（一）大学生个人竞争力对就业质量的影响因素

大学生个人素质对就业质量有非常大的关联和影响，个人竞争力表现为专业竞争力与核心竞争力。专业性强的毕业生在进行就业求职活动时更加自信和成熟，往往目的明确，行业选择较为轻松，专业相关性影响到职业和岗位的胜任度。核心竞争力，顾名思义，就是个人掌握并精通的其他人很难模仿或是超越的能力。培养自身核心竞争力是实现毕业生就业质量提升的重要依据，较强的不可替代性能够使其就业活动趋于稳定，在此基础上，掌握核心竞争力的劳动者在职场中有更多的话语权，能够有机会参与用人单位的管理核心并制定相应范畴的发展规范及人才培养标准，提升了就业的竞争力。毕业生的综合素质对就业质量的影响主要表现为职业适应能力、人际交往能力、沟通交流能力、心理调适能力等。

1.就业观念

就业观念是指在就业前和就业过程中形成的对行业岗位的看法以及由此形成的工作态度和追求理念。就业观是对就业选择方向、求职择业方式、就业价值理念、职业发展前景等的看法观点的综合。就业观念的偏差会限制毕业生的发展，当前，我们提倡社会主义核心价值观，注重在工作中自我培育，正确的价值观能够拓宽大学毕业生的发展渠道，增加毕业生的就业机会。自我实现的需求符合主流价值观的预期，使毕业生就业理想更加清晰，就业满意度更高。

2.学习意识

大学毕业生具有较强的主观能动性，其区别于其他劳动者的优势之处在于学习意识和学习能力，顺应时代发展的需要，开展岗位学习、专业能力训练等。较强的学习能力是用人单位愿意通过校园招聘直接选聘大学生的原因之一，使当代大学毕业生在入职后能够获得更多地接触新知识、新技能的机会，为其迅速成长为单位骨干、行业领袖提供平台。学习能力主要体现为接受新事物的能力、开拓创造的能力、良好的职业素养带来的人际交往能力、与用人单位共同发展的使命担当能力、对新产品的理解和阐述能力等。

3.创新精神

创新是一个民族的灵魂，是一个国家兴旺发达的源泉。一个民族创新精神的实现，是高校毕业生责无旁贷的责任。创新精神要经过培养和长期训练。作为大学生，要充分利用现有资源完善自身修养、提高学习热情、训练创新精神与创造力。在学习过程中，要关注国际国内消息，进行深入思考，善于发现机会，在为祖国创造财富的同时，充实自身能力，打好研究基础，保持好奇心，从事创新创造活动。

4.实践能力

就业是干事创业活动的开始，是实实在在地做事情，需要脚踏实地地去完成。实践能力是在实际工作中需要的各种能力的综合体系。理论与实际相结合更能体现学以致用的原则。毕业生目前存在的问题还在于动手能力不强、实践能力弱化，导致工作效率低下，难以达到用人单位的要求，影响就业满意度和就业质量。

（二）个人竞争能力方面存在的问题

1.职业生涯规划不明确，对核心竞争力的关注和把握存在欠缺

实际工作中缺乏奋斗精神、有畏难情绪，不符合自己生涯发展规划的活动或是机会几乎忽略，从而错失良机，造成好机会的损失和浪费，人岗匹配的需求往往得不到满足。存在跟风从众心理，安全责任意识不清，在进行职业生涯规划过程中对自己把握得不够精准，需要加强关注。

2.就业观存在偏差，就业心态调整不够

角色转变带来的就业心理失衡是存在的。毕业生进入就业岗位之后，往往需要经过一段时间的缓冲和适应，马上投入工作的只占很少一部分。理想和现实存在较大差异，纸上谈兵，对自身就业情况认识存在偏差，就业态度随意，面对困难没有坚持到底的决心和毅力，受不得委屈，干不了重活，导致劳资双方期望值下降，有些企业离职率高、招聘活动频繁，但是，并未从根本上解决问题。当然，这些大学毕业生的就业满意度自然也不够高。

五、大学毕业生就业质量影响因素的关系

促进大学生就业，建立和完善高校毕业生就业服务和评价全方位运作机制的需求十分迫切。大学生就业质量的影响因素不能割裂来研究，应从政府、社会、高校、学生四个方面展开全方位的思考和认识。这四个主要影响因素之间已经形成相互独立的考核和影响系统，同时又存在必然的联系，在对大学生就业质量进行评价时，要形成一个有机的整体，互相促进互相影响，不能区分对待。要正确处理四者之间的关系，提升大学毕业生的就业质量。

（一）政府机关主要起到宏观调控的作用

国家机关的职责主要表现在就业相关法律的制定和完善、保障公平合理

的法制环境的营造上[①]，而行政机关则是依据相关法律与就业现状，出台有针对性的高校毕业生的就业促进与激励政策，以便指导高等学校开展就业指导及服务工作。党和国家在实际工作中，是联系学生和社会的桥梁，及时调控行业发展及市场变动，稳增长、稳就业。行政机关是执行机构，权力机关抓顶层设计，政府机关在大学生就业质量评价体系中扮演着法律和政策制定者和监督者的角色。

（二）高等院校在大学毕业生就业质量评价体系中担负人才培养及服务社会的重任

首先保证国家政策和举措落实到位，作为大学生培养的直接责任方，高校是大学毕业生就业质量服务体系的重要组成部分，角色重要，不可或缺。高校具有其他行业企业不具备的人才优势，是人才较为集中的场所，对于大学毕业生就业工作具有较大的影响。高校人才培养质量关系到国家的发展和长治久安，关系到人民的生活稳定、社会和谐，也是实现人职匹配高质量就业的重要支撑。

（三）用人单位是劳动需求方，是选人、用人、管人三个重要环节的具体实施者

选人，是通过招聘推荐，在大批量毕业生样本中选择适合到单位工作的有用人才，用人单位选人标准会影响社会的需求情况。用人是新员工入职后，经过职场培训、考核合格到正式入职的历程。在用人过程中，最好的境界就是"人尽其才、物尽其用"，这个环节做得好，员工保有率将大大提高。管人促使高校培养计划的调整，对人才的管理要立规矩，在保证规矩的前提下，创新用人管理理念，提高人员待遇，期待更多的员工加入本单位，为单位发展带来活力，增强用人单位在高校毕业生就业质量研究体系中的引领作用，从而促进就业质量的提升。

（四）高校毕业生是就业质量提升的主体

高校毕业生是一群具有独特性格特征、专业文化知识和良好可塑性的青年人，他们作为社会建设的主力军，对实现高校毕业生高质量就业的作用至关重

[①] 梁君春. 实现高质量就业的高校毕业生就业服务体系构建研究[D]. 广州：广东财经大学，2016.

要。高校青年主观能动性的调动是干好工作的前提，是展现大学生风采、提高就业质量的重要环节。高校学生的就业满意度高低直接关系就业质量的好坏。要提升大学生自主就业择业意识，为大学生就业工作开辟通道、搭建平台。探索新型的就业服务方式，利用智慧服务平台和大数据、AI技术，实现就业信息精准推送、就业需求精准把握、就业材料及时收取，以提升就业质量。

第三节 大学生就业质量提升的对策

一、就业质量提升整体策略

（一）加强政府机关就业促进和保障措施

我国处于经济结构及产业结构调整的新时期，这为促进大学生就业质量提升创造了历史机遇和宏观条件[①]。政府部门在调节经济运行的过程中，着力于加快产业结构调整，进行宏观调控，大力促进第三产业的发展步伐，以便作为第三产业的现代服务业发展更加现代化，吸纳更多劳动者就业，满足人才需求。推动先进制造业转型升级，实现工业强国梦，这就需要加大高端技术人才的培养力度，在人才培养过程中更加注重培养创新精神及干事创业能力，服务于我国经济社会的发展。为了促进毕业生就业，国家、地方各级政府专门制定针对毕业生的就业举措，在毕业生求职当年，提供一定数量的毕业生就业实习岗位，设置多种培训平台，为毕业生就业创业提供绿色通道；采取措施加强宣传，通过平台建设支持毕业生去基层建功立业；鼓励毕业生参军入伍，政策性指导大学在进行人才培养时注重理实结合，设置创新创业周等活动鼓励青年投身社会实践，提前了解工作世界；国家在支持人才培养方面注重加大双师型人才的培养力度，鼓励教师在进修、实践、创新、科研方面的提升，以人才培养成果检验大学生的学习情况，提升学生高质量就业软实力。

---

① 江洪娟，曾琴，赵明鸣.新常态下大学生就业质量影响因素探析[J].时代经贸，2017（33）：73-75.

（二）高等院校以学生为本探索内涵式改革新举措

人力资源素质很大程度上影响着就业质量的提升。大学是培养人才的摇篮，为实现大学生高质量就业保驾护航，是人才培养的重要关键环节。高校在进行人才培养方案的论证时，要紧密结合当前经济社会的发展实际，贴近社会和学生的需求，不断深化探索课程建设体系，制定合理的培养目标及学程培养方案，围绕教学质量提升的中心工作进行，从对人才的需求出发，以服务社会、培育有用人才为目标。高校在人才培养过程中，积极参与并主动联系优秀单位资源，探索高端人才"走出去、请进来"的策略，充分利用好校友资源，积极开拓就业市场，推荐优秀毕业生就业，并在合作中与用人单位建立长久的合作关系，共同研究社会需求及经济形势政策。在提升专业理论、教学质量水平的同时，通过社会实践、顶岗实习、学徒制等模式实现理论实践活动的精准对接，提升学生对工作世界的认识，使其在进行就业选择时更客观、更符合实际。高校应加大学生培养中的自主创新力度，鼓励大学生进行创业活动，从而发现和培养大学生中的榜样人物和就业创业明星，营造良好的校园文化氛围；利用第二课堂活动，鼓励学生参加比赛及交流，开阔视野，增长见识。加大创新创业师资培训投入，建立一支专业性强、管理规范的创新创业活动指导教师队伍，对大学生进行职业生涯规划和创新创业教育引领，为促进高校毕业生高质量就业提供支持。

（三）用人单位转变人才管理模式，提升管理水平

用人单位的大力支持和配合是促进高校大学生就业质量水平提升的重要途径。对于新入职的高校毕业生，制订有针对性的一对一培养计划，在进行职业技能教育的同时，注重职业精神的培养，使高校学生能够更快、更好地适应行业、岗位的业务要求，快速成长为公司的中坚及骨干力量。作为单位发展的后备军，提供人才强有力的支撑力度的同时，增强大学毕业生的职业胜任力和就业满意度，探索校企合作新思路，招聘就业工作前置，在与高校及毕业生联系时，注重储备人才的培养，与高校建立长期合作和联系，探寻与高校合作培养应用型人才的模式，根据自身业务需要，选择与高校共同完成人才培养工作。积极与输出毕业生较多的高校保持交流，从高校邀请专业师资挂职锻炼。利用学生第二课堂和社会实践等契机，宣传企业文化，拉近与学生的距离。鼓励员工进行创新实践，对创新型的企业管理理念在遵循经济规律和顺应社会发展水平的前提下，提倡科学管理，倡导人本理念，遵纪守法，构建和谐劳资关系，营造良好的职业发展环境。

（四）立足核心竞争力的大学生个体提升策略

马克思主义认为，事物的发展是内因和外因共同作用的结果，而内因起着决定性的作用。大学生就业质量的提高受到主客观因素的影响，受到就业生态环境的影响，就内因而言，大学生个体就业竞争力的提升是就业质量提升的关键一环。当前，社会行业岗位的设置标准更高，对劳动者素质的要求也在提升。每年涌入劳动力市场的毕业生不在少数，动辄数百万，高素质人才的就业竞争压力逐年提升。大学毕业生需要在做好职业规划的同时，时刻关注市场需求，以需求为目标，查漏补缺，集中优势，合理制订职业生涯规划，明确职业发展目标，提升核心竞争力。大学生通过勤奋学习和业务实践，提高综合素质和专业水平，做好职业规划和就业指导，以便自己在专业领域能够积累经验，尽可能在寻找工作时达到用人单位的要求，缩短职场适应的时间。还要积极拓宽自己的知识面，调整技能结构，培养职业兴趣及就业能力，开阔视野，一专多能。作为大学生，要培养自己的社会责任感，有担当、有勇气，积极参与校内外的专业技能训练及校园招聘活动和专项竞赛，在实践中锻炼本领，发现真知，不断提升自身素质和能力水平，从而在激烈的市场竞争中脱颖而出，实现个人价值。以大学生创新创业能力培养为契机，提升创新意识，参加校内外创新创业培训课程，参与和学习创新创业实践活动，培养企业家精神，形成乐观向上的职场风格。在职场锻炼中锤炼品质，强健体魄，提高心理适应能力，能够更快地适应竞争环境，完成从学生到社会人的转变，在工作中得到锻炼和良好的发展，拥有可持续竞争的能力和本领。

二、建立高校大学生就业质量评价指标体系全方位运行机制

对于就业评价指标体系的构建，经过充分借鉴，结合我国现阶段经济发展水平、就业工作实际，建立多层级多维度的、符合我国国情的、全方位的就业

质量的核心指标，把政府、用人单位、高校、大学毕业生个体作为研究主体，实现就业质量评价全覆盖。通过一级指标、二级指标等多层级的考量，把体现社会保障、就业服务、薪酬水平、工作稳定性、劳动关系和谐度、工作环境、员工培训、工作时间、晋升机会、任职匹配度等核心内容纳入指标体系，真正反映我国就业质量的状况，同时也贴近劳动者的切身感受。建立大学毕业生就业指标体系运行机制应该做到：

（一）数据获取真实可靠，具有代表性和典型性，规范研究流程

建立高校大学生就业质量评价指标体系的第一要义是获取资料，总结研究成果。规范的操作流程不可或缺，应深入细致地进行资料的整理和调查研究，获取就业质量评价指标相关数据及时准确，完成第一手资料的收集整理，随后加强数据收集的可靠性分析。在选取研究资料时，要注重资料的基础性、代表性与典型性，确实能够反映就业质量情况，具有真实性。对收集到的资料进行分门别类的整理、提炼，查阅现有研究资料进行有效参考，邀请行业内的专家学者进行专家打分，确定权重，严格按照流程统一要求。每一项研究成果的分析、研究指标的确定都要按照统一标准进行，对于就业质量指标体系的确定要根据层级逐级确定，保证逻辑顺序清楚、运行完善。

（二）尊重评价结果，科学分析提炼就业质量评价要素，注重实际运用

高校大学生就业质量评价指标体系构建起来后，需要在实际工作中运行使用，这是大学毕业生就业质量评价指标体系构建的重要目标，用于指导实际工作，切实提升大学毕业生就业质量。在研究过程中，注重机制构建，注重以调查事实为依据，客观真实地进行评价，提炼出观点，指导实际。评价的重要步骤之一是需对指标结果进行评价，对实际工作具有实际指导意义。

（1）高校方面真实客观地进行调研，采用大量样本资料，按照标准提取关键要素。注重分析反馈，以生为本，与时俱进。对数据进行统计之后，及时整理上报，不隐瞒、不拖延，注意真实性、客观性、时效性。

（2）排除主观印象，尊重数据真实性和代表性，精细进行数据分析，完善关键要素的提炼。广泛选取评委专家，进行量化标准的确定，并专人专岗负责收集、统计、分析、反馈。

（3）注重评价结果的发展变化性，用发展的眼光看待评价机制，不能一成不变地看待问题。完成对国家宏观经济政策及微观政策的正确预估和评价。尊重经济社会发展规律，尊重大学毕业生作为劳动者的个性特征，在制定就业质量评价指标的过程中紧密结合工作实际，注重发展、创新。

（三）注重指标体系和评价结果的反馈和应用

应提升评价机制的常态化、可持续性。大学毕业生就业质量评价指标体系运行是否顺利畅通，评价结果是否可靠规范，需要在研究过程中不断反馈结果，并在实际工作中进行检验，不断改进提升。相关研究部门应定期采取纸质版问卷、在线调查问卷等方式，主动收集反馈信息。对于研究对象的把握精准准确，也可使用固定的官方电子邮箱，在固定时间段（毕业开学的节点）专门收集广泛的样本反馈意见，形成有较高参考价值的指标要素。研究部门必须重视反馈结果，配齐专人进行专项工作，把指标体系汇总完善，充分利用完善后的评价体系，为大学生就业质量提供有价值的参考意见。

三、建立高校大学生就业质量评价指标体系保障机制

（一）政府应加大政策保障力度

从国家到地方，教育主管部门关注民生，对高校大学生就业工作尤为关注，大学生就业工作关系到国家的安全稳定、人民的幸福生活，是全社会关注关心的问题，是国家长治久安和社会发展的需要。2014年以来，国家出台了鼓励青年人创新创业的制度文件，鼓励青年人突破传统的就业观念，树立正确的择业观、人生观、价值观，积极寻找就业创业机会，努力锻炼本领，服务社会。作为用工主体，国家机关及相关政府职能部门进行政策引领和制度保障，促使用工环境良性循环，营造出就业创业的良好氛围；利用好经济发展的新引擎，在社会保障、就业开拓、就业指导人员服务配备等方面提供保障；助力构建服务型政府、学习型政府、智慧型政府，做到精准就业、精准帮扶；做好应届大学毕业生的就业统计工作，合理制定帮扶措施，协调大学生就业专项、就业实习岗位，保障刚毕业大学生就业福利待遇到位；实施政策性指导意见，减少人为就业阻力，保证就业质量提升工作做细做实做好。

（二）高等院校加大学生培养力度

（1）加大高校毕业生就业质量评价工作的系统性，加强高层顶层制度设计[1]，将就业质量评价指标体系的相关制度设计规划进学校发展蓝图，思路清晰，设置专岗专人，不断加强就业质量体系运行的制度保障。

（2）招生就业相关处室，应将工作的重心放在就业质量评价指标体系的建设及运行之中。制订完备的就业质量监督评价方案，及时搜集学生就业信息，利用互联网平台精准推送就业信息；提升就业质量标准，掌握就业质量评价指标体系标准；准确把握学校的整体就业质量，提升服务能力，提高就业工作水平。

（3）建立专业化、职业化的就业工作人员队伍，加强就业创业服务人员的培训；保证就业政策的顺利贯彻执行，对就业质量状况精准掌握、持续关注；建立优秀毕业生就业情况数据库，注重高质量就业大数据的积累；保障就业信息精准推送，做到就业有登记、发展有保障。

---

[1] 陈源波．高校大学生就业质量评价指标体系的构建及应用研究[J]．安徽水利水电职业技术学院学报，2018（4）：93-96．

第五章 大学毕业生就业质量评价指标体系构建

就业质量是一个综合、多维的概念，对它的测量不仅涉及数量指标，而且更多地涉及质量指标，所以有人说它涉及范围非常广泛，难以测量。那么，如何有效地对就业质量进行科学测量，到目前为止，仍然没有一个科学有效的测量评价体系。本研究主要针对大学毕业生就业质量的测量及评价问题展开，构建评价指标体系。国内关于大学毕业生就业质量评价的研究范式主要有三个：一是基于高校和大学毕业生对就业的满意度进行评价；二是基于社会、国际环境等宏观层面来看待就业质量问题，评价就业质量；三是基于某一地区的（或部分）学生群体对就业质量的实证研究。分析借鉴他人观点，我们参照平衡计分卡（BSC）思路，抓住当前大学毕业生就业质量评价方面存在的突出问题和矛盾与其评价指标间存在的相互关系，构建一个综合测量大学毕业生就业质量计分卡的评价体系。为使评价指标科学、可行、可操作性强，能够反映出存在的突出问题、矛盾与其指标间存在的相互关系，我们做了大量的调查，对足够多的样本进行了分析。

第一节 构建原则

一、全面与系统性原则

在构建大学毕业生就业质量评价指标体系时，首先要从全局出发，全面考虑各种可能的影响因素，合理确定具体指标内容并构建指标层次，以便科学、真实地反映大学毕业生就业质量的实际情况；其次，在构建指标体系时，要系统地考虑各个指标以及各层次指标体系之间的逻辑关系，每一个基础指标都应与整体的评价目标相一致，各级指标的集合必须能够完整地反映出评价对象的相关情况，这样才能确保该体系能够系统地对目前大学毕业生的就业质量作出全面、科学、合理的评价[①]。

二、定性与定量、主观与客观相结合原则

从定义上可以看出，就业质量本身是一个统计指标，凡是属于统计指标的概念，就有数量指标与质量指标之分。统计指标是主观、客观相结合的概念，就业质量就是其中的一种，所以单纯使用某一类指标，如主观指标或者客观指标，就很难准确评价大学毕业生的就业质量。因此，在设置评价指标时，要特别注意主客观指标的结合，这样才能科学合理地评价大学毕业生的实际就业质量。同时，由于评价对象的复杂性，一些影响因素是难以量化的，所以在设置评价指标时，也要注意定性指标与定量指标相结合，同时，还要根据适当的标准对不同因素指标设置不同的权重值，以便系统客观地反映大学毕业生就业质量的实际情况。

三、普适性与可比性原则

普适性原则包含两种情况，即地域普适和时间普适。地域普适，可以解释为大学毕业生毕业学校自身的纵向比较和不同地区各高校间的横向比较。时间普适是指评价指标体系的时效性，例如，在一个国民经济发展周期都可以有效使用。由于普适性存在，必须要求具有可比性，所以在构建评价指标体系时，要使用统一的指标分类基准，指标名称的使用保持一致，数据核算方法保持一致。同时，还要紧密结合国家建设和社会经济发展进程的需要，注重评价指标

---

① 王志兰. 河北省高职院校毕业生就业质量评价体系研究[D]. 秦皇岛：河北科技师范学院，2017.

的时代导向性[①]。

四、独立性与可行性原则

在构建指标体系时，要保证各项指标的内涵和外延互不交叉重叠，具有一定的独立性。为了保证评价体系的有效实施，在进行指标选择时，应该考虑指标的定义清晰、代表性强、计算方法简洁并且容易取得；避免难以操作、繁杂的指标，评价方法也应易于理解和操作，力求以最少的人力、物力和财力取得最佳的预期效果。

五、简单易行原则

大学毕业生的就业特点决定了其就业质量评价指标体系的构建，必须坚持简明扼要、简单易行的原则。大学毕业生就业质量评价指标体系要用尽量少的指标来说明尽量多的内容，评价指标要符合评价问题需求，易于操作、方便实用、简单明了。同时还要注意，在进行指标体系建立时，所选指标要具有代表性和易获得性，避免繁杂、难以操作。

六、科学性原则

在构建大学毕业生就业质量评价指标体系之前，应充分了解当前大学毕业生就业的实际情况、本质特征以及影响大学毕业生就业质量的主要因素和主要矛盾等相关内容，找出共性的部分加以分析，以确保在设计指标时，能够符合大学毕业生就业的实际和当前的经济环境。在筛选指标、确定权重和选取数据时，必须以实际和公认的科学理论为依据，抓住当前大学毕业生在就业质量方面存在的主要矛盾，重点反映实际问题。同时还要保证测算方法的科学与规范，保障评价结果的真实性和准确性。

---

① 王志兰. 河北省高职院校毕业生就业质量评价体系研究[D]. 秦皇岛：河北科技师范学院，2017.

七、突出主要矛盾原则

构建大学毕业生就业质量评价指标体系会涉及诸多方面、诸个评价指标，鉴于此，首先，应用关键指标法，选择关键指标范围或者领域，确定关键指标；其次，关键指标也有主次，所以必须强调体系中各关键指标的重要程度差异，即通过确定指标权重，根据指标权重的不同进行分别赋值以表达其重要程度。

八、体现评价方法的特征性原则

本研究选择借鉴使用平衡计分卡理论，平衡计分卡最大的特点是平衡。建立大学毕业生就业质量计分卡评价指标体系，设计四个维度。从四个相对独立的视角，系统地对相关事务进行分析评价。从这四个角度出发设计的各项评价指标，彼此间并不是毫无关系的，而是在逻辑上紧密相承，具有一定的因果关系，并且在一定时期内实现其相互平衡。

第二节 构建的理论依据

在我国上上下下强调充分就业的同时，又提出了就业质量概念以及它的量化。可以说，在一定意义上是对只有数量意义的"就业率"指标的补充或者修正。强调就业质量，更重要的是对于过分强调充分就业可能导致的低生产率和社会福利缺失的极大风险的防范。

一、工作生活质量

早在20世纪70年代初期，生活在普遍富足的美国社会的人们，就更多地关注就业对健康、福祉的影响以及对工作的满意度，由此对工作生活质量有了新的认识。

我国学者胡君辰在他所主编的《人力资源开发与管理》一书中曾简要归纳工作生活质量的概念、影响因素与提高途径。工作生活质量（Quality of Work

Life，简称QWL）是指组织中所有人员通过与组织目标相适应的公开的交流渠道，有权影响决策改善自己的工作，进而促使人们有更多的参与感、更高的工作满意感和更少的精神压力的过程[①]；也可以理解为使工作环境更加具有生产性和更令人满意的一系列创新的方法或技术。工作生活质量，可以看作是一种管理类型，或是一种组织文化。工作生活质量的主要内容包括：改善与员工交往的渠道与质量；科学地、合理地进行团队设计；能够有效地进行职业管理，为员工的职业生涯进行规划；适当地进行组织机构的调整；与员工建立心理契约，增强凝聚力；进一步优化工作环境等。工作生活质量受到许多影响因素的制约，其主要因素可以概括为：第一，组织环境。组织环境可以分为内环境与外环境，内环境涵盖员工的价值期望、期望值、人际关系、物理环境等。组织的外环境可以概括为政府的法令法规、经济政策、竞争对手的策略、市场变化等。第二，培训与开发。组织中的员工需要进行培训与开发，这样才能更好地发挥潜能，更好地提高员工的工作生活质量。如果一个组织对员工只使用而不进行培训与开发，那么该组织是不可能得到员工的认可与满意的，只会使员工工作生活质量降低，影响劳动效率的提高。第三，工作分析和绩效管理。工作分析是组织进行现代管理的基础，它可以告诉员工在工作岗位上到底应该干什么；绩效管理，是组织发展必不可少的管理系统以及管理手段，它可以告诉员工在其工作岗位上工作干得如何，是符合要求还是不符合要求，是高质量能手还是低能儿。这对员工的工作生活质量有明显的影响。如果工作分析得准确，就可能使员工产生胜任感，反之则可能产生自卑感；如果绩效管理及时、客观，就可能使员工产生成就感，并可根据组织目标来矫正自己的行为，反之，则可能产生无所适从感和逆反心理。第四，安全和健康。组织中的安全和健康与员工工作生活质量是互为因果的关系，由于安全和健康是人类的基本需要之一，因此，每个组织必须确立安全和健康的工作红线，不可随意触及。认真考虑员工的安全和健康，是组织管理的首要任务。一旦忽视了安全和健康这两个重要因素，工作生活质量将明显下降，也可能无从谈起。强化劳动者的身体健康和生命安全是安全生产工作的重要组成部分。各用人单位要本着为员工负责、为组织负责的原则，恪守底线，坚决守住发展决不能以牺牲人的生命为代价这条

[①] 胡君辰. 人力资源开发与管理[M]. 上海：复旦大学出版社，2014.

不可逾越的红线，促进职业员工的安全和健康发展。第五，人事安排。人事安排的原则应该是把最适当的人员安排在最适当的工作岗位上，即"人岗匹配"。但在实际操作中，真正做到"恰如其分"是颇有难度的。因此，常常会出现小材大用或大材小用的现象，这样就非常容易影响工作生活质量的提升。

二、平衡计分卡

平衡计分卡是用在企业绩效管理中的一种比较实用的方法，其最大特点体现在"平衡"两个字上。平衡计分卡是哈佛大学教授罗伯特·卡普兰与复兴全球战略集团总裁戴维·诺顿合作发明的一种全新的绩效管理工具。平衡计分卡克服了单纯利用财务手段进行绩效管理的局限，将其用四个维度表示，使一种平衡得以建立，这种平衡就是兼顾短期和长期目标、理想的结果和结果的绩效驱动因素、财务指标与非财务指标。著名管理学家 A. 阿伯尔说过："对于落实战略决策、更有效地计测和管理企业，平衡计分卡是绩效管理程序方面的最好解决方案。"[①]平衡计分卡的设计思想是为了协调各种根本不同的战略指标之间的平衡，努力达到组织目标的一致。由这些不同指标构成的平衡计分卡，必须能够精确反映影响组织战略成功的主要因素，能揭示每个指标之间的相互联系，指明这些指标的相互作用能够影响组织的长期目标。平衡计分卡的构成如图5-1所示。

本研究要建立大学毕业生就业质量评价体系，也需考虑多方面平衡，即能反映政府与用人单位、政府与高校之间关系的平衡，用人单位与大学毕业生（劳动力）之间的平衡，高校与用人单位、与大学毕业生之间的平衡，才能形成高质量的就业环境与高素质大学毕业生（劳动力）的合力，利于组织的长期发展，使组织成为高绩效团队，为社会经济发展趋于平衡和完善提供不竭动力[②]。

---

① 石金涛. 绩效管理[M]. 北京：北京师范大学出版社，2007.
② 王志兰. 河北省高职院校毕业生就业质量评价体系研究[D]. 秦皇岛：河北科技师范学院，2017.

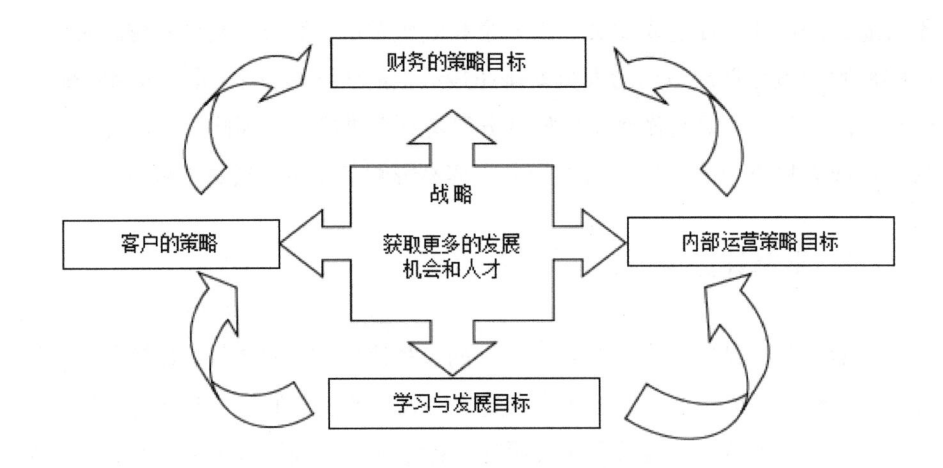

图5-1 平衡计分卡构成示意图

基于上述分析，本研究在进行大学毕业生就业质量评价与测量时，选择了企业常用于绩效考评的主要系统方法之一——平衡积分卡。

第三节　构建评价指标模型

一、确定评价指标体系路径

本研究对大学毕业生就业质量评价指标体系的构建，基于平衡积分卡思想。首先，确定四个维度作为研究路径，即将政府、用人单位、高校与大学毕业生个体作为四个维度，并且从这四个层面展开。大学毕业生就业质量评价四个维度如图5-2所示。

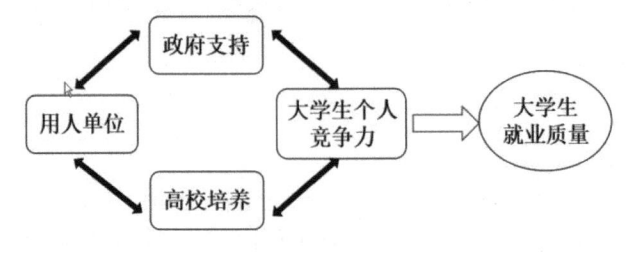

图5-2 大学毕业生就业质量评价路径及四个维度示意图

通过对现有研究成果的梳理，发现评价大学毕业生就业质量的指标，有的涉及这四个方面的内容，但只是属于零散的提到，没有进行归纳，有的根本没有涉及，如此构思设计到目前为止尚无仅有。本研究提出的评价大学毕业生就业质量的上述四个维度之间，存在着密不可分的关系，从不同角度对大学毕业生的就业质量产生着不可替代、不可剥离的影响。

二、确定评价指标的构建模型

模型是对现实存在实体的抽象和简化，它可分为实体模型与虚拟模型。本研究所构建的模型，是虚拟模型的一种，它也是一种在管理领域的数学模型，为研究者完成特定目的，通过系统建模，为完成研究提供系统的蓝图。模型可以对研究的实体进行必要的简化，可以过滤非本质的细节信息，可以用功能、属性、规则、标准等抽象出问题本质，使研究对象或问题更易于理解。因为模型忽略了那些非本质的细节，这样比操作原始实体要容易得多。本研究利用模型对复杂问题进行分解，采用"分而治之"的方案，从而更好地解决问题。

（一）基于大学毕业生就业质量评价视角，构建就业质量评价计分卡（EQE-SC）

卡普兰、诺顿的平衡计分卡之所以得到广泛的应用，关键在于它能够满足使用者多方面的需要。

第一，平衡计分卡具有高度战略管理的功能。平衡计分卡是一个核心的战略管理与执行的工具，是在对组织总体发展战略达成共识的基础上，通过科学的设计，将BSC四个维度的目标、指标，以及实施步骤有效地结合在一起的一个战略管理与实施体系。它的主要目的是将组织战略转化为具体的行动，以提高组织的战略执行力，构建组织的竞争优势。

第二，平衡计分卡是一种先进的现代管理工具。平衡计分卡将组织战略分成四个不同维度的运作目标，并依此四个维度分别设计适量的衡量指标。因此，它不但为组织提供了有效运作所必需的各种信息，克服了信息的庞杂性和不对称性，更重要的是，它为组织提供的这些指标具有可量化、可测度、可考评性，从而更有利于对组织战略执行进行全面系统的监控，促进企业战略与愿景的目标达成。

第三，平衡计分卡可以成为管理者和相关者进行有效沟通的一个重要方式。为了组织战略的执行，必须将组织的愿景规划与各管理者、相关者进行沟通，使组织中所有成员都能够理解战略与愿景规划，并及时给予有效反馈。平衡计分卡透过四个不同的维度，将比较抽象、难以表达的组织战略用简单明了的语言表达出来，使每个人由旁观者变成了主人，使各个部门和各个岗位的目标同组织战略目标达成一致，共同为组织战略目标的实现而努力[①]。

第四，平衡计分卡是一套系统的管理控制体系，它不仅能够进行指标控制，而且可以将组织的愿景目标与年度目标、整体目标和个人目标进行有效对接。

第五，平衡计分卡可以实现有效的激励，当把BSC与报酬相连接时，既可以强化所期望的行为和结果，也可实践承诺。

根据研究对象的特殊性与内容的复杂性，从管理学视角出发，应用社会学、经济学等方法，针对大学毕业生群体的就业质量特征，结合企业绩效管理方法中的平衡计分卡思想，构建了大学毕业生就业质量评价指标模型。通过本研究，使大学毕业生的就业质量评价（Employment Quality Evaluation，简称EQE）从零散排列指标到模型化，从表层走向深入，建立大学毕业生就业质量评价计分卡（EQE-SC），如图5-3所示。

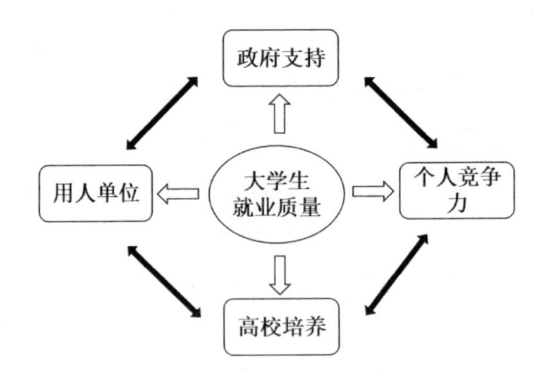

图5-3 大学毕业生就业质量评价计分卡（EQE-SC）模型

---

① 石金涛. 绩效管理[M]. 北京：北京师范大学出版社，2007.

大学毕业生就业质量评价计分卡（EQE-SC）四个维度的相互作用（见图5-4），缺一不可。四个维度同时发生作用，以保证大学毕业生就业质量的不断提高。

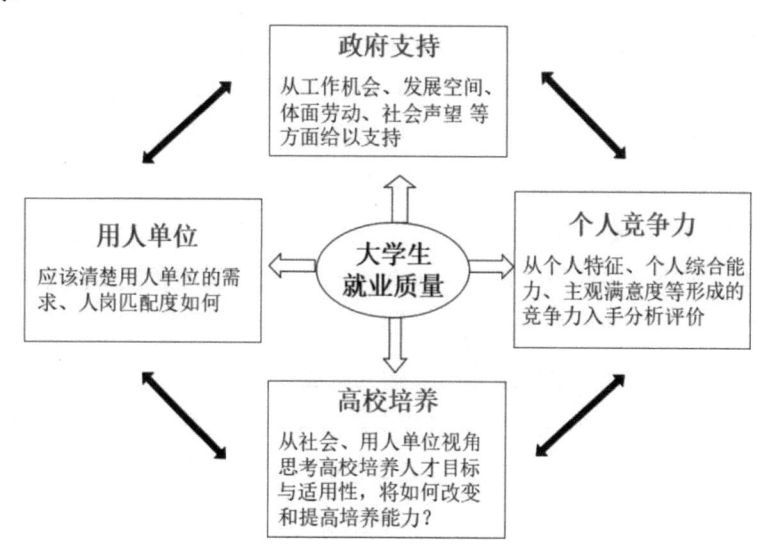

图5-4 大学毕业生就业质量评价计分卡（EQE-SC）四个维度的相互关系

（二）评价指标体系结构

体系结构是整个系统构成的基本框架和主体形态。指标体系是由一系列的统计指标，从不同方向和层面反映所评价主体的数量表现与数量关系。这些有联系的统计指标群体形成了指标体系，它们是由若干有关事物或某些意识的相互联系、相互制约，而构成一个完整的统计总体。它们具有一定的构成要素（即指标）以及相应的结构层次。指标体系结构有特定的分析方法与手段，其设计结果可以形成清晰的文件文档。可以对指标体系结果——这些文件文档进行一致性分析，及时发现各种问题，以便及时进行解决与处理。

从图5-4中可以看出，大学毕业生就业质量评价计分卡（EQE-SC）的着眼点，即从政府层面的政策支持、用人单位的微观保障、高校层面的质量支撑和大学毕业生自身的多种能力上展开，实现四个层面的评价测量指标间的平衡。

首先，各级政府从宏观层面以不同视角、不同方式释放政策，给予大学毕业生就业、提高就业质量以政策支持。从我国扩大就业的相关政策而言，实施多渠道开发大学毕业生就业岗位，拓宽重点领域就业渠道，支持大学毕业生顺利就业；将落实在校大学生创业扶持政策列入政府年度工作重点，鼓励毕业生进驻大学生创业孵化基地或创业园区；进一步完善最低工资制度，保护大学毕业生参与生产活动而获取相应劳动报酬的权利；创新工资集体协商制度，对大学毕业生的工资制度予以保障，促使工资收入稳步增长；通过立法形式保障大学毕业生群体的工资及时发放；从功能性就业政策视角，通过发布市场性就业政策为大学毕业生拓宽就业渠道，创造更多就业岗位，如大学生村官、入伍计划、就业见习、三支一扶计划等；在劳动力需求方面，挖掘或刺激对大学毕业生的需求，提高完善的就业服务与就业援助[①]；通过保护性就业政策，进一步提高大学毕业生劳动者群体的社会保障水平，形成良好的就业保护屏障；建立良好的就业环境，使大学毕业生得以顺利就业，等等。

其次，用人单位为提高大学毕业生就业质量提供微观保障。本研究所指用人单位，主要是以企业为例。各类型企业可以通过资源整合，扩大用工规模与用工量；可以通过扩大第三产业类型企业，创造条件，加快催生服务类型企业；通过"组织和协调"，让更多企业的劳动力需求转向大学毕业生群体；通过不断改善企业管理环境，不断提高人力资源管理水平，不断创新制度、手段和措施，形成有效的企业价值链，引导大学毕业生努力向价值链高端发展；构建新型劳资关系，创立雇主品牌，做最佳雇主；遵循人才管理规律，有效进行人才管理；引导大学毕业生建立"心理契约"，自觉产生认同感和归属感等。

再次，高等学校教育为提高大学毕业生就业质量提供质量支撑。大学教育的对象是学生，服务的对象也是学生，学生是教育过程及教育发展之本。学校教育的终极目标就是促进学生的全面发展，第一，确立"以生为本"作为现代大学培养人才最为核心的理念。明确人才培养目标，注重教学，服务社会，把大学生培养成为具有人文精神、科学素养和创造能力的一代新人[②]。第二，高等学校的课程设置一定要与经济的发展密切相连，遵循市场规则，增加实践性

---

① 曾湘泉. 中国就业战略报告——金融危机以来的中国就业季度分析2015[M]. 北京：中国人民大学出版社，2015.

② 宋永忠. 大学转型与发展[M]. 南京：江苏教育出版社，2012.

教学课程。我国高校的课程体系中，实践性课程既要培养学生的动脑能力，更要培养学生的动手能力，特别是要加强学生科研创新能力的培养，这样培养出来的人才能适应未来时代的要求。第三，加强就业培训与指导，积极架设大学毕业生与用人单位沟通的桥梁，为大学生更好地适应就业市场需求提供基础教育培养与技术支持，满足社会与经济发展需求。

最后，大学毕业生通过学校培养教育，使其自身拥有多种能力，是提高大学毕业生就业质量的基础。在大学毕业生个体层面上，一是树立社会主义市场经济就业观，选择多渠道就业；二是提升个体素质，培养提高就业能力，就业能力是劳动者的人力资本。

（三）备选评价指标集群

在大学毕业生就业质量评价指标的研究上，已有很多组织或者学者提出可参考借鉴的观点。基于对国内外相关文献的分析梳理，对相关的评价指标进行集群。集群指标涉及国外的研究观点，如国际劳工组织、欧洲基金会等，国内的有刘素华、杨河清等专家学者的观点。另外，还有本研究所做的调查问卷、访谈结果，也为我们的研究提供了可参考的依据。

1.提炼组合相关研究者的评价指标

依据研究对象与需要的不同，提炼组合相关研究者各自不同的评价指标。综合国外研究观点，提炼了几个维度的组合，如终身学习和职业发展、包容性和进入劳动力市场、工作组织和工作与生活的平衡、整体经济表现和生产力、灵活性和安全性、多样性和非歧视性、健康与安全、技能开发、职业及就业安全、工作满意度、内在的就业质量等。分析国外对就业质量评价的观点，单对大学毕业生群体就业质量的关注度不是很高，因为国外的大学毕业生群体就业仍然是优势群体；另外，国外对就业质量的评价，他们选择的平均指标多数偏向于"人本关怀"类指标，属于质量指标偏多。例如，指标中大部分都是测量工作单位对职工的福利待遇如何、健康发展情况、安全与劳动保护待遇等。

综观国内大学毕业生就业质量评价的相关研究，杨河清、刘素华、史淑桃等构建的评价指标体系涉及的评价指标相对比较广泛，综合后如表5-1所示。

表5-1 国内专家学者构建评价指标体系涉及的评价指标

维度	指标	维度	指标	维度	指标
工作条件	劳动报酬* 劳动保护 工作稳定性 工作环境 工作强度 工作安全 工作报酬* 工作福利 工作时间* 培训机会 工作心理环境 工作反馈程度	社会保障	养老保险* 医疗保险* 失业保险* 工伤保险* 生育保险* 补充养老保险*	职业生涯	职业发展前景 个人发展 有意义的工作 行业发展前景 晋升机会 工作—家庭平衡 毕业生主体认同度 施展才能 工作机会可得性
劳动关系	劳动合同* 劳动关系和谐 工会组织 民主管理 平等协商和集体合同 就业公平 社会对话 工作是否自愿	就业能力	就业制度 就业服务 就业率* 就业压力 就业满意度* 专业对口 创业比例* 获得新知识和技能 兴趣相符程度 教育程度对口性 技能多样性 其他替代性就业途径	社会及家庭	人际关系 用人单位满意度* 社会满意度* 就业行业 就业地域 工作性质 工作单位层次 工作自主权 人职匹配度 主观幸福感 劳动者为社会创造的价值 工作中的非歧视

注：表中带"*"的为数量指标。

综合国内专家学者的观点，集群了6个维度、58个评价指标。尽管如此，仍然没有穷尽所有评价指标。根据统计指标的性质，对表5-1中的评价指标进行分类，可以分成数量指标、质量指标两种。58个评价指标中，有14个可以作为数量指标。可见，如果应用该评价指标集群作为大学毕业生就业质量评价指标体系，评价难度较大，原因是：首先，评价指标数量偏多，偏离简单易行的评价原则；其次，由于质量指标较多，故受主观因素影响很大，很难反映实际情况。

2.分析相关研究者评价指标的使用频率

表5-2 评价指标的使用频率统计①

序号	大学毕业生就业质量评价指标	使用频率/次	序号	大学毕业生就业质量评价指标	使用频率/次
1	工作条件	6	30	劳动报酬	29
2	工作稳定性	16	31	工作时间	5
3	员工培训	1	32	社会保障	10
4	劳动合同期限	1	33	工会组织	3
5	劳动关系的和谐性	10	34	考研率	1
6	就业率	10	35	工作单位层次	10
7	个人发展	4	36	专业对口性	14
8	工作环境	8	37	人职匹配度	3
9	就业满意度	14	38	晋升机会	3
10	人际关系	1	39	工作自主权	1
11	社会地位	1	40	工作—家庭平衡	1
12	获得新知识与技能	4	41	施展才能	1
13	工作安全性	2	42	主观幸福感	1
14	行业发展前景	1	43	兴趣相符程度	5
15	大学生就业能力	1	44	就业制度	2
16	就业服务	2	45	就业压力	4
17	工作福利	12	46	劳动保护	1
18	毕业生主体认同度	3	47	社会满意度	4
19	用人单位满意度	6	48	就业地域	6
20	就业行业	2	49	劳动者为社会创造的价值	1
21	岗位需求层次（按工作性质）	3	50	工作强度	1
22	决策参与度	5	51	工作心理环境	1
23	教育程度对口性	1	52	其他替代性就业途径	1
24	工作机会可得性	1	53	工作是否自愿	1
25	机会平等	1	54	社会对话	1
26	工作反馈程度	1	55	技能多样性	1
27	工作中的非歧视	1	56	工作特征	1
28	就业结构	7	57	职业声望	4
29	职业发展前景	2	58	行业性质	1

① 李巧巧. 大学毕业生就业质量评价指标体系研究[D]. 长春：东北师范大学，2012.

综上所述，表5-2中出现的评价指标使用频率为1～29次。我们依次按评价指标使用频率数值大小进行筛选排列（见表5-3）。

表5-3 按评价指标使用频率大小排序[①]

序号	大学毕业生就业质量评价指标	使用频率/次	序号	大学毕业生就业质量评价指标	使用频率/次
1	劳动报酬	29	30	就业行业	2
2	工作稳定性	16	31	就业制度	2
3	就业满意度	14	32	职业发展前景	2
4	专业对口性	14	33	大学生就业能力	1
5	工作福利	12	34	工作反馈程度	1
6	工作单位层次	10	35	工作机会可得性	1
7	就业率	10	36	工作强度	1
8	劳动关系的和谐性	10	37	工作是否自愿	1
9	社会保障	10	38	工作特征	1
10	工作环境	8	39	工作心理环境	1
11	就业结构	7	40	工作-家庭平衡	1
12	工作条件	6	41	工作中的非歧视	1
13	就业地域	6	42	工作自主权	1
14	用人单位满意度	6	43	行业发展前景	1
15	工作时间	5	44	行业性质	1
16	决策参与度	5	45	机会平等	1
17	兴趣相符程度	5	46	技能多样性	1
18	个人发展	4	47	教育程度对口性	1
19	获得新知识与技能	4	48	考研率	1
20	就业压力	4	49	劳动保护	1
21	社会满意度	4	50	劳动合同期限	1
22	职业声望	4	51	劳动者为社会创造的价值	1
23	毕业生主体认同度	3	52	其他替代性就业途径	1
24	岗位需求层次（工作性质）	3	53	人际关系	1
25	工会组织	3	54	社会地位	1
26	晋升机会	3	55	社会对话	1
27	人职匹配度	3	56	施展才能	1
28	工作安全性	2	57	员工培训	1
29	就业服务	2	58	主观幸福感	1

① 王志兰. 河北省高职院校毕业生就业质量评价体系研究 [D]. 秦皇岛：河北科技师范学院，2017.

3.确定借鉴相关研究者的备选评价指标

从表5-3中可以看出，在相关研究者建立的大学毕业生就业质量评价指标体系中，出现频率高（以使用频率≥10为高，即认可度高）的评价指标有9个，依次为劳动报酬、工作稳定性、就业满意度、专业对口性、工作福利、工作单位层次、就业率、劳动关系的和谐性、社会保障；出现频率次高（以使用频率≥6、≤10为次高，即认可度较高）的评价指标有5个，依次为工作环境、就业结构、工作条件、就业地域、用人单位满意度；出现频率一般（以使用频率4~5为一般，即被认可的程度仅仅一般，属于小众的专家学者认可）的评价指标有8个，依次为工作时间、决策参与度、兴趣相符程度、个人发展、获得新知识与技能、就业压力、社会满意度、职业声望；其余使用频率在4以下的指标，可以结合问卷调查与访谈结果作为备选参考指标[①]。

（四）评价指标的选取及量化方法

大学毕业生就业质量评价指标体系的构建过程中，需要对评价指标的选取及量化方法进行选择。本研究的思路是，借鉴参考前期专家学者的研究成果，找出四个维度内能够形成关系的评价指标，提交专家审阅并征询专家意见，汇总形成备选指标，再次征询专家意见，最终使备选指标形成评价指标。

1.评价指标的选取

对于统计指标的分类，分为质量指标与数量指标两大类。本研究所涉及的评价指标，也属于统计指标类型，故评价指标的选取也可分为定性和定量指标。一般情况下，定性评价指标的选取应遵循五条基本原则，即目的性、全面性、可行性、稳定性、评价方法的协调性[②]。定性选取评价指标，一般是在指标的形态设计时进行的；而定量选取指标，则是在指标形态完成时进行的。对于定量选取指标的方法，在理论界已经有一些研究成果，如用数理统计方法选取评价指标。但是我们清楚，无论用什么数学方法进行指标筛选，都不能替代人的主观判断。不能过分依赖"定量筛选指标体系"的数学方法，否则都有可能得

---

① 王志兰. 河北省高职院校毕业生就业质量评价体系研究[D]. 秦皇岛：河北科技师范学院，2017.

② 黎春，步丹璐. 基于动态财务评价下的评价指标体系构建[J]. 财会研究，2009（23）：45-47.

出难以把握或者荒唐的结论，使指标体系的"全面性"受损。更何况定量筛选方法的计算依据仍然是样本，所以筛选结论必然受样本结构的影响。若样本不能完全代表总体，则由筛选结果构造的评价函数就只有"一次性"使用价值，而不能用于另一个样本。

根据本研究的基本思想，确定建立大学毕业生就业质量评价计分卡（EQE-SC），穷尽评价指标。从大学毕业生就业质量评价计分卡（EQE-SC）的四个维度出发，建立各个维度的评价指标分支体系。遵循简明、易懂、易行原则，应用关键质量指标（Key Quality Indicators，KQI）分析法，精选评价指标。关键质量指标（KQI）是应用关键绩效指标（Key Performance Indicator，KPI）的思路。在组织绩效管理中，影响绩效的指标很多，太多的评价指标会使评估过程变得复杂而效率低下。为了简化评估过程，并且完全保证评估的准确性与及时性，可对评价指标进行选择。建立平衡计分卡的中心工作，是开发关键成功因素（CSF）和关键绩效指标（KPI）。所谓关键成功因素，是指对组织擅长的、对成功起决定作用的某个战略要素的定性描述，它是组织实现战略目标的关键领域，反映了组织所期望达到的目标，能够将组织的战略目标转化为明确的行动内容。而关键绩效指标是用来考评目标达成的量化指标，是用来回答"如何评价成功"的定量描述。开发CSF和KPI有一定的程序，这能保证开发工作的顺利完成。一般说来，可以按照以下步骤开展这一工作：第一步，准备工作。成立项目小组，包括专家、工作人员等，务必使每个人都对此有所了解。第二步，进行战略协同，开发战略CSF与战略KPI。可以是课题研究者，也可聘请外部专家学者参加，一起举行研讨会，找出能实现评价目的的指标。第三步，开发相关的CSF和KPI，举行人员研讨会，找出CSF和KPI。第四步，给CSF和KPI划分优先次序，通过项目与专家小组成员研讨，挑选最能计测战略目标的CSF和KPI，组成一套便于管理的指标，初步试行。第五步，开发报告格式，对于数以百计的KPI，需要用一个统一的格式来报告，以方便管理[1]。

当我们思考一项经济活动为什么会取得成功？成功的关键是什么？在过去成功的关键要素中，哪些能持续使该项经济活动获得成功？哪些已成为持

---

[1] 石金涛. 绩效管理[M]. 北京：北京师范大学出版社，2007.

续成功的障碍？面向未来，要持续发展的话，其关键因素又是什么？这些问题是完成该项经济活动，在设计具体指标之前必须要解决的问题，离开了这些问题来设计关键指标是没有任何意义的。可以说，我们在设计关键质量指标（KQI）之前，就已经初步确定是用于评价就业质量、尽可能可量化的或可行为化的指标体系的思路。所以，关键质量指标（KQI）必须是一个标准化的指标集群，它必须是可量化的；如果难以量化，也必须要通过行为化后可以转换成量化的指标集群。如果构建的评价指标体系中的指标无法满足指标可量化和可行为化两个特征，就很难达到研究目的，显然是不符合研究目的与要求的指标集群。

选择关键质量指标（KQI），还体现对评价内容的增值作用。这就是说，关键质量指标（KQI）是连接各个指标间的一个桥梁。关键质量指标（KQI）不同于传统指标，它的目的性非常清晰，它是以针对评价内容起到增值作用而设定的指标。那么，基于关键质量指标（KQI）对就业质量进行评价，可起到促进与提高就业质量的作用，可以保证真正对提高就业质量有贡献的行为活动受到鼓励和褒扬。关键质量指标（KQI）与传统指标的区别如表5-所示4。

表5-4 关键质量指标（KQI）与传统指标的区别

	基于关键质量指标（KQI）的就业质量评价体系	传统的就业质量评价体系
假设前提	假定人们已清晰事先已确定的目标，就会采取一切措施与行动去努力达到	假定人们知道目标，但是不清楚应该如何去做
评价目的	以达成目标为中心，关键在于达成目标后，如何按照评价指标体系设计的初衷，再围绕着目标而如何去做或者达成服务	以实现对人们的控制为中心，指标体系的设计与运用初衷，源于实现控制的意图
指标产生	覆盖全方位，从上至下，对目标进行层层分解，产生多层次、多形态的评价指标	根据人们（管理者）以往的爱好与目标产生
指标来源	基于实现事先已确定的目标、提高目标为目的，所有的行动都以目标实现为出发点	来源于不稳定的程序，简单对过去行为进行修正

关键质量指标（KQI）的产生，不是凭某些个别人的想象，而是由专家、管理者和普通员工共同沟通探讨，是集体智慧的结果，其中专家的作用尤为重要。本研究中，关键质量指标（KQI）由以下几个层面组成：一是政府层面关于就业质量评价的关键质量指标（KQI），它是由政府影响就业质量的因素、目标演化而来；二是用人单位层面的关键质量指标（KQI），它是根据用人单位提供的工作环境与条件等因素来确定的；三是高等学校层面的关键质量指标（KQI），它是由高校培养人才目标、条件等因素决定的相关衡量指标；四是大学毕业生个体层面的关键质量指标（KQI），它是由大学毕业生自身能力、素质等因素决定的衡量指标。

大学毕业生就业质量评价的关键质量指标（KQI）确定，原则上是在专家的指导下完成的。关键质量指标（KQI）产生于确定过程，可以由不同行业、不同工作性质、不同工作内容、不同年龄阶段（最好5年以上工龄）的大学毕业生和关键质量指标（KQI）研究专家一起，利用头脑风暴法和鱼骨分析法等，找出评价重点，这些重点即为大学毕业生就业质量评价过程的关键因素领域，由此确定关键因素领域的关键质量指标（KQI），从而建立大学毕业生就业质量平衡计分卡（BSC）。

2.评价指标的量化方法

对于指标的量化，是指对质量指标（或称定性指标）的量化方法。首先，需要进行定量评价。该评价涉及对逻辑判断指标、定性指标进行量化处理，并对其进行无量纲化处理。其次，对定性指标取值的要求。定性指标取值一般源自调查问卷。因为调查问卷容易受主观因素影响，所以为防止因主观判断所引起的非科学性，就要提高定性指标赋值的准确性。在一般研究中，赋值方法有多种，本研究拟采用专家评价法与层次分析法。在本研究过程中共发放了3000多份调查问卷，问卷调查所获得的数据是一些选项值，为了能顺利地进行质量评价，根据数学知识，对选项答案建立相应的模糊集合，进行无量纲化处理。

具体而言，在评价指标的选取上以定性选取为基础，通过不断推进式的分析，借鉴参考相关研究者的观点，结合本研究中的问卷调查与访谈结果，确定备选指标。同时，遵循定性选取评价指标原则。

应用层次分析法（Analytic Hierarchy Process，AHP），确定评价指标的权重。在完成大学毕业生就业质量评价指标体系建设之后，运用层次分析法（AHP）赋予指标体系中各个维度与指标相应的权重，分析我国大学毕业生就业质量的水平。

在指标体系中，每个指标的重要性不同。评价指标的作用，可以用其在整体中所占权重的大小来反映；也就是说，通过权重体现其重要程度。权重，是反映指标在其体系中所占的比重。一般情况下，权重的分配应当根据各个指标对评价对象反映的不同程度，以及评价主客体、评价目的等方面的差异，应用数学方法，进行恰当的分配。权重，也可以称为是指标体系的指挥棒，突出评价者与评价的重点，引导形成正确的价值观和行为。

（五）构建评价指标结构模型

没有衡量，就没有管理；没有评价，就没有结果。依据本研究的出发点与研究路径，从四个维度构建大学毕业生就业质量评价指标体系。

1. 政府层面

（1）政府功能。国务院以及各级地方政府的职责和作用，主要是保持宏观经济稳定，加强和优化公共服务，保障公平竞争，加强市场监管，维护市场秩序，推动可持续发展，促进共同富裕，弥补市场失灵[①]。针对大众就业方面，提供了诸多政策。

（2）就业政策及其关注点。中国政府制定的就业政策，可以划分为功能性政策和对象性政策，具体内容如表5-5所示。

基于大学毕业生就业质量评价之政府层面，出台政策是政府的主要功能之一。关于就业政策，政府主要是以功能性与对象性两个角度发布。解读表5-5，功能性就业政策与对象性就业政策的主要功能清晰显现。为了更好地确定大学毕业生就业质量评价指标，仍需分析各类政策的关注点。

---

① 田国强. 良性发展的制度逻辑——基于中国的现实观察与理论思考[EB/OL]. [2017-10-08]. www. guancha. cn2017- 10-08.

表5-5 就业政策分类及其功能

政策类别	政策细分	政策措施	发文单位
功能性就业政策	战略性就业政策	该类政策主要体现在创业和就业创造本身，对它进行测量，可以提炼出六个基本要素领域：①产权的法律和政治保护；②激活企业家精神；③市场准入；④行政成本；⑤融资便利；⑥税收政策	全国人大、国务院、人力资源和社会保障部、教育部、财政部、国家税务总局、国家协调劳动关系三方会议办公室等
功能性就业政策	市场性就业政策	该类政策主要体现在劳动力市场的作用与效率上，对它进行测量，可以提炼出三个基本要素领域：①劳动力供给即劳动者自身的就业能力；②劳动力需求即提供更多的劳动力供需岗位；③劳动力市场过程即提供就业中介服务环节	
功能性就业政策	保护性就业政策	该类政策主要体现在保护劳动者就业权利以及劳动关系的建立、协调与平衡和劳动者自我担当责任方面，对它进行测量，可以提炼出五个基本要素领域：①就业前的平等就业机会权利；②就业过程中的就业条件公平权利；③未能就业时的社会保障权利；④劳动关系和谐权利；⑤就业权利的保护；⑥自我责任承担的权利	
对象性就业政策	大学毕业生	积极扩大需求，强化就业服务和就业援助；提供更多的就业岗位，鼓励创业，提供财政金融与税收支持	
对象性就业政策	农民工	提供更多的培训机会，加强职业技能培训，提高就业能力；维护农民工权益，开展就业服务	
对象性就业政策	城镇失业人员	开展就业技能培训，延长失业人员再就业税收优惠的时间	
对象性就业政策	农村青年	开展就业培训，实施创业激励和就业信息服务	
对象性就业政策	残疾人	开展残疾人就业援助，送岗位、送培训、送资金	
对象性就业政策	妇女	加强法规宣传，强调保护妇女就业权益，提供就业信息和岗位培训；提供就业技能培训项目	
对象性就业政策	复转军人	加强政策法规的宣传与执行力度，强化就业服务和就业支持与援助；提供更多的就业岗位；鼓励创业，提供财政金融与税收支持	
	……		

战略性就业政策的主要关注点，是为大学生和农村青年创业、城镇失业人员提供资金资助和相关的创业服务；市场性就业政策主要关注点，是做好职业技能培训、就业能力提升培训，进一步拓宽就业渠道，创造更多的就业岗位，提供就业服务等内容；保护性就业政策的主要关注点，是对大学毕业生融入社会就业的保障权、获得公平的就业机会以及就业后劳动关系的协调等。

对象性就业政策的主要关注点，从针对大学毕业生群体看，鼓励他们到基层、中西部地区就业，到中小企业就业和自主创业，应征入伍服义务兵役；积极聘用优秀大学毕业生参与国家重大科研项目；强化对困难家庭大学毕业生的就业援助；开展就业信息发布及社会保障等就业保护。在农民工就业政策方面，主要是做好农民工就业政策咨询、职业指导、就业信息对接等就业服务工作；加强对农民工的技能培训，提高农民工的就业能力；开展"春暖行动"、推广实施"简易劳动合同文本"，加强农民工劳动管理；减轻企业负担，稳定农民工就业；制定并落实扶持政策，鼓励农民工返乡创业；整顿人力资源市场，保障农民工合法权益等。在农村青年就业政策方面，主要是开展农村青年就业培训，实施农村青年创业小额贷款，做好农村青年就业创业信息服务，包括就业政策信息、培训信息和岗位信息等。在城镇失业人员就业政策方面，主要是开展就业技能培训、延长失业人员再就业税收优惠，强化对就业困难人员、零就业家庭以及关停企业失业人员的就业援助等。其他类型不再详述。

（3）国外的相关就业政策。在发达国家，高校毕业生也是其就业中的一个庞大群体和关注对象。政府通过出台法律，与企业和学校工作相结合，推动毕业生的就业工作，其中的一些经验是值得借鉴的。具体相关措施如表5-6所示。

表5-6 国外相关就业政策措施[①]

相关国家	政策措施	备注
日本	《平等就业机会法》促进男女就业平等； 公共就业保障办公室根据大学毕业生的特定需求提供就业信息、咨询与配置服务； 针对尚未就业的毕业生开展登记工作，为他们提供就业咨询与就业信息，提供与寻找工作有关的课程； 以外包方式由公司和指定学校提供职业培训，公共人力资源开发机构为各类人员提供公共职业培训	政府、高校、其他机构
加拿大	政府提供核心资助，以使大学能继续开发所有学科领域毕业生所需要的技能组合； 政府协助建立行业委员会，委员会提供并与大学、学生、雇主分享准确可靠的劳动力市场信息	
英国	学校设立了专职的职业服务部门，提供大量的职业服务； 将职业指导融入大学课程设计之中； 学校为雇主提供相关服务，如免费为雇主向学生发布职位空缺广告，为雇主招聘提供专业建议，邀请雇主参加职业服务处组织的活动与招聘会	
美国	《公平就业法》防止就业歧视； 各大学设立专门的职业服务机构，提供就业信息和就业技能指导； 职业发展导师为毕业生的职业生涯规划提供合理化建议	

---

① 杨伟国. 国外大学生就业指导及其借鉴[J]. 中国高教研究，2007（1）：81-83.

（4）评价指标备选。在政府层面，从政府制定的相关政策与发放的文件来看，对于大学毕业生就业质量的影响非常之大，可以在社会保障、就业服务等方面提供强有力的支持与帮助。该层面主要指大学毕业生参与的社会保险情况、是否购买了基本的社会保险，以及对社会保障的重视程度（见图5-5、5-6、5-7）。

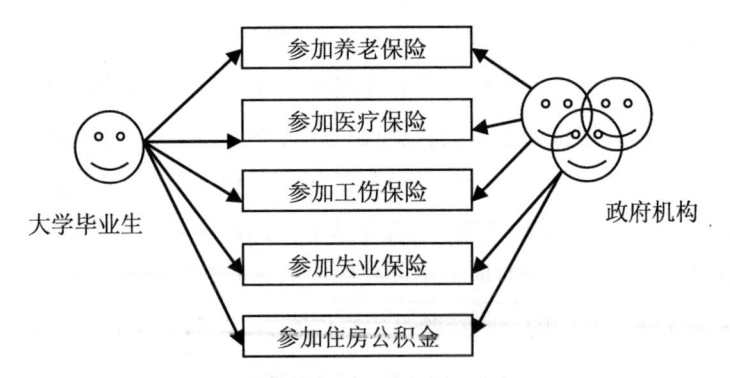

图5-5 大学毕业生在社会保障方面与政府的关系

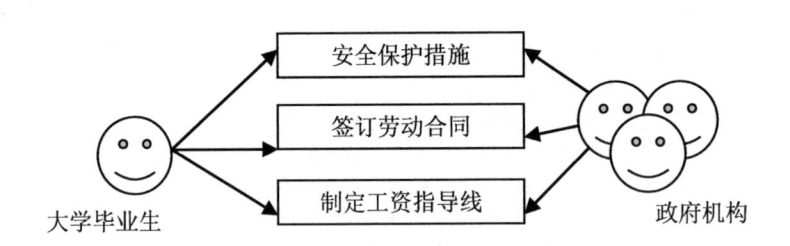

图5-6 大学毕业生就业权益保护与政府的关系

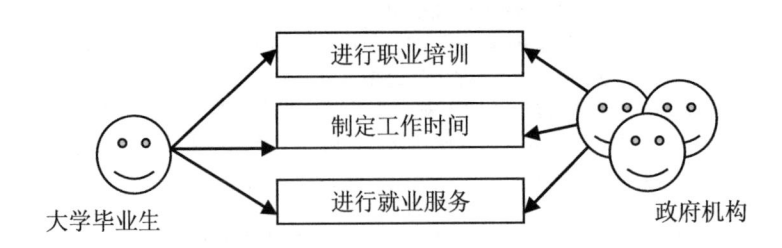

图5-7 大学毕业生就业状况与政府的关系

将图5-5、5-6、5-7中的内容提请专家审阅，形成政府层面的大学毕业生就业质量的备选评价指标（见表5-7）。

表5-7 基于政府层面的大学毕业生就业质量评价指标备选

维度	一级指标	二级指标	指标解释
政府	社会保障	养老保险 医疗保险 失业保险 工伤保险 生育保险 住房公积金 企（职）业年金	社会保险（五险种）按照国家法律法规规定缴纳；住房公积金，是指国家机关、企事业单位、社会团体及其在职职工缴存的长期住房储备金；住房公积金是为在城镇居住的在职职工建立的一种制度，是一种具有强制性（政策性）的福利制度。按法律法规执行
	工作时间	月工作时长 日工作时长	月工作时长：每月≤（250天÷12月=20.83天/月）； 日工作时长：每日≤8小时
	就业服务	就业信息推送 就业咨询 就业援助	就业信息平台信息=就业政策信息+培训信息+岗位信息； 就业咨询人次数； 就业援助人次数
政府	就业权益	工作安全保护 签订劳动合同 制定工资指导线	
	就业率	就业率	就业率=大学毕业生就业人数÷大学毕业生毕业人数×100%
	就业地域	中东部就业 西部就业 老少边穷地区就业	大学毕业生就业所在地区

2.用人单位层面

大学毕业生就业所涉及的用人单位，是指能够依法管理劳动者，对劳动者承担有关法律义务的组织主体。例如境内的企业、国家机关、事业单位、社会团体，都可以称其为用人单位。为了更好地研究大学毕业生就业质量评价问题，我们需要将用人单位按性质进行分类。

（1）用人单位分类。中华人民共和国国家标准GB/T0091-006发布的组织机构类型，共分成25类用人单位（见表5-8）。

表5-8 用人单位按性质分类

代码	名称	现统称	代码	名称	现统称
10	党政机关	政府机关	55	农村建制村	基层就业单位
20	科研设计单位	统称事业单位	56	城镇社区	
21	高等教育单位		70	待就业:	未就业
22	中等、初等教育单位		71	不就业拟升学	
23	医疗卫生单位		72	其他暂不就业	
25	艰苦行业事业		75	自主创业	自主创业
29	其他事业单位		76	自由职业	
31	国有企业	统称企业单位	77	其他灵活就业	
32	三资企业		80	升学	学习深造
35	艰苦行业企业		85	出国出境	
39	其他企业		90	其他	
40	部队	参军入伍			
50	国家基层项目	国家科学研究单位项目			
51	地方基层项目				

根据用人单位性质的不同，各自有着不同的特点。整理表5-8，得出简化后的分类图（见图5-8）。

政府机关 → 事业单位 → 企业单位 → 其他

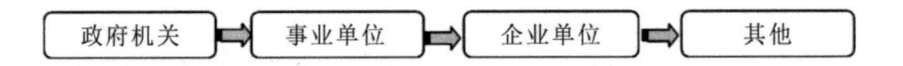

图5-8 常用的用人单位分类模式（大学毕业生就业的单位）

（2）常用的用人单位有政府机关、事业单位和企业单位，具有如下特征：

①政府机关（Government Authority）。政府具有特有的职能，即政府职能（Government Function），也叫行政职能（Administrative function）。政府职能是国家政府机关依法对国家和社会公共事务进行管理时应承担的职责和所具有的功能；政府职能反映着公共行政的基本内容和活动方向，是公共行政的本质表现。政府在承担与完成相应职能时，需要相应的政府机构；政府机构由执行不同职能的机关，按照一定的原则和程序形成有机联系的组织系统，共同运转，共同发生作用。政府机构具有显著特征，即阶级性、权威性和整体性。政府机构需要相应的工作人员来完成具体工作内容。

政府机构工作人员，即公务员。2005年通过的《中华人民共和国公务员法》

规定了公务员相应的权利与义务，政府机构在选用工作人员时，"政府购买基层公共管理和社会服务岗位更多用于吸纳高校毕业生就业。健全鼓励高校毕业生到基层工作的服务保障机制，提高公务员定向招录和事业单位优先招聘比例。"① 政府机关工作人员工资包括基本工资、绩效工资和津贴补贴等，由国家财政出资支付。

②事业单位（Public Institution）。事业单位与企业单位的划分管理是我国特有的模式，是相对于企业单位而出现的。2014年1月24日，中央编办发布《事业单位登记管理暂行条例实施细则》，对事业单位进行界定，是指国家为了社会公益目的，由国家机关举办或者其他组织利用国有资产举办的，从事教育、科研、文化、卫生、体育、新闻出版、广播电视、社会福利、救助减灾、统计调查、技术推广与实验、公用设施管理、物资仓储、监测、勘探与勘察、测绘、检验检测与鉴定、法律服务、资源管理事务、质量技术监督事务、经济监督事务、知识产权事务、公证与认证、信息与咨询、人才交流、就业服务、机关后勤服务等活动的社会服务组织。条例指出，在工资福利和社会保险方面，国家建立激励与约束相结合的事业单位工资制度。

事业单位从财政拨款角度可分为四种类型，即"自收自支""差额拨款""全额拨款""参公"的事业单位。事业单位工作人员工资主要包括基本工资、绩效工资和津贴补贴等，大部分由国家财政出资支付。

③企业单位（Enterprise Unit）。企业单位一般以营利为目的，是运用各种生产要素（土地、劳动力、资本和技术等）向市场提供商品或服务，实行自主经营、自负盈亏、独立核算的具有法人资格的社会经济组织。企业在概念范畴上包含公司，公司是企业的一种存在形式。企业单位在生产经营管理上具有一定的自主权。企业单位分为国有企业、私人企业和外资企业等。

企业单位具有明显特征：第一，企业的经营活动以盈利为目的。第二，企业可以是法人单位或非法人单位。第三，企业经营是通过成本核算，自负盈亏；自收自支，自己进行盈亏配比。第四，企业通过自身经营活动获取利润，依法解决自身所雇佣员工的薪酬及其福利待遇。第五，企业单位依法与其所雇佣的

---

① 十八届三中全会公报. 中共中央关于全面深化改革若干重大问题的决定[EB/OL]. [2013-11-15]. http://www.gov.cn/ jrzg/2013-11/15/content_2528179.htm.

员工签订劳动合同；发生劳动争议后，由劳动仲裁部门进行仲裁解决。第六，通过依法纳税，为社会创造财富价值，提供服务。

（3）近年来接受大学毕业生就业的单位类型。从用人单位的用人状况看，2013、2015届大学毕业生就业最多的用人单位类型，总体来说，民营企业/个体、国有企业用人占据比重较大，其余相对较小（见图5-9）。

根据本研究的调查问卷，结合麦可思研究院关于全国高校毕业生就业状况的调查结果，对2013、2015年大学毕业生的就业状况进行统计和分析，样本涉及我国东、中、西部地区17个省份的28所高校，大学毕业生就业涉及的用人单位类型如图5-9所示。从分布结构看，大学毕业生就业的单位类型非常集中，民营企业/个体和国有企业是最主要的就业单位，之后是政府机构与事业单位等。

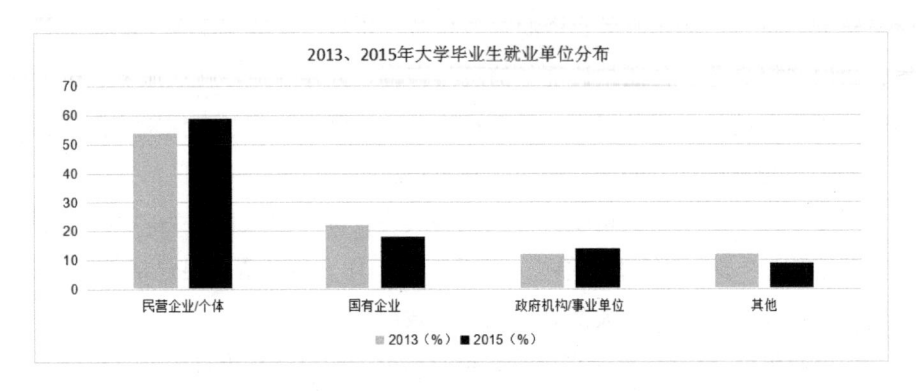

图5-9 2013、2015年大学毕业生就业的用人单位类型

（4）评价指标备选。在用人单位层面，企业单位是大学毕业生就业的主要方向。从大学毕业生就业到企业用人存在密切关系，如图5-10、5-11所示。大学毕业生希望找到用人单位参加工作，而用人单位关注经济效益，关注上级任务的完成，招收大学毕业生从事相关的工作，安排具体工作、组织培训、规定工作时间、提供相应的工资待遇和工作环境。

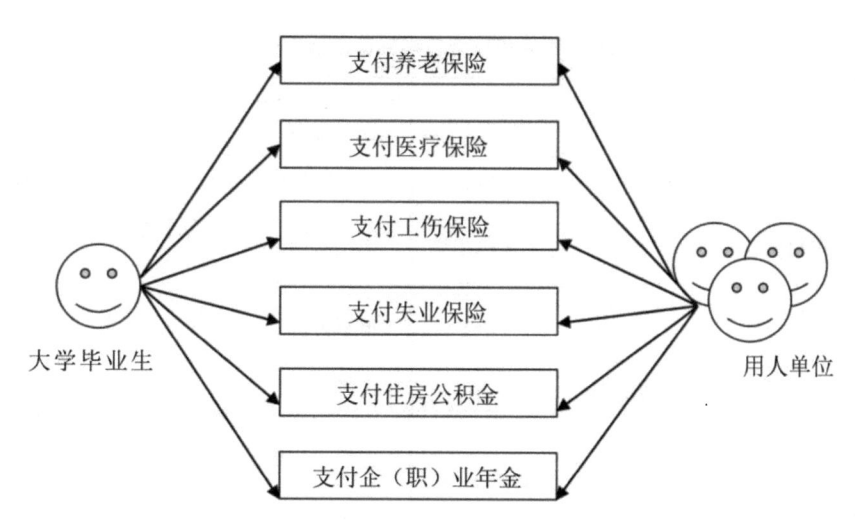

图5-10 大学毕业生工作权益保护与用人单位的关系

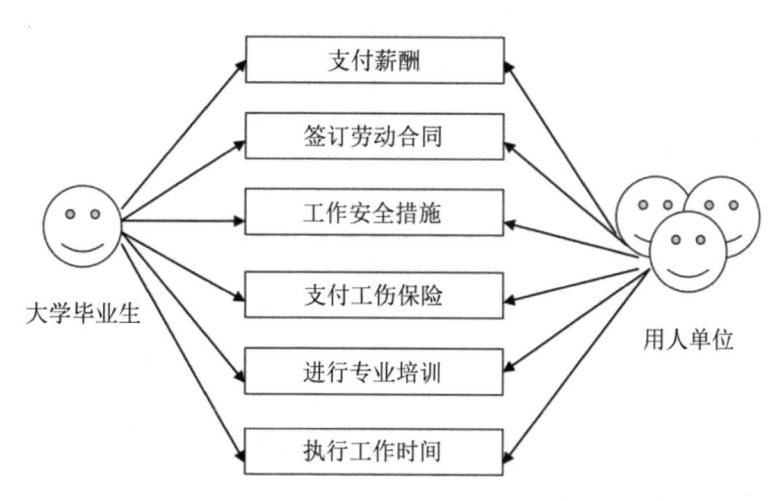

图5-11 大学毕业生在社会保障方面与用人单位的关系

针对用人单位，对大学毕业生就业质量进行以下几方面的研究，即社会保障支出、劳动报酬、工作环境、工作时间、培训机会等方面，结合图5-10、5-11内容提请专家审阅，进行意见征询，现列出候选关键要素列表，析出备选指标，如表5-9所示。最后形成用人单位层面的大学毕业生就业质量的备选评价指标，如表5-10所示。

表5-9 用人单位评价指标备选析出过程

候选关键成功要素（CSF）	剔除的原因	指标名称	候选的关键要素（CSF）	剔除的原因	指标名称
劳动报酬		薪酬水平	劳动合同期限		劳动合同期限
工作稳定性		工作稳定性	施展才能	与机会平等同义	
专业对口性	与人职匹配度同义		培训机会		员工培训
工作福利	并入薪酬水平		工作时间		工作时间
工作单位层次	与研究相关性差		岗位需求层次	与研究相关性差	
劳动关系和谐状况		劳动关系和谐度	工会组织	与研究相关性差	
社会保险及其补充		五险一金与企（职）业年金	晋升机会		晋升机会
工作环境状况		工作环境	人职匹配度		人职匹配度
工作条件	与工作环境同义		工作安全性	与工作环境同义	
用人单位满意度	与研究相关性差		职业发展前景		职业发展
工作心理环境	与工作环境同义		工作反馈程度	与研究相关性差	
工作—家庭平衡	与工作环境同义		工作机会可得性	与研究相关性差	
行业性质	与研究相关性差		工作强度	与工作环境同义	
机会平等	并入劳动关系和谐度		工作特征	与工作环境同义	
劳动保护		劳动保护			
决策的参与程度	与工作环境同义				

整理表5-9，得出用人单位备选评价指标，如表5-10所示。

表5-10 基于用人单位层面的大学毕业生就业质量评价指标备选

维度	一级指标	二级指标	指标解释
用人单位	企（职）业年金	企业年金	对企业员工基本养老保险的补充
		职业年金	对机关事业单位员工基本养老保险的补充
	薪酬水平	工资	对员工为用人单位付出劳动给付的报酬
		福利	在员工获得劳动报酬基础上的补充
	工作稳定性	工作稳定性	工作单位变换的时间长度与次数（包括工作1年、工作3年、工作5年后换单位）
	劳动关系和谐度	劳动关系和谐度	劳动关系双方各自追求利益的最大化下，促使利益协调一致的机制与制度
	工作环境	信息的分享程度	用人单位为劳动者提供的相关工作信息程度
		决策的参与程度	员工在工作单位参与决策的程度
		工作安全感	员工在用人单位参加劳动活动的身心安全程度
	劳动保护	劳动保护	用人单位为员工提供的劳动环节的保护措施
	劳动合同期限	劳动合同期限	劳动关系双方所签订劳动合同的时间与次数
	员工培训	员工培训	用人单位对员工所进行的培训

3.高校层面

（1）高校与高等教育。高校，是高等学校的简称，泛指对公民进行高等教育的学校，与大学词义相近。高等学校是一个系列，是对大学、专门学院、高等职业技术学院、高等专科学校的统称，简称高校。大学仅是高等学校其中的一部分。目前，人们常把高校与大学混用。本研究的对象是一个泛指，是属于大学、专门学院的毕业生的集群。

如果说教育是一个"永恒概念"，那么，高等教育就是一个"历史概念"。高等学校承担着高等教育的使命，高等教育作为制度化教育的高级阶段，为了适应不断变化的社会和经济需要，高等教育的形式、层次都发生了巨大的变化，"高等教育"这一概念也变得越来越复杂。1962年，联合国在非洲召开由44个国家参加的高教会议，对高等教育作了如下定义："高等教育是指大学、文学院、理工学院和师范学院等机构所提供的各种类型的教育，其基本的入学条件是完成中等教育，一般入学年龄为18岁，学完课程后授予学位、文凭或证书，作为完成高等学业的证明。"①这一定义试图通过列举各国不同层次、类型的教育机构来界定高等教育的概念，并且提出了三个条件：完成中学教育是基本的入学条件；学生的入学年龄一般是18岁；完成学习后颁发学位、文凭或证书。我国教育学者对于高等教育定义的探讨也有一些尝试。

（2）高校的类型。国内外对大学的分类多种多样。国外常见的是美国的一般分类法、卡内基分类法和美国周刊分类法以及日本的分类法，以美国的一般分类法应用最多。如图5-12所示的是美国对高校分类的一般方法。

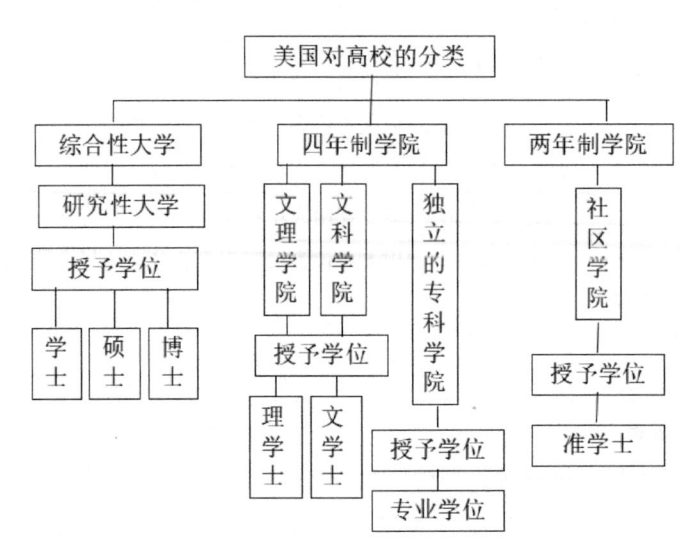

图5-12 美国对大学的一般分类方法

一般来说，美国经济发展基础雄厚，对教育的重视程度高，教育水平堪称世界一流。它的综合性大学规模庞大、组织复杂、师资力量比较强大、实习实验设施完备，实验室、设备水平均属于世界一流；综合性大学注重研究工作，拥有实力雄厚的研究机构，也设置了以向高校和社会输送教学和研究人才为双重使命的研究生院；就读综合性大学的学生，毕业可以获得相应的学士、硕士和博士等学位。美国的四年制学院一般分成两类，一类是文理学院或文科学院，另一类是独立的专科学院，毕业生分别可以获得文学士或理学士学位，专科学院则授予相应的专业学位。美国的社区学院是由州或市管理与运营的两年制短

---

① 潘懋元. 潘懋元高等教育学文集[M]. 汕头：汕头大学出版社，1997.

期大学，与我国进行比较的话，就是我国大专层次的教育。社区教育是美国教育体系的重要组成部分，它具有开放性、多样性和灵活性等特点。

国内对大学分类的方法，常见的是从传统的行政管理角度出发，将大学分为五种，还有从大学排名出发的分类方法，如图5-13所示。

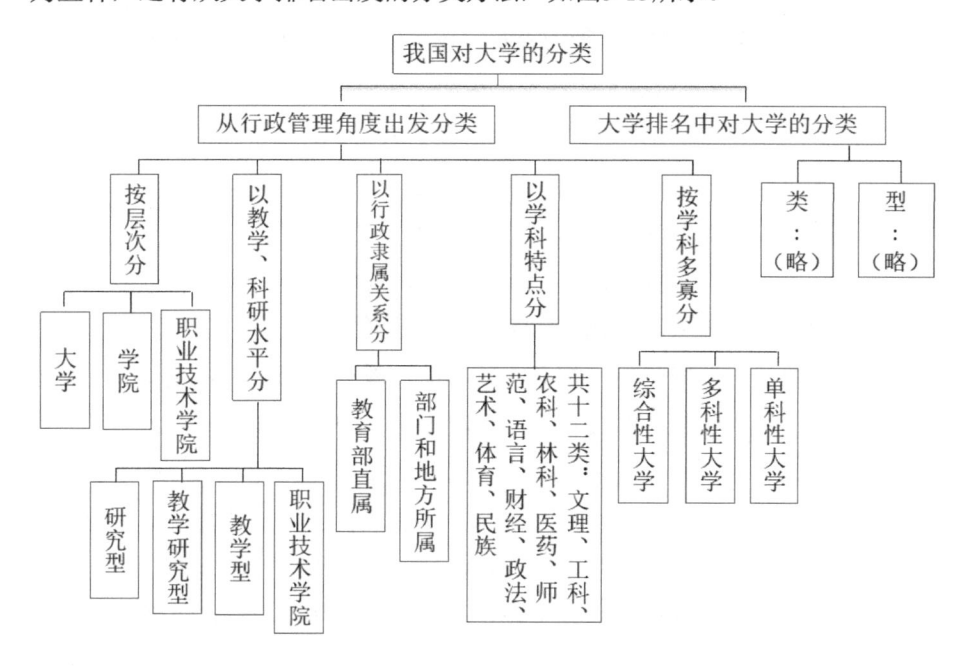

图5-13 我国对大学的分类方法

2004年中外大学校长论坛"不同类型大学的发展战略及其与社会的契合"课题组，由21所高校校长组成专门工作小组，在借鉴和参考国内外历史经验的基础上，综合了国内外大学分类标准及其分类方法，为我国实现大学发展战略提出了可供参考的分类方法，如图5-14所示。

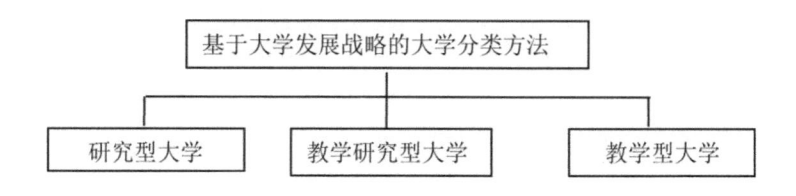

图5-14 基于大学发展战略的大学分类方法

（3）高校与大学毕业生就业质量。对高等院校进行评价，是一个多层次、多视角、多方面交织在一起的问题。无论是从高校的品牌价值还是知名度，在很大程度上与这所高校的毕业生在社会上作出的成就和贡献关联在一起。近年来，我国高等教育改革不断深入，以学生为中心的教育理念、教育体制逐步形成。随之，高校的办学理念、管理模式、教育思想都做了相应的调整。在人才培养模式、教育管理模式、人才培养环境和人才评价观念等四个方面进行了全方位的调整，突出了全面创新人才培养质量的核心地位，推动学校跨越式发展的实现①。同时，一所知名大学，培养出来的毕业生在其就业环节，一定是就业率高，起薪高，就业满意度高，相应地，就业质量就高。

①创新人才培养目标及模式。一般来讲，人才培养模式要受诸多因素的影响，例如社会、经济、文化等的制约，所受影响的程度，在不同的环境、条件，不同的社会发展阶段，都会有所不同。教育与创新人才成长的关系告诉我们：第一，创新人才的成长是一个综合培养的过程。创新人才涉及的背景是广泛的，会涉及全人类发展环境、国家发展环境、日常生活环境以及个人天赋和所接受的教育、兴趣等。创新人才的成长是一个综合培养的过程，不可能一蹴而就。第二，创新人才成长的道路不尽相同，但教育是培养创新人才的关键环节。创新性教育要大众化，尤其在大学、中学、小学里，人人都可以通过创新性教育获得创造性的发展。第三，不同的教育阶段，培养学生创新性的目标任务是不同的。任何"人才培养模式"都是为了实现人才培养目标而设立的，其核心要素是培养目标和质量规格。为达到培养目标的要求，对人才培养活动系统及要素进行综合优化设计，形成人才培养方案或计划，经过实践多次验证、修正，最后才能形成一种比较科学的"人才培养模式"。一所高校的历史、现实与发展的战略地位决定了其不同的人才培养模式和培养目标的取向①。国际一流大学的人才培养目标、培养理念、培养模式等大都拥有自己独特的风格和特色，他们在不同的时间节点、空间范围提出了各自的观点，值得我们借鉴和学习。

---

① 谢和平. 坚持以人为本 推进教育创新——四川大学人才培养与教育创新的探索和实践[J]. 中国地质教育，2005（4）：17-22.

我国高校在轰轰烈烈的高等教育改革进程中，大胆探索与尝试新型人才培养管理模式，采用与打通了人性化管理、个性化教育、国际化培养三个渠道。根据我国高等院校学校层次的不同，从招生上就分成了"一本""二本"两个层次；在学校人才培养目标上，又划分成研究型、教学研究型、教学型三个层次；不同层次学校的人才培养目标是不同的，例如我国的高等职业教育，培养目标就是以实践型为主。总之，我国高等教育实施了多层次人才培养计划、交叉培养、分类指导等举措来推进人才培养。

②创新人才培养管理模式。从国家层面上，李克强总理在2014年的天津夏季达沃斯论坛上首次提出"大众创业、万众创新"。他强调，要坚持创新驱动发展战略，扎实推进"双创"，不断激发市场活力潜力和社会创造力[①]。李克强总理又在2017年3月5日作十二届全国人大五次会议政府工作报告时表示，要新建一批"双创"示范基地，鼓励大企业和科研院所、高校设立专业化众创空间，加强对创新型中小微企业的支持，打造面向大众的"双创"全程服务体系。建设创新型国家需要培养大量的创新型人才；从高校培养大学生层面来说，无外乎就是培养高质量的大学毕业生。有人说，创新模式就是"互联网 + 一切重新想象"。无论从哪个角度出发，我们都可以说，管理就是服务。那么，创新人才培养管理模式，在原有的管理理念下"重新想象"，借助"互联网+"，发掘人才培养管理的本质，也就是为人才培养提供全方位的服务。因此，在高校人才培养管理模式的创新上，要以突出转变观念为主导，实现人性化管理、个性化教育、国际化培养为核心的管理模式。

③创新人才培养环境。 2015年，习近平总书记在视察浙江时强调，要立体化地培育人才，特别是对高端的尖子人才更要爱护。优良的人才培养离不开优良的环境条件[②]。高校环境是熏陶、引导和培养学生高尚情操、塑造学生完善人格、提高学生综合素质的无形能量场，它能起到潜移默化的作用。我们能够体会到，高校必须尽最大所能，做到满足预定目标，那就是最好的，就能引起社会对学生的重视，就会有更多的用人单位到学校来招聘学生。反过来，学生才会感恩学校的培养教育，热爱母校；如果学校声誉不好，所有的老师就是

---

① 中央政府门户网站．"大众创业万众创新"战略扎实推进，www.gov.cn，2015-09-21．
② 谷建全．为人才营造良好的创新创业环境[N]．河南日报，2015-06-03．

再努力，效果也是有限的。高校的整体工作搞好了，才能为就业工作、提高毕业生的就业质量提供强有力的支撑。

④创新办学理念和学术环境。办学目标是要创建最好学校，就要在学术上不断有所创新。有了这些创新成果，就能帮助学生了解理论研究最前沿的东西，为他们走上工作岗位后，在解决问题时提供新的思路和方法，这样的学生也是受欢迎的。所以，努力营造先进的办学理念和学术环境，才能培养出高质量的大学毕业生。

⑤创新人才评价观念。建立科学化、市场化、社会化的人才评价机制，使人才的价值得到充分尊重和体现。与时俱进的科学人才评价观念对高校人才培养起着重要的导向和激励作用，对人才的教育创新起着基础性的推进作用。深化人才的分类管理，用政策、制度体现对人才的差异化管理。合理规避人才评价市场化引发人才急功近利而追求短期效益的不良传统。建立大学毕业生综合评价制度，制定科学的考核指标，将评价结果真正地应用起来。我们很清楚，社会的全面进步和个人发展的更高需求，要求人才评价观念必须创新。面对高校，面向未来，重新定位"好学生""好老师""好干部"的标准，建立具有时代新内涵的概念。要引导学生在各种学习中追求卓越，如同亚里士多德（Aristotle）说过的一句话："无论什么事都力求做到最好，要把优秀作为自己的习惯。"在高校里，大学生也有养成优秀习惯的需求。因此，高校离不开优秀的教师。没有教师就无所谓大学，没有优秀的教师就难以培养出优秀的学生。

⑥创建最好的学院，才能保持学生高质量的就业。中国人民大学劳动人事学院党委书记周石说过，高校做好学生就业管理工作，具体经历以下途径：第一，创建最好的学院，才能保持学生高质量的就业。第二，领导重视，多方面努力，提高学生的综合素质。第三，积极引导学生参加社会实践，提高学生分析问题和解决问题的能力。第四，转变观念，引导学生做好职业规划。第五，完善测评制度，实行"四公开"制度。第六，发挥各方面积极性，多渠道收集信息。也就是说，没有最好的学院，很难培育出最好的学生。

（4）评价指标备选。在高校层面，高校是大学毕业生获得就业主要技能的场所。1978年，哈佛大学文理学院院长罗索夫斯基提出，大学生在学校要完成的总体目标中有两个学习目标，一是学会清晰、精确地表达意见，也就是具备出色的语言表达能力；二是对所学专业要认识清晰，在学习的过程中要学会集中精力去钻研，并且掌握一门专门的知识，学到一定的深度，这也就是要求学生必须学好主修课程。

教育教学工作在高等教育各项工作中处于中心地位，"教"与"学"的质量直接决定人才培养的质量。大学毕业生就业质量与在学校接受的教育存在密切的关系，作为教育的一个主要平台，高校教育对社会、学生的发展起着十分重要的作用（见图5-15、5-16）。

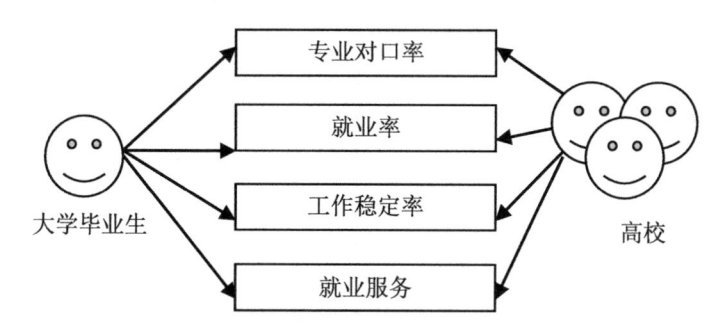

图5-15 大学毕业生专业能力与高校的关系

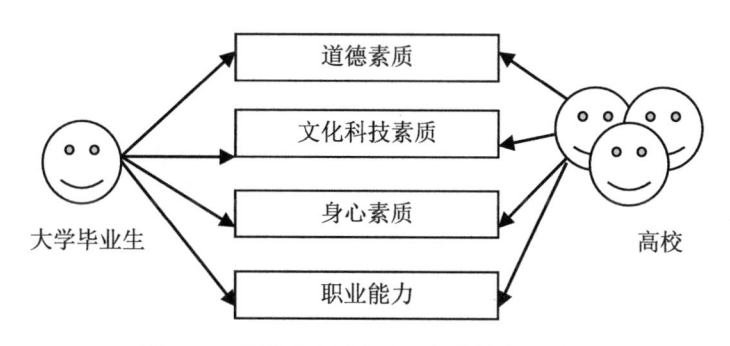

图5-16 大学毕业生综合素质与高校的关系

针对高校层面，对大学毕业生就业质量进行专业能力和综合素质两方面的研究，结合图5-15、5-16内容提请专家审阅，进行意见征询，列出候选关键要素列表（见表5-11）。最后析出高校层面的大学毕业生就业质量的备选评价指标，如表5-12所示。

表5-11 高校评价指标备选析出过程

候选关键成功要素（CSF）	剔除的原因	指标名称	候选关键成功要素（CSF）	剔除的原因	指标名称
专业对口状况		专业对口率	就业服务与指导		就业服务
就业率与稳定率		就业率与稳定率（工作1年、3年、5年换单位）	知识能力素质（教学效果）		基本素质（道德素质、文化科技素质、身心素质）
就业结构	与研究相关性差				职业能力（基本技能、综合素质）
兴趣相符程度	与研究相关性差		大学生就业能力	与知识能力素质同义	
个人发展	与研究相关性差		技能多样性	与知识能力素质同义	
获得新知识与技能的能力	与研究相关性差		教育程度对口性	与知识能力素质同义	
就业压力	与研究相关性差		考研率	与研究相关性差	
专业适应性	和就业率与稳定率同义		为社会创造的价值的能力	与研究相关性差	
施展才能	与研究相关性差				

整理表5-11，得出高校层面的大学毕业生就业质量的备选评价指标，如表5-12所示。

表5-12 基于高校层面的大学毕业生就业质量评价指标备选

维度	一级指标	二级指标	指标解释
高校	专业对口率	专业对口率	所从事的工作与所学专业的契合度
	就业率与稳定率	就业率	已就业人数与需要就业人数之比
		工作稳定性	工作单位的变换程度（包括工作1年换单位、工作3年、5年后换单位）

(续表)

维度	一级指标	二级指标	指标解释
高校	就业服务	就业服务	高校为帮助毕业生与生产资料在总量和结构上有机结合提供的一种社会服务。其主要职能通过提供劳动力市场信息、职业介绍、职业指导和相应的职业培训等手段来帮助用人单位实现用人和毕业生实现就业
	基本素质	道德素质	特指人在道德方面的内在基础，包括道德修养、健康的思想情操、正确的政治方向和远大的理想抱负等
		科学文化素质	指人们在科学、文化知识与艺术欣赏等方面自我教育、自我提高过程中，学习的自然、社会科学等的能力与水平
		身心素质	是指身体素质与心理素质的总称。身体素质是指大学生应具备的健康的体格，适应社会主义建设所需的体质与体力要求，积极的生活规律与卫生习惯等。心理素质是指大学生应具备的稳定向上的生活态度、心理与社会环境保持一致，言行保持一致，恒久稳定的情绪与意志力量，鲜明独特的人格力量等
	职业能力	专业技能综合素质	在学校所学专业方面掌握的技能水平。包括身体素质、心理素质、外在素质、文化素质、专业素质五大方面

4.大学毕业生个人层面

目前，我国的就业问题有两大重点，即农民工与大学毕业生就业。在这两个问题上，解决大学毕业生就业是目前政府需要完成的紧迫问题，并且给予了高度重视。近一段时期以来，关于大学毕业生就业的文件就出台了30多个。

（1）大学毕业生个人素质。目前，对大学毕业生进行统计时，一般是从规模和结构的不同角度，提供毕业生人数、性别、学历等基本信息，却很少提供诸如大学毕业生质量的详细信息。在人力资源的统计核算指标中，要求不仅提供相关人力资源结构数量信息，也应该反映出不同质量的人力资源分布情况。除了学历结构和相关技能等级结构指标，还应统计诸如思想道德、个人能力与团队合作能力指标，均可反映出人力资源的质量问题。这些能够集中反映人力资源质量高低程度的指标，可统称为企业人力资源的素质指标。人力资源统计学要求，对人力资源进行统计时，反映人力资源质量的素质统计指标与反映人力资源数量的规模及结构指标，两者一起才能完整地呈现整个组织的人力资源状况。

结合本研究，从用人单位需求角度分析大学毕业生的个人素质，更加契合。

① 从企业用人角度看对大学毕业生的能力要求。企业喜欢的大学毕业生应该具备什么样的素质？山东省人力资源社会保障厅的一项调查数据（调查对象是"山东高校毕业生就业信息网"注册会员单位，共收回有效问卷 1374 份）显示，用人单位录用大学毕业生最看重的关键因素的调查结果（调查问卷题目为多选），如图5-17所示①。

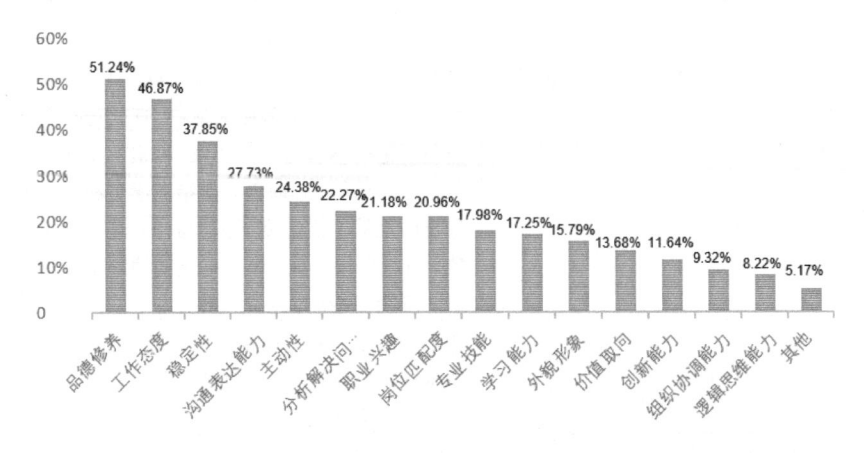

图5-17 用人单位录用大学毕业生时考虑的重要因素

从图5-17中可以看出，用人单位录用大学毕业生时，从16个方面提出问题。首先关注的是品德修养，所占比重为51.24%；其次是工作态度，所占比重为46.87%；第三是工作的稳定性，所占比重为37.85%；第四是沟通表达能力，所占比重为27.73%；第五是工作的主动性，所占比重为24.38%；第六是分析问题、解决问题的能力，所占比重为22.27%；第七是职业兴趣，所占比重为21.18%；第八是岗位匹配度，所占比重为20.96%；其余八项所占比重均不足20%。可以

---

① 《毕业生，用人单位录用最看重这三个关键因素》. https://www.dzwww.com/shandong/sdnews/201901/t20190128_18339687.htm.

看出,"思想品德"选项已经引起半数以上的用人单位关注,以供高校和大学毕业生参考。

从不同性质的用人单位对大学毕业生的具体要求分析来看,他们有各自不同的观点。归纳外企、民企、国企对大学毕业生的具体要求,如表5-13、5-14、5-15所示。

表5-13 外企对大学毕业生的能力要求

序号	要求	解释
1	解决问题的能力	每个人都要在生活和工作中解决一些综合性的问题。那些能够发现问题、解决问题并迅速做出有效决断的人行情将持续升温,在经营管理实践、经营管理咨询、公共管理、科学和工程等领域需求量骤增
2	专业技能	每个人都要具有一定的专业技能,否则就难以有进入专业领域的机会。尤其是在技术已经进入了人类活动所有领域的今天,工程、通讯、汽车、交通、航空航天、企业管理等领域都需要大量能够对电力、电子和机械设备进行安装、调试和修理,进行高端企业管理与HRBP类型的专业人员
3	沟通能力	所有的公司都不可避免地面临内部雇员如何相处的问题。一个公司的成功很多时候取决于全体职员能否团结协作。因此,人力资源经理、人事部门官员和管理决策部门必须尽量了解职员的需求并在允许的范围内尽量予以满足
4	培训技能	现代社会一天产生和搜集到的数据比古代社会一年的还要多。因此,能够在教育、社区服务、管理协调和商业方面培训人才的需求量逐年增加
5	科学与数学技能	科学、医学和工程领域每天都在取得伟大的进展。拥有科学和数学头脑的人才的需求量也将骤增,以应对这些领域的挑战
6	理财能力	随着人平均寿命的延长,每个人都必须仔细审核自己的投资计划以保证舒适的生活以及退休后的生活来源。投资经纪人、退休规划者、会计等职业的需求量也将继续增加
7	信息管理能力	信息是信息时代经济系统的基础,掌握信息管理能力对绝大多数行业来说都是必需的。系统分析员、信息技术员、数据库管理员以及通信工程师等掌握信息管理能力的人才短缺
8	外语交际能力	大部分外企尤其是欧美企业对英语水平都有基本的要求,如简单的日常口语对话以及阅读文件与撰写简单报告的能力;需要注意的是,外企在招聘人才时,一般不看求职者的外语四级、六级证书,而是有专门的语言测试,因为他们更重视应用

(续表)

序号	要求	解释
9	商业管理能力	在外企,生意就是生意,掌握成功运作一个公司的方法是至关重要的。这方面最核心的技能一是人员管理、系统管理、资源管理和融资的能力;二是要了解客户的需要并迅速将这些需要转化为商机

表5-14 民营企业对大学毕业生的能力要求

序号	要求	解释
1	注重团队合作,善于沟通	在民营企业中,团队工作内容出现的很多,如何发挥好团队的力量以及如何在团队中相处是相当重要的
2	积极进取,勇于承担责任	企业更需要个人拥有积极向上、不断进取的心态,不能放过任何一个能让上司赏识你的机会。如果在工作中犯了错误,不能用借口来搪塞,民营企业的上司是不喜欢的,会觉得你更加不靠谱。能够知错必改,能够勇于承担责任,吸取教训,努力下次做得更好,才会更加受到赏识
3	谦虚求知	企业和学校所学的东西会有一定的差距。相对于学校来说,企业所学的东西实践性和操作性会强很多,因此,很多大学生刚开始进入企业会感觉很难融入企业,所以大学毕业生进入企业必须保持谦虚求知的态度,不要以为手里拿着大学文凭就觉得自己高人一等
4	比较合理的个人知识结构	在你的工作中,会遇到各种各样的人。要想处理好与他人之间的关系,大学毕业生就必须要完善自己的知识结构,多掌握一些他人需要而且不会的东西,并且不断扩展自己的知识面,不能除了专业知识还是专业知识。知识面广了,自然与他人就会有交流话题。
5	吃苦耐劳	大学毕业生刚进入企业,一般都要从企业的最基层做起。最基层往往也是最辛苦的。所以,懂得"吃得苦中苦,方为人上人"道理的大学生,会更受到企业的欢迎
6	爱岗敬业,责任心强	企业和校园的环境存在差异,企业有企业的规章制度,大学毕业生不仅要了解还要掌握。企业不像学校,自由度可能会大一些。另外,在学校与同学之间的关系比较单纯,而在企业则不一样。因此,企业在招聘大学毕业生时,都会提出一个重要的条件,即要爱岗敬业,要有责任心,不能说走人就走人
7	要能学以致用,实事求是	在大学学到的知识理论性比较强。进入企业后,大学毕业生要积极发挥、应用在学校里学到的知识,结合企业实际,对企业的经营管理水平、员工绩效、内部流程等提出合理化建议

(续表)

序号	要求	解释
8	懂得感恩，回报社会	人应该具备最基本的道德理念，大学毕业生更是如此。既然选择了这份工作，那就要尽最大努力、尽量去做好。努力学习还没有学到的东西，将来成为有用之才，回报社会
9	社会实践经验非常重要	企业作为经济单位，势必会考虑成本效益、投入产出法则。企业肯定会更欢迎有一定社会经验的大学毕业生，因为他们的社会经验本身已经可以为企业节省了许多的培训成本
10	诚实诚信，具有较强的执行力	诚信是走向事业成功的通行证。没有一家民营企业敢于招收不讲信用的大学毕业生，因为他们是自负盈亏的，他们是赔不起的，这对他们来说风险太大了。因此，作为大学毕业生，进入企业之后，答应上司或同事的任务或事情，就应该执行到底，给企业留下一个好的印象，同时也为自己今后的职业生涯铺平道路

表5-15 国企对大学毕业生的能力要求

序号	要求	解释
1	诚实敬业	所有企业都愿意接收敢于承担、讲信用的大学毕业生，因为他们是追求经济效益的。大学毕业生应该具备诚实敬业的素质，做到爱岗敬业、诚实守信，这样才能得到企业的信任，同时也有利于大学生的长远发展
2	有创新精神和善于思考的能力	作为大学毕业生来说，应该具备创新思维，具有创新动力与活力,善于思考，能解决面临的问题
3	谦虚求知	大学毕业生能够主动挑战自我，充分把所学知识实践于社会，克服心高气傲的缺点。大学毕业生在实际生活与工作中都应该保持谦虚求知的态度
4	勤劳肯干、踏实	国企认为大学毕业生最缺乏实干精神，所以他们要求现在的大学生要勤劳肯干、踏实，对企业要有高的忠诚度
5	在企业里找准自己的位置	无论何时何地，都要找准自己的位置。大学毕业生应该将自己的发展与企业的发展战略保持一致，要相互依存。沿着企业战略发展方向，积极培养、提高素质与能力，才能不辱大学毕业生的称号。
6	学习成绩优秀	大多数500强企业实力雄厚，因此他们非常青睐学习成绩优异的人才，认为只有学习成绩优异的人才能与企业提供的岗位相匹配

(续表)

序号	要求	解释
7	社会实践丰富	对于一名大学毕业生来说,入职之前主要的劣势之一就是缺乏实践经验。如果一个大学毕业生有过实习经历,那他融入工作单位的速度就会非常快
8	最好是学生党员或学生干部	大多数实力雄厚的企业,一般都比较重视对后备干部的培养,他们较看重学生党员或学生干部
9	要有良好的外语功底,最好精通两门以上外语	大多数实力雄厚的企业,遵循"满足用户需求,提高创新能力,集成全球资源,崇尚人本管理"的核心价值观。因此企业为了实现目标,则要求员工,尤其是大学毕业生员工必须精通多门外语

② 大学毕业生应具备的个体素质。从我国的传统文化视角,总结大学毕业生基于就业能力的个人素质,定义为"三·四"素质,即三个层级与四个维度,如图5-18所示。

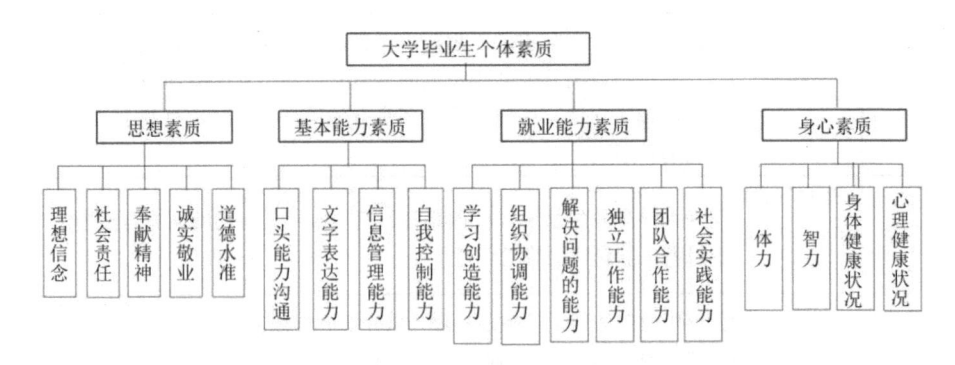

图5-18 基于大学毕业生就业能力的"三·四"素质模型

大学毕业生基于就业能力的个人素质,定义为"三·四"素质,三个层级是指:以大学毕业生个体素质为目标,即第一层级;以思想、基本能力、就业能力、身心等素质(四个维度)为第二层级;以各个分解素质指标为第三层级。四个维度是我们分析大学毕业生个体素质的基本框架。

(2)大学毕业生个人素质与就业质量。如图5-16可知,基于大学毕业生就业能力的个体素质,对包括4个维度、19项因子的模型进行分析,大学毕业生个人素质与就业质量存在必然联系。

表5-16 大学毕业生个体素质主要指标调查结果

个体素质指标	思想修养	工作态度	工作稳定性	沟通表达能力	分析解决问题能力	专业技能	学习创新能力	组织协调能力
指标比重/%	51.24	46.87	37.52	27.73	22.27	17.98	17.25	9.32

备注：大学毕业生个体素质主要指标调查结果（多选题）。

资料来源：山东省人力资源和社会保障厅关于大学毕业生个人素质的调查报告。

大学毕业生的就业能力差异可以归纳为思想态度、专业技能、沟通表达、分析协调、学习等能力要素。从中可以看出，企业、高校教师与大学毕业生均认为在能力素质模型体现出来的19项能力中，思想品德、工作态度、学习创造能力、沟通表达、分析协调、学习能力是最重要的能力要素。上述能力主要属于非专业能力素质，对大学毕业生就业质量会产生间接影响。正如美国教育家杜威所说的，个体要获得真知，就必须在活动中主动体验、尝试、改造，必须去做。另外，高校要针对大学不同年级的学生分阶段进行培养，开展职业生涯规划教育与职业方向辅导，为大学毕业生锻炼和提升人际交往能力、认知与判断能力、组织协调能力等方面能力素质提供广阔的舞台，让大学毕业生在个体的实践中去践行理论知识。

（3）评价指标备选。在大学毕业生层面，主要体现大学毕业生个体具有的基本素质、能力素质以及特征，为就业工作提供动力与支撑。通过对参考他人观点与本研究调查结果的分析，可以得出大学毕业生个体素质高低与就业质量的关系，如图5-19所示。

```
                    责任感
                    自信心
                    工作态度
                    抗压能力
大学毕业生           独立工作能力           大学毕业生
个体素质             团队协作能力           就业质量
                    学习创新能力
                    人际交往能力
```

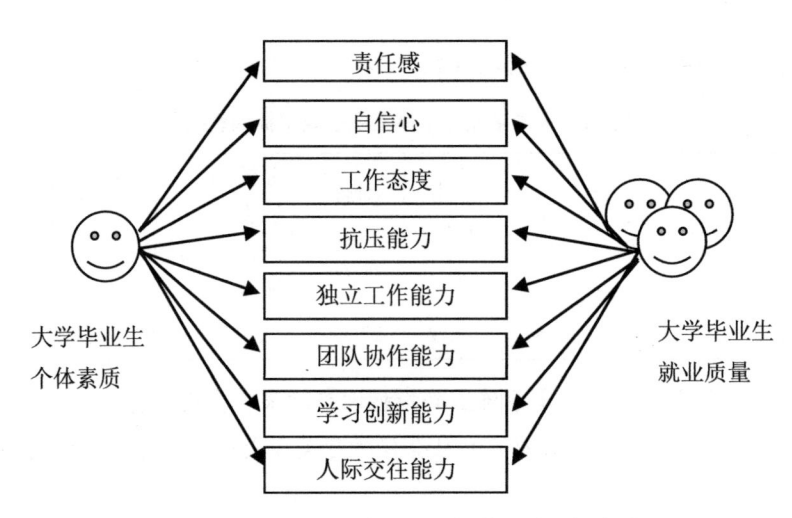

图5-19 大学毕业生个体素质与就业质量的关系

针对大学毕业生个体层面，对其影响就业质量的专业能力和综合素质两方面进行分析，结合图5-19内容提请专家审阅，进行意见征询，将备选评价指标列出候选关键要素进行列表，析出过程如表5-17所示。最后，形成高校层面的大学毕业生就业质量的备选评价指标，如表5-18所示。

表5-17 大学毕业生个体评价指标备选析出过程

候选关键成功要素（CSF）	剔除的原因	指标名称	候选关键成功要素（CSF）	剔除的原因	指标名称
个人发展		个人发展机会	自信心		
晋升机会	与个人发展同义		责任心		责任意识
工作单位层次	与研究相关性差		工作态度		
就业结构	与研究相关性差		抗压能力		抗压能力
就业满意度	与研究相关性差		独立工作能力		
人际交往能力		人际交往能力	理想信念	与研究相关性差	
认知与判断能力	与研究相关性差		社会责任	与责任意识同义	

(续表)

候选关键成功要素（CSF）	剔除的原因	指标名称	候选关键成功要素（CSF）	剔除的原因	指标名称
组织协调能力	与团队协作同义		诚实敬业	与责任意识同义	
团队协作		团队协作能力	奉献精神	与研究相关性差	
学习创新能力		学习创新能力	道德水准	与研究相关性差	

整理表5-17，得出大学毕业生备选评价指标，如表5-18所示。

表5-18 基于大学毕业生个体层面的就业质量评价指标备选

维度	一级指标	二级指标	指标解释
大学毕业生	个人发展机会	个人掌控的机会 发展的随机机会	通过个人努力能够获得的机会 能够看到，又可以抓住的机会
	人际交往能力	人际融合能力 理解表达能力 处理问题能力	妥善处理组织内外人与人之间关系的能力 对外部信息的吸收、转化及语言描述的能力 独立解决、正确处理问题的能力
	责任意识	职业责任 社会责任	对工作内容、任务等承担并履行的责任 对国家事业承担并履行的责任
	抗压能力	抗压能力	处理事务过程中抵御内、外部压力的能力
	团队协作能力	团队协作能力	对整体的信任、配合、沟通、超越、运作的能力
	学习创新能力	学习专注能力 创造能力 整合能力	学习知识与掌握学习方法的能力 创新思维、创造新事物的能力 依据某种特征或规律，将零散的要素对象组合在一起，最终形成有机整体的能力

第四节 基于EQE-SC评价指标体系确定

一、评价指标体系的层次结构

大学毕业生EQE-SC评价指标体系，采用的是平衡计分卡（BSC）思想，是通过建立包括政府、用人单位、高校与大学毕业生个人四个方面以及之间关系的综合指标体系，对大学毕业生就业质量水平进行监控的一种方法。在建立指标体系分层分析时，借助了业务价值树的分析方法，即确定各级指标来源时，必须是围绕就业质量核心目标展开的，只有经过核心目标的层层分解，才能保证所有分支目标与总目标保持一致。其实，数学定义中，关于树的层次特性被描述为根、分支和叶子三个层次，即指标体系在层次分析法中被描述成目标层、准则层和要素层三个层次。本研究在EQE-SC模型和各维度模型中，均分别对应上述的三个层次，依次构成一级（维度）指标层、二级指标层和三级指标层，其对应关系如图5-20所示。

二、评价指标体系的初步确定

（一）建立EQE-SC模型对应关系

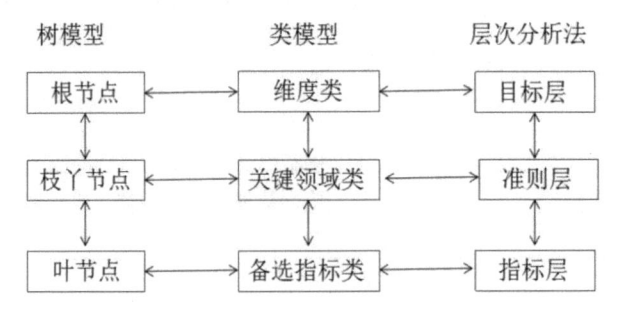

图5-20 EQE-SC模型对应关系

（二）确定大学毕业生EQE-SC评价指标体系

通过上述分析，大学毕业生EQE-SC评价指标体系基本形成，如表5-19所示。

表5-19 大学毕业生EQE-SC评价指标体系

目标	维度	一级指标	二级指标	指标解释
大学毕业生EQE-SC评价指标体系	政府	社会保障	养老保险	社会保险（五险种）按照国家法律法规规定缴纳。住房公积金，是指国家机关、企事业单位、社会团体及其在职职工缴存的长期住房储备金。住房公积金是为在城镇居住的在职职工建立的一种制度；是一种具有强制性（政策性）的福利制度。按法律法规执行
			医疗保险	
			失业保险	
			工伤保险	
			生育保险	
			住房公积金	
		工作时间	月工作时长	月工作时长：每月≤（250天÷12月＝20.83天/月）
			日工作时长	日工作时长：每日≤8小时
		就业服务	就业信息推送	就业信息平台信息＝就业政策信息＋培训信息＋岗位信息
			就业咨询	就业咨询人次数
			就业援助	就业援助人次数
		就业权益	工作安全保护	包括工作过程安全与身心安全
			签订劳动合同	劳动用工的用人双方所必须依法签订的合同环节
大学毕业生EQE-SC评价指标体系	政府	就业权益	制定工资指导线	根据劳动法律法规规定
		就业率	就业率	就业率＝大学毕业生就业人数/大学毕业生毕业人数×100%
		就业区域	中东部就业	就业所在地区、区域
			西部就业	
			偏远地区就业	
	用人单位	企（职）业年金	企业年金	对企业员工基本养老保险的补充
			职业年金	对机关事业单位员工基本养老保险的补充
		薪酬水平	工资	对员工为用人单位付出劳动给付的报酬
			福利	在员工获得劳动报酬基础上的补充
		工作稳定性	工作稳定性	工作单位变换的时间长度与次数（包括工作1年、工作3年、工作5年后换单位）
		劳动关系和谐度	劳动关系和谐度	劳动关系双方各自追求利益的最大化下,促使利益协调一致的机制与制度

(续表)

目标	维度	一级指标	二级指标	指标解释
大学毕业生EQE-SC评价指标体系	用人单位	工作环境	信息的分享程度	用人单位为劳动者提供的相关工作信息程度
			决策的参与程度	员工在工作单位参与决策的程度
			工作安全感	员工在用人单位参加劳动活动的身心安全程度
		劳动保护	劳动保护	用人单位为员工提供的劳动环节的保护措施
		劳动合同期限	劳动合同期限	劳动关系双方所签订劳动合同的时间长度与次数
		员工培训	员工培训	用人单位对员工所进行的培训
		工作时间	工作时间执行	用人单位依法履行劳动时间制度
		晋升机会	晋升机会	用人单位为其员工提供的成长、进步机会
		人职匹配度	专业对口	员工所学专业与所干工作相适应
			能力素质对口	员工工作岗位与能力、特长、兴趣等基本一致
		职业发展	职业发展通道	用人单位为其员工提供的职业梯长度与宽度
	高校	专业对口率	专业对口率	所从事的工作与所学专业的契合度
		就业率	就业率	已就业人数与需要就业人数之比
		就业服务	就业服务	高校提供的职业介绍、职业指导和相应的职业培训等手段，以帮助用人单位实现用人和毕业生实现就业。
		基本素质	道德素质	特指人在道德方面的内在基础，包括道德修养、健康的思想情操、正确的政治方向和远大的理想抱负
			科学文化素质	人们学习自然、社会科学等领域知识的能力与水平
			身心素质	是人的身体素质与心理素质的合称
		职业能力	专业技能	在学校所学专业方面掌握的技能水平
			综合素质	特指外在素质、内在素质
	大学毕业生	个人发展机会	个人掌控的机会	通过个人努力能够获得的机会
			发展的随机机会	能够看到，又可以抓住的机会

(续表)

目标	维度	一级指标	二级指标	指标解释
大学毕业生EQE-SC评价指标体系	大学毕业生	人际交往能力	人际融合能力	妥善处理组织内外人与人之间关系的能力
			理解表达能力	对外部信息的吸收、转化及语言描述的能力
			处理问题能力	独立解决、正确处理问题的能力
		责任意识	职业责任	对工作内容、任务等承担并履行的责任
			社会责任	对国家事业承担并履行的责任
		抗压能力	抗压能力	处理事务过程中抵御内、外部压力的能力
		团队协作能力	团队协作能力	对整体的信任、配合、沟通、超越、运作的能力
		学习创新能力	学习专注能力	学习知识与掌握学习方法的能力
			创造能力	创新思维、创造新事物的能力
			整合能力	依据某种特征或规律,将零散的要素对象组合在一起,最终形成有机整体的能力

表5-19中,处于最左边的是目标层,只有一个元素,是分析问题的预定目标,从总体上反映了大学毕业生就业质量状况;右边第一层为维度层(或者称为一级指标),属于主指标层,表示评价系统的评价方面;右边第二(或第三)层则为指标层,是系统的具体评价指标,包含各评价方面的具体内容,由单个指标项来体现。

至此,通过分层构建模型,初步完成了大学毕业生EQE-SC指标体系的构建。为了更加符合实际应用的需求,我们还要借助德尔菲法,通过专家检验,得出最后的EQE-SC指标体系。

三、基于德尔菲法的大学毕业生EQE-SC评价指标体系的修正

德尔菲法(Delphi Method),也叫"专家征询法"或"专家意见法",采用通信方式征询专家的意见,目的是利用有经验专家的知识和综合分析能力,依据系统的程序,采用匿名发表意见方式,专家团队成员间不发生横向交流,可与调查人员发生联系,以反复填写问卷、集结问卷填写人的共识及搜集各方意见,并使专家小组的意见趋于集中,最后得出符合研究目标的结论。这种分析方法起源于20世纪40年代的兰德公司,其解决复杂任务难题的管理技术精度

与专家的经验和判断能力关系密切，是一种在实际中得到普遍应用的分析方法。在经济管理领域中，德尔菲法的使用率及影响相当广泛，是专家分析法的典型代表。

在实施此方案的过程中，专家们是由EQE-SC指标体系构成所涉及的四个维度类型的人群中具有发言权的人员组成，其大致分为五个步骤：

第一步，选择专家（共9人），并成立一个专家小组。

第二步，将EQE-SC指标体系作为专题问题进行研究。研究内容：EQE-SC指标体系中的各个指标间的关系及其指标内容，将进行科学性、合理性、可行性研究的背景资料和问题寄给各位专家，请专家独自判断。

第三步，由每位专家单独提出意见，反馈给本研究小组成员，同时将第一轮意见归纳，总结不一致的意见，再以匿名形式反馈给各位专家。

第四步，继续重复第三步2～3轮，直到专家有机会修改他们的意见并说明理由，使其意见趋于一致。征求专家意见流程：提出问题—反馈—归纳、统计—匿名反馈—归纳、统计……若干轮后停止。

第五步，根据专家们的最终分析与研判，确定EQE-SC指标体系成功。

在运用德尔菲法确定EQE-SC指标体系时，为提高科学性、合理性、可行性的效果，本研究小组注意了以下原则：

第一，选择专家时，需要有较强的代表性与权威性。

第二，为专家们提供的审阅资料要充分、完备，背景资料及其详细说明包含所有与EQE-SC指标体系建立有关的重要信息。

第三，指标确定要符合统计学、管理学等学科要求，在指标名称、指标标准确定以及措辞上必须准确，不能引起歧义。

第四，进行专家意见整理时，将其结果进行归纳。可以按专家意见的权威性与代表性，给予专家答案以不同的权数（对较权威的专家给予较高的权重，对他们的建议给予更多的关注）。在观点趋于一致后，本研究小组根据专家意见进行EQE-SC指标体系的修正，直至修正成功。

（一）**专家的确定**

本研究通过征询专家自评的方式，对参与咨询的专家权威程度进行了调查。专家的选择标准（也可以称为专家权威程度）把握两个因素，即专家对指标的熟悉程度与作出判断的依据。我们在选择专家时，主要考虑了以下几个因素：

学历：本科及以上学历。

职称：副高级及以上职称。

职位：企业与政府机关专家的职位。

工作单位：企业、高校、政府机关等。

工作岗位：从事HRM及相关管理工作。

工作年限：十年以上。

研究领域：一直从事HRM或者企业经营管理。

依据上述要求，专家组成员构成基本信息如表5-20所示。

表5-20 EQE-SC指标体系检验专家基本情况

专家编号	工作单位	工作岗位	职称/职位	主要从事的工作内容
专家1	大学（985）	HR专业教师、大型企业顾问	教授+企业顾问	高校任课+企业顾问
专家2	普通本科学校	HR专业教师	教授	主要教授HRM+绩效管理
专家3	政府机关	人社局	科长	大学毕业生就业管理
专家4	政府机关	组织人事部门	副部长	组织人事管理
专家5	特大型央企	人力资源部	副部长	主管HRM的具体业务
专家6	特大型省企	人力资源部	科长	薪酬+绩效管理
专家7	大型民企	副总经理	副总经理	主抓企业经营管理
专家8	中小企业	董事长	董事长	企业综合管理
专家9	中小企业	人力资源部	部长	薪酬+社保

专家的平均年龄为48岁，40岁以上占比为82%。学历以本科及以上为主，占比为87%。

（二）专家意见集成过程与打分结果

专家意见集成的目的是要寻求形成一致性意见的方法，以便找到群体的最优解或满意解。一致性方法不仅是达成意见一致，而且还需使意见集成结果具有一定的科学性与可行性。由于专家成员的客观条件的差异性（包括阅历、工作背景、工作岗位、工作经历等），本研究采用以下方法处理了专家意见的集成：第一，在专家意见形成过程中，以专家一次性给出的原始意见为基础，构建专家意见可靠度计量分析方法。第二，综合考虑一致性和协调性因素，建立专家意见集成的优化搜索模型，利用计算机的信息处理能力解决专家主观判断的偏差以及专家知识和能力的限制等不同因素的影响，让专家给出的判断值带有一定程度的可调性。也就是说，在专家意见集成过程中，为满足整体意见力求解，获得既满足一致性要求和协调性水平，并具有可信度指标的结论。第三，专家给出的评价值代表了专家认为的最可能的值，也可能是最优解。第四，由于客观问题的复杂性、收敛性的要求而进行适当调整，提前设定专家意见所能够允许的最大调整距离并做出严格限制，限制范围由专家集体设定。

  本修正过程共经历了两个阶段，即通过二轮咨询，意见基本达成一致，最后研究确认EQE-SC指标体系完成。第一个阶段主要是征询各位专家对EQE-SC指标体系的认可度与对各个指标的重要性作出判断；第二个阶段主要是征询各位专家最后对EQE-SC指标体系的确定意见。

  第一阶段征询：首先，专家们基本认可了该指标体系的框架结构；然后，对指标体系中的各个指标的重要性进行打分。专家对各级指标的"重要性"采用了李克特量表（Likert scale）5级评分法，从"非常重要"到"非常不重要"分别赋值5～1分，得分越高说明越重要。专家打分结果如表5-21所示。通过专家打分，我们决定将低于均值3的指标舍掉。

表5-21 EQE-SC指标体系专家意见及其打分结果

目标	维度	一级指标	专家打分总计	均值	备注
大学毕业生EQE-SC评价指标体系	政府	社会保障	41	4.56	
		就业率	26	2.89	专家认可度较低，略掉
		工作单位规模	39	4.33	根据专家意见，加入该指标
		就业服务	38	4.22	
		就业区域	39	4.33	根据专家意见，并入用人单位
	用人单位	薪酬水平	45	5.00	
		工作稳定性	43	4.78	
		劳动关系和谐度	38	4.22	
		工作环境	40	4.44	
		劳动保护	14	1.56	专家认可度较低，略掉

(续表)

目标	维度	一级指标	专家打分总计	均值	备注
大学毕业生EQE-SC评价指标体系	用人单位	劳动合同期限	15	1.67	专家认可度较低，略掉
		员工培训	33	3.67	
		工作时间	35	3.89	
		晋升机会	32	3.56	
		人职匹配度	30	3.33	
		职业发展	25	2.78	专家认可度较低，略掉
		用人单位满意度	37	4.11	根据专家意见，加入该指标
	高校	专业对口率	42	4.67	
		就业率	39	4.33	
	大学毕业生	个人发展机会	34	3.78	
		学习创新能力	32	3.56	
		工作满意度	43	4.78	根据专家意见，加入该指标
		大学生就业能力	36	4.00	根据专家意见，加入该指标

第二阶段征询：专家打分结束后，对总体指标体系进行再修正。通过打分结果，就业率、劳动保护、劳动合同期限、职业发展四项指标均值低于3，略去。

（三）大学毕业生EQE-SC指标体系重建

通过应用德尔菲分析法，集成专家意见，对大学毕业生EQE-SC评价指标体系的反复修正，得出重建的大学毕业生EQE-SC指标体系，如表5-22所示。

表5-22 修正后重建的大学毕业生EQE-SC指标体系

目标	维度	一级指标	专家打分总计	均值	备注
大学毕业生EQE-SC评价指标体系	政府	社会保障	41	4.56	
		就业服务	38	4.22	
	用人单位	工作单位规模	39	4.33	
		就业区域	39	4.33	
		薪酬水平	45	5.00	
		工作稳定性	43	4.78	
		劳动关系和谐度	38	4.22	
		工作环境	40	4.44	
		员工培训	33	3.67	

(续表)

目标	维度	一级指标	专家打分总计	均值	备注
		工作时间	35	3.89	
		晋升机会	32	3.56	
		人职匹配度	30	3.33	
		用人单位满意度	37	4.11	
	高校	专业对口率	42	4.67	
		就业率	39	4.33	
	大学毕业生	个人发展机会	34	3.78	
		学习创新能力	32	3.56	
		就业满意度	43	4.78	
		大学生就业能力	36	4.00	

（四）大学毕业生EQE-SC指标体系

经讨调查资料—统计汇总—确定分析路径—构建指标体系模型—确定指标体系等多轮的分析修正，总结提炼出大学毕业生就业质量评价指标体系（EQE-SC），如表5-23所示。

表5-23 大学毕业生 EQE-SC指标体系

目标	维度	一级指标	二级指标	指标解释
大学毕业生EQE-SC评价指标体系	政府	社会保障	社会保险	社会保险（五险种）按照国家法律法规规定缴纳
			企（职）业年金	员工基本养老保险的补充
			住房公积金	国家机关、企事业单位、社会团体及其在职员工缴存的长期住房储备金，按法律法规执行
		就业服务	就业信息推送	主要指政府对大学生就业提供的服务与承担的责任。具体包括就业政策信息+培训信息+岗位信息，就业咨询+就业援助的人次数
			就业咨询	
			就业援助	
	用人单位	工作单位规模	大型企业	包括特大型央企、省属国企等
			中型企业	包括国企、民企等
			小型企业	包括小型及小微企业
		就业区域	中东部就业	就业所在地区、区域是依据国家四大经济区域的划分，参考大学毕业生就业去向中地域选择而确定的
			西部就业	
			偏远地区就业	

(续表)

目标	维度	一级指标	二级指标	指标解释
大学毕业生EQE-SC评价指标体系	用人单位	薪酬水平	工资	对员工为用人单位付出劳动给付的报酬
			福利	在员工获得劳动报酬基础上的补充
		工作稳定性	工作稳定性	工作单位变换的时间长度与次数（包括工作1年、工作3年、工作5年后换单位）
		劳动关系和谐度	劳动关系和谐度	劳动关系双方各自追求利益的最大化下，促使利益协调一致的机制与制度
		工作环境	信息的分享程度	用人单位为劳动者提供的相关工作信息程度
			决策的参与程度	员工在工作单位参与决策的程度
			工作安全感	员工在用人单位参加劳动活动的身心安全程度
		员工培训	员工培训	用人单位对员工所进行的培训
		工作时间	工作时间执行	用人单位依法履行劳动时间制度
		晋升机会	晋升机会	用人单位为其员工提供的成长、进步机会
		人职匹配度	专业对口率	员工所学专业与所干工作相适应
			能力素质对口率	员工工作岗位与能力、特长、兴趣等基本一致
		用人单位满意度	用人单位满意度	员工对用人单位的要求完成程度
	高校	专业对口率	专业对口率	所从事的工作与所学专业的契合度
		就业率	就业率	已就业人数与需要就业人数之比
	大学毕业生	个人发展机会	个人掌控的机会	通过个人努力能够获得的机会
			发展的随机机会	能够看到机会，又可以抓住的机会
		学习创新能力	学习创新能力	指创新思维、创造新事物的能力
		就业满意度	就业满意度	指大学毕业生对自己工作的满意程度
		大学生就业能力	大学生就业能力	就业能力是衡量个人获得职业或工作机会的指标。个体在劳动力市场成功地获得工作、保持工作以及转换工作时所具有的知识、技能、个性特征及各种条件的集合

本章依据构建原则，采用了相应的科学方法，将大学毕业生就业质量评价指标完成。大学毕业生EQE-SC指标体系包含四个维度，有政府、用人单位、高校和大学毕业生个体。这四个维度从不同方面对大学毕业生的就业质量产生着不同程度的影响。四个维度又可以分解成19个一级指标和32个二级指标。

第六章 大学毕业生EQE-SC指标权重的确定

大学毕业生就业质量评价指标体系中,每个评价指标的重要性以及地位、作用也不尽相同。关于每个指标权重的确定则需要慎重思考。依据评价指标的重要性程度,尽可能采用科学、客观的方法进行设置。评价指标及其权重的确定,将影响评价目的以及未来工作的导向。

第一节 评价指标及其权重赋值的关联度

评价指标的权重,是指标在评价体系中的重要性程度或该指标的得分在总分中所占的比重。评价指标权重分配关系看似无足轻重,有些人认为指标定下来,权重就凭主观经验确定即可,但事实绝非如此。评价指标权重的确定,应当根据各评价指标对评价对象反映的不同程度,以及评价主客体、评价目的等方面的差异进行恰当的分配。它是评价体系的指挥棒,哪些指标的权重突出,哪些指标就是突出评价的重点,能够引导评价主体的价值观和行为。

一、评价指标与指标权重的关系

评价指标与指标权重的关系是不可分割且密切相关的。本研究认为,评价指标和指标权重就像是互补商品,只有两者同时结合应用才能满足发展需求。就像针和线的关系,二者关系具体表现如下:

（一）评价指标与指标权重指标一致

评价指标往往是评价主体通过总体的目的要求，明确任务后设立的。评价指标的存在意义在于给予评价主体开展各项工作时的方向引导，利于评价主体战略指标更好地实现。

同样，指标权重的确定也是根据总体的战略规划与战略指标所制定的。两者都是服务于总体的战略指标，相互关联以促进总体工作的开展。

（二）评价指标与指标权重作用结果方向一致

科学合理的评价指标与指标权重的有机结合，会产生良好的绩效效果，使评价结果相对客观公正。评价指标给评价者一个明确的工作方向。科学的指标权重可以激发工作热情，从而提高工作效率。

（三）评价指标与指标权重的功能互补

显而易见，如果两种物品在功能上互补就能收获叠加的效果。评价指标与指标权重作为绩效考核中两大功能相关的内容，如果能将两者的功能科学结合，将会产生明显的绩效与推动效果。就像是喜爱吃火锅的人，常常苦恼吃完火锅后容易上火导致身体不舒服，而王老吉的产生就是打着去除火气的功能，打消了一部分怕上火而不敢吃火锅的人的顾虑，实现了各自销量的迅速增长。

（四）评价指标与指标权重的时效互补

一般来说，每个事物总体都设置有短期和长期指标。而指标的实现，需要借助考核与评价指标的合理订制与实施，以及指标权重的合理设置。如果用上一个考核期的权重配比本期的考核指标，前提条件有两个，一是任何环境条件都未发生变化；二是指标内容未发生变化。若上述条件稍有变化，就需进行相关调整。

二、评价指标与指标权重赋值的关联度

关联度是指两个事物或事件之间的亲密程度。评价指标与指标权重的关联度，也可以称为两者之间的密切与相关程度，也可以说是评价指标内容与为其设置的权重两者之间存在的必然联系。

在绩效评价进程中，评价指标与指标权重的分配应遵循两者间的客观实在性。

权重分配值的大小将影响到该指标在绩效评价中所占的地位，甚至影响到评价结果的合理性。鉴于此，在权重赋值时，需要格外关注其科学合理，符合实际。

第二节　指标权重的确定原则

一、SMART原则

（一）明确性（Specific）

即用具体的语言清楚地说明要达成的行为标准。明确的指标是所有成功团队的一致特点。很多团队不成功的重要原因之一就是指标定得模棱两可，或没有将指标有效地传达给相关成员。

（二）衡量性（Measurable）

衡量性是指指标应该是明确的，而不是模糊的。应该有一个明确的指标，作为判断是否达成指标的依据。SMART原则中如果制定的指标没有办法衡量，就无法判断这个指标是否实现。

（三）可实现性（Attainable）

指标是要能够被人所接受的，指标设置要坚持多元参与、360度沟通，使拟定的工作指标在组织与个人之间达成一致。既要使工作内容饱满，又要具有可完成性。可以制定出跳起来"摘桃子"的指标，不能制定出跳起来"摘星星"的指标。

（四）相关性（Relevant）

指标的相关性是指实现此指标与其他指标的关联情况。如果实现了这个指标，但与其他的指标完全不相关，或者相关度很低，那这个指标即使被达到了，意义也不是很大。

（五）时限性（Time-bound）

指标特性的时限性就是指指标是有时间限制的。例如，某部门要在2015年12月31日之前达到某个销售指标，那么，2015年12月31日就是一个确定的时间限制。如果没有时间限制，指标会无法考核评价，或使得考核评价不够公平。

SMART原则对于指标完成来说，必须具备上述五个典型特征。而对于保证指标完成的具体支撑内容——指标来说，是需要分解指标（可以分解成数量型与质量型），形成新的分支指标来完成的。通过对指标的考核与评价，最后实现指标。指标不仅需要遵循SMART原则，还需要遵循相关的其他原则。

二、其他原则

第一，系统优化原则。在评价指标体系中，应当具备系统整体最优的意识。在整个系统中，每个分指标都对它有独特的作用和意义，在总系统中扮演着重要的角色。因而，在明确评价指标权重时，我们不能单单只考虑某个指标，而是应当明确各个指标间的密切联系。了解各个评价指标之间的关系，合理分配每个评价指标的权重，把整个系统达到最优状态作为出发点和终极目的。

第二，民主集中制原则。权重赋值的大小，往往代表了该项指标在整个指标体系中所处的地位或重要程度，也是对评价指标进行定性化的判断，在赋值的过程中容易受到个人主观情绪的影响。由于受指标的设计者自身价值观、工作能力、职业素质等影响，对同一件事物所持有的观点是不同的，这往往需要集中相关人员提出的意见，大家互相补充，形成一致的方案。

第三，评价者的主观意图与客观现实相结合的原则。考核指标权重不仅反映了指标设计者的主观愿景，还将影响整体事物未来的发展方向。因而在制定指标权重比例时，必须考虑实际状况，把主观愿景和实际情况结合起来。

第三节 指标权重的确定

指标权重的确定，方法有多种，常规采用主观赋值法。基于对社会经济现象的分析研究，建立的评价指标体系大多包含众多指标，指标体系错综复杂；设计者即使对评价客体较为熟悉和了解，也难免顾此失彼，在对各指标重要程度的评判上缺乏逻辑性和一致性。本研究的对象目标是对大学毕业生就业质量高低的评价，但必须以权重为基础。如何确定指标权重，采用何种方法，一直困扰着学术界与研究者。学术界应用较多的权重确定方法仍然是层次分析法（AHP）。层次分析法是主观赋值法中一种较为科学的方法，它在主管赋权方面有其独特的作用，它能把各种错综复杂的影响因素按照相互作用和隶属关系划分成有序的层次结构，根据对客观现实的主观判断，通过两两比较建立判断矩阵，进行数学计算及检验，即可获得不同层次指标的相对重要性权数。

在大学毕业生EQE-SC评价指标分解完成后，就需要进行各指标权重的确定。根据研究对象的自身特点，决定应用层次分析法（AHP）进行各个评价因素指标权重的确定。按照层次分析法要求，将指标层用"O"表示，准则层分别用A1、A2、A3、A4表示，方案层分别用B11—B12、B21—B2y、B31—B32、B41—B44等表示。根据最终从政府、学校、用人单位和毕业生个体四个维度考虑选取的19个一级评价指标，结合量化的评价方法，实现得出其权重的目的。关于各个一级指标的权重，我们也会根据前述方法，计算得出其权重，但是会省略计算步骤，直接写出计算结果。

本研究使用层次分析法确定权重，具体实施过程如下。

一、建立评价要素指标的递阶层次结构模型

在前述的研究中，已经确定了大学毕业生就业质量评价的指标体系，为评价要素的递阶层次结构模型的建造提供了分析基础。我们通过分别构建维度指标、一级指标等递阶层次结构模型，取得各维度与各一级指标在总分析中所应该占到的比重。为了分析简洁方便，更加清晰地看出各个维度分解出的一级指标的递阶层次结构模型，我们先对维度、一级指标进行独立设计。

图6-1至6-5，是构建的各维度与一级指标评价要素的递阶层次结构模型。

第六章　大学毕业生 EQE-SC 指标权重的确定

图6-1　就业质量四个维度的层次结构模型

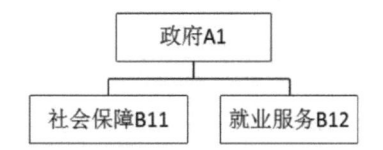

图6-2　就业质量一级指标"政府"的层次结构模型

图6-3　就业质量一级指标"用人单位"的层次结构模型

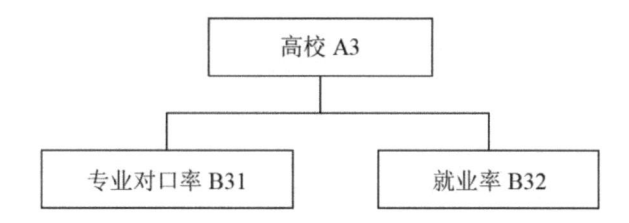

图6-4　就业质量一级指标"高校"的层次结构模型

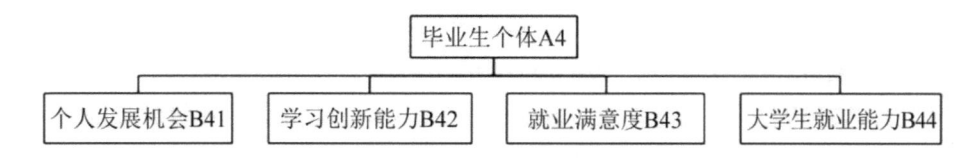

图6-5　就业质量一级指标"毕业生个体"的层次结构模型

二、评价要素指标权重的计算步骤

本研究使用层次分析法计算各评价因素指标的权重。为了使各个指标的权重更加科学与贴近现实，通过专家的两两比较结果，应用一致性矩阵法，构造判断矩阵。比较过程中采用相对尺度与两两比较方法，目的是尽可能减少不同性质因素之间相互比较的困难与主观性过强的影响，进一步提高准确性。

第一步，建立重要程度量化等级表，确定各因素的相对重要性并量化。根据Santy等人的层次分析法1~9标度原则的观点，建立标度评判标准，如表6-1所示。

表6-1 判断矩阵标度评判准则

标度a_{ij}	定义
1	i因素与j因素同样重要
3	i因素比j因素略重要
5	i因素比j因素较重要
7	i因素比j因素重要的多
9	i因素比j因素重要很多
2、4、6、8	上述两相邻判断的中间值
倒数 $1/a_{ij}$	因素i与j比较的判断a_{ij}，则因素j与i比较的判断$a_{ji}=1/a_{ij}$，也就是两个元素的反比较

比较第i个元素与第j个元素相对上一层某个因素的重要性时，使用数量化的相对权重a_{ij}来描述。设共有n个元素参与比较，则$A=(a_{ij})_{n\times n}$称为成对比较矩阵。

第二步，构造相应的两两比较判断矩阵。

计算指标权重时需构造判断矩阵。一般情况下，设某层有n个因素，该层指标为$A=(a_1, a_2, \cdots, a_{n-1}, a_n)$，比较某个因素对上一层（某一准则或指标）的影响程度，确定其在该层中所占的比重。

本步骤所做的比较是采用两两比较法（依据专家经验），比较时应用1~9尺度。用a_{ij}表示第i个因素相对于第j个因素的比较结果，有下述描述：$a_{ij}=1/a_{ji}$，则：

$$\text{成对比较矩阵 } A = \begin{bmatrix} a_{11} & a_{12} & \cdots & a_{1n} \\ a_{21} & a_{22} & \cdots & a_{2n} \\ \vdots & \vdots & & \vdots \\ a_{n1} & a_{n2} & \cdots & a_{nn} \end{bmatrix}$$

成对比较矩阵需要满足三个条件，即$a_{ij}>0$、$a_{ij}=\dfrac{1}{a_{ij}}$与$a_{ij}=1$（当$i=j$时）。

若判断矩阵A的所有元素满足$a_{ij} \cdot a_{jk} = a_{ik}$，则称$A$矩阵为一致性矩阵。

第三步，计算重要性排序。

根据所建立的判断矩阵，求解其最大特征根$\lambda_{\max}$所对应的特征向量w。计算时所应用公式如下：

$$Aw = \lambda_{\max} w$$

应用该式所求解的特征根向量w经归一化后，即为各评价因素的重要性排序，也就是我们所需要的权重分配。

第四步，进行一致性检验。

一致性检验的目的是确定对以上得到的权重分配是否合理，需要对判断矩阵进行一致性检验。一致性检验所应用的公式如下：

$$CR = CI/RI \tag{1}$$

$$CI = \dfrac{\lambda_{\max} - n}{n - 1} \tag{2}$$

（1）式说明：CR为判断矩阵的随机一致性比率，CI为判断矩阵的一般一致性指标，RI为判断矩阵的平均随机一致性指标，它只与矩阵阶数有关。一般情况下，1~9阶的判断矩阵的RI值，可参考Saaty等人的结果，如表6-2所示。

表6-2 随机一致性指标CI

n	1	2	3	4	5	6	7	8	9	10	11
RI	0	0	0.58	0.90	1.12	1.24	1.32	1.14	1.45	1.49	1.51

另外，当$CR<0.1$时，判断矩阵的一致性是可以接受的；当$CR \geq 0.1$时，应对判断矩阵做适当修正；当$CR=0$时，呈高度一致。

三、评价要素指标权重的计算实施

（一）构造就业质量评价指标判断矩阵

为了构造判断矩阵，本研究者继续邀请前述的9位专家，为确定评价要素指标的权重，对其进行了咨询，根据专家与作者的经验，构造了如下两两比较矩阵。

1.就业质量评价维度指标层次结构矩阵

就业质量评价4个维度指标包括政府、用人单位、高校、毕业生个体等。依据各个评价因素对就业质量的影响程度大小进行分析，构造一个两两比较的四阶矩阵，如表6-3所示。

表6-3 O到A的判断矩阵

就业质量O	政府A_1	用人单位A_2	高校A_3	个人A_4
政府A_1	1	1/3	1/2	1/3
用人单位A_2	3	1	2	1
高校A_3	2	1/2	1	1/3
个人A_4	3	1	3	1

2.就业质量评价一级指标层次结构矩阵

就业质量评价有4个维度，共分解成19个一级指标。为了分析其在总体中所占比重应是多少，分别构造4个两两比较判断矩阵，如表6-4、6-5、6-6、6-7所示。

表6-4 A_1到B_1的判断矩阵

政府A_1	社会保障B_{11}	就业服务B_{12}
社会保障B_{11}	1	3.5
就业服务B_{12}	1/3.5	1

表6-5 A_2到B_2的判断矩阵

用人单位A_2	薪酬水平B_{21}	工作稳定性B_{22}	劳动关系和谐度B_{23}	工作环境B_{24}	员工培训B_{25}	工作时间B_{26}	晋升机会B_{27}	人职匹配度B_{28}	用人单位满意度B_{29}	工作单位规模B_{2x}	就业区域B_{2y}
薪酬水平B_{21}	1	3	5	7	2	9	1	4	8	4	5
工作稳定性B_{22}	1/3	1	3	4	1	5	1/2	1	4.5	1.5	2
劳动关系和谐度B_{23}	1/5	1/3	1	1	1/3.5	2	1/4	1/2	1.5	1/1.5	1

（续表）

用人单位A_2	薪酬水平B_{21}	工作稳定性B_{22}	劳动关系和谐度B_{23}	工作环境B_{24}	员工培训B_{25}	工作时间B_{26}	晋升机会B_{27}	人职匹配度B_{28}	用人单位满意度B_{29}	工作单位规模B_{2x}	就业区域B_{2y}
工作环境B_{24}	1/7	1/4	1	1	1/4	1.5	1/6	1/3	1	1/2	1/1.5
员工培训B_{25}	1/2	1	3.5	4	1	5	1	1.5	4.5	2	2.5
工作时间B_{26}	1/9	1/5	1/2	1/1.5	1/5	1	1/8	1/5	1	1/3	1/2.5
晋升机会B_{27}	1	2	4	6	1	8	1	2	7	3	3
人职匹配度B_{28}	1/4	1	1/1.5	3	1/1.5	5	1/2	1	1/3	1	1
用人单位满意度B_{29}	1/8	1/4.5	1/1.5	1	1/4.5	1	1/7	3	1	1/3	1/2
工作单位规模B_{2x}	1/4	1/1.5	1.5	2	1/2	3	1/3	1	3	1	1
就业区域B_{2y}	1/5	1/2	1	1.5	1/2.5	2.5	1/2	1	2	1	1

表6-6 A_3到B_3的判断矩阵

高校A_3	专业对口率B_{31}	就业率B_{32}
专业对口率B_{31}	1	1/3
就业率B_{32}	3	1

表6-7 A_4到B_4的判断矩阵

毕业生个体A_4	个人发展机会B_{41}	学习创新能力B_{42}	就业满意度B_{43}	就业能力B_{44}
个人发展机会B_{41}	1	2	3	4
学习创新能力B_{42}	1/2	1	2	3
就业满意度B_{43}	1/3	1/2	1	2
就业能力B_{44}	1/4	1/3	1/2	1

(二) 计算各判断矩阵的特征向量与指标权重

分别计算各判断矩阵的特征向量后,就可以计算出各评价指标的权重。关于计算判断矩阵的权重有两种方法:一是规范列平均法,也称为和法;二是几何平均法,也称为根法。本研究拟使用第一种方法,即和法。

用和法计算判断矩阵的权重,基本步骤如下:

第一步,将判断矩阵的每一列元素做归一化处理。关于列元素做归一化处理,就是将判断矩阵中的每列元素进行归一化,即用每个元素除以它所在列元素之和。依据公式:

$$H_{ij} = \frac{A_{ij}}{\sum A_{ij}} \tag{3}$$

其中 $\sum A_{ij}$ 的值为各列的和。

第二步,判断矩阵经过列归一化后形成新的矩阵,再按行相加,分别求和。

第三步,对特征向量进行归一化处理,将相加后的特征向量除以该行元素个数,即计算出评价指标权重。依据公式:

$$W_i = \frac{H_j}{\sum H_j} \tag{4}$$

1. 对维度评价因素指标计算权重

依据判断矩阵 **A**,建立新的矩阵 **H**,并进行归一化处理,求出特征向量。

首先,计算出表6-3的各列(从左至右)的和,分别为9,2.833,6.5,2.666。

其次,用各列元素分别除以各列的和,即得到一个新的矩阵,可暂命名为 **O** 到 **A** 判断矩阵的 **H** 矩阵,如表6-8所示。然后,依据公式(3),将每一列经归一化后的判断矩阵再按行相加,分别求和,得和数即特征向量。

表6-8 *H* 矩阵

H	H_1	H_2	H_3	H_4	Σ(特征向量)
H_1	0.111	0.117	0.077	0.125	0.430
H_2	0.333	0.353	0.308	0.375	1.369
H_3	0.222	0.177	0.154	0.125	0.678

（续表）

H	H_1	H_2	H_3	H_4	Σ（特征向量）
H_4	0.334	0.353	0.461	0.375	1.523
Σ	1.000	1.000	1.000	1.000	4.000

可以看出，H阵每列的各元素分别除以各列的和数都等于1。说明：因为计算过程中有计算误差存在，故根据需要进行收尾与去尾法处理。

最后，对特征向量进行归一化处理，得出各评价要素指标的权重。计算各评价要素指标的权重，需要将表6-8中所求特征向量分别除以该矩阵的阶数，得到表6-9中的值，即为权重。

表6-9 H矩阵的特征向量进行归一化并求权重

H	H_1	H_2	H_3	H_4	Σ（特征向量）	W	W（%）
H_1	0.111	0.117	0.077	0.125	0.43	0.1077	10.77
H_2	0.333	0.353	0.308	0.375	1.369	0.3422	34.22
H_3	0.222	0.177	0.154	0.125	0.678	0.1694	16.94
H_4	0.334	0.353	0.461	0.375	1.523	0.3807	38.07
Σ	1.000	1.000	1.000	1.000	4.000	1.0000	100.000

2.对各一级指标判断矩阵分别进行归一化处理，求出特征向量，测算权重

通过对表6-3 O到A的判断矩阵的各评价因素指标权重的计算思路，可以继续对各一级指标进行相应计算。为了简化计算过程，将其计算过程分别写入一张表内。

首先，对表6-4 A_1到B_1的判断矩阵进行权重测算，即对维度"政府"方面影响就业质量的一级指标因素指标——社会保障、就业服务等所占权重进行测算。

从表6-4 A_1到B_1的判断矩阵得到H_1矩阵，并对其进行归一化处理，如表6-10所示，W_1（%）一栏即为所测权重。

表6-10 H_1矩阵求权重

H_1	H_{11}	H_{12}	Σ（特征向量）	W_1	W_1（%）
H_{11}	0.778	0.778	1.556	0.778	77.78
H_{12}	0.222	0.222	0.444	0.222	22.22
Σ	1.000	1.000	2.000	1.000	100.00

其次，对表6-5 A_2到B_2的判断矩阵进行权重测算，即对维度"用人单位"方面影响就业质量的一级因素指标——薪酬水平、工作稳定性、劳动关系和谐度、工作环境等9个指标所占权重进行测算。

从表6-5 A_2到B_2的判断矩阵得到H_2矩阵，并对其进行归一化处理，如表6-11所示，W_2（%）一栏即为所测权重。

表6-11　H_2矩阵求权重

H_2	H_{21}	H_{22}	H_{23}	H_{24}	H_{25}	H_{26}	H_{27}	H_{28}	H_{29}	H_{2x}	H_{2y}	Σ（特征向量）	W_2	W_2（%）
H_{21}	0.243	0.295	0.229	0.225	0.266	0.209	0.181	0.258	0.236	0.261	0.277	2.680	0.244	24.36
H_{22}	0.081	0.098	0.137	0.128	0.133	0.116	0.091	0.064	0.133	0.098	0.111	1.191	0.108	10.83
H_{23}	0.049	0.033	0.046	0.032	0.038	0.047	0.045	0.032	0.044	0.043	0.055	0.464	0.042	4.22
H_{24}	0.035	0.025	0.046	0.032	0.033	0.035	0.030	0.021	0.030	0.033	0.037	0.356	0.032	3.24
H_{25}	0.122	0.098	0.160	0.128	0.133	0.116	0.181	0.097	0.133	0.130	0.138	1.437	0.131	13.07
H_{26}	0.027	0.020	0.023	0.021	0.027	0.023	0.023	0.013	0.030	0.022	0.022	0.250	0.023	2.27
H_{27}	0.243	0.197	0.183	0.193	0.133	0.186	0.181	0.129	0.207	0.196	0.166	2.013	0.183	18.30
H_{28}	0.061	0.098	0.031	0.096	0.089	0.116	0.091	0.064	0.010	0.065	0.055	0.776	0.071	7.06
H_{29}	0.030	0.022	0.031	0.032	0.023	0.026	0.193	0.020	0.022	0.028	0.466	0.042	4.23	
H_{3x}	0.061	0.066	0.069	0.064	0.066	0.070	0.060	0.064	0.089	0.065	0.055	0.729	0.066	6.63
H_{3y}	0.049	0.049	0.046	0.048	0.053	0.058	0.091	0.064	0.059	0.065	0.055	0.638	0.058	5.80
Σ	1.000	1.000	1.000	1.000	1.000	1.000	1.000	1.000	1.000	1.000	11.000	1.000	100.00	

再次，对表6-6 A_3到B_3的判断矩阵进行权重测算，即对维度"高校"方面影响就业质量评价一级指标——专业对口率、就业率等指标所占权重进行测算。

从表6-6 A_3到B_3的判断矩阵得到H_3矩阵，并其进行归一化处理，如表6-12所示，W_3（%）一栏即为所测权重。

表6-12　H_3矩阵求权重

H_3	H_{31}	H_{32}	Σ（特征向量）	W_3	W_3（%）
H_{31}	0.2500	0.2500	0.5000	0.2500	25
H_{32}	0.7500	0.7500	1.5000	0.7500	75
Σ	1.000	1.000	2.000	1.000	100

最后，对表6-7 A_4到B_4的判断矩阵进行权重测算，即对维度"毕业生个体"方面影响就业质量评价一级指标——个人发展机会、学习创新能力、就业满意度、大学毕业生就业能力等指标所占权重进行测算。

从表6-7 A_4到B_4的判断矩阵得到H_4矩阵，并对其进行归一化处理，如表6-13所示，W_4（%）一栏即为所测权重。

表6-13 H_4矩阵求权重

H_4	H_{41}	H_{42}	H_{43}	H_{44}	Σ（特征向量）	W_4	W_4（%）
H_{41}	0.4800	0.5217	0.4615	0.4000	1.8633	0.4658	46.58
H_{42}	0.2400	0.2609	0.3077	0.3000	1.1086	0.2771	27.71
H_{43}	0.1600	0.1304	0.1538	0.2000	0.6443	0.1611	16.11
H_{44}	0.1200	0.0869	0.0769	0.1000	0.3839	0.0960	9.60
Σ	1.0000	1.0000	1.0000	1.000	4.0001	1.0000	100.00

应该指出，上述计算所得权重是否有效，需要对其进行一致性检验。

（三）对各判断矩阵进行一致性检验

利用一致性指标与一致性比率对各判断矩阵进行一致性检验时，满足$a_{ij} \cdot a_{jk}=a_{ik}$该条件，说明该矩阵是完全一致的。实际上，在构造成对比较矩阵时，真正的完全一致阵是不存在的。因此，退而要求构造成对比较矩阵有一定的一致性即可。但是，从人类认识规律看，一个正确的判断矩阵重要性排序是遵循一定逻辑规律的。例如，如果A比B重要，B又比C重要，那么从逻辑的角度看，A应该比C明显重要。若在比较过程中，结果不是如此，那就说明该判断矩阵在逻辑上不合理，违反了一致性准则。只有通过一致性检验，才能说明该矩阵在逻辑上是合理的，才能继续对结果进行分析推断。因此，一致性检验是验证判断矩阵的科学性与客观性非常必要的一个环节。

一般情况下，一致性检验需经历三个步骤：

第一步，计算判断矩阵的最大特征根。最大特征根，一般用λ_{max}表示，其计算公式为：

$$\lambda_{max} = \frac{\sum(AW)_i}{nW_i} \tag{5}$$

（5）式中，**AW**是判断矩阵**A**与**W**的乘积。

第二步，计算判断矩阵的一致性指标。一致性指标一般用**CI**表示，其计算公式为：

$$CI = \frac{\lambda_{\max} - n}{n-1}(b) \tag{6}$$

（6）式中，n表示矩阵的阶数。

第三步，计算随机一致性比率。随机一致性比率一般用**CR**表示，其计算公式为：

$$CR = \frac{CL}{RI} \tag{7}$$

（7）式中，**RI**表示平均随机一致性指标，它是一个常量，是Saaty等人的研究结果。我们在计算时，可以直接根据矩阵阶数查表即可使用。使用该常量时的标准：如果**RI**＜0.1，说明所检验矩阵保持显著水平，**A**矩阵的不一致程度在允许的范围内，故该对比矩阵保持一致性；如果**RI**＞0.1，说明所检验矩阵未保持显著水平，未保持一致性，需要对

$$\lambda_{\max} = \frac{\sum(AW)_i}{nW_i}$$

比较矩阵进行调整或者重新构造承兑比较矩阵，使其达成一致。

1.对四个维度的判断矩阵进行一致性检验

$$CI = \frac{\lambda_{\max} - n}{n-1}$$

AW是判断矩阵**A**与**W**的乘积，其计算可以利用Excel中的MMULT（）公式进行，也可以直接在Excel中进行运算。本研究为了更清晰地展示过程结果，主要利用Excel及其运算公式得出计算结果：

$$CR = \frac{CL}{RI}$$

已知，W=0.108，0.342，0.169，0.381

所以，（1）计算**AW**。

（2）计算维度因素指标判断矩阵**A**的最大特征根λ。

（3）计算维度因素指标判断矩阵A的随机一致性指标CI。

（4）计算维度因素指标判断矩阵A的随机一致性比率CR。

已知，$RI(4) = 0.90$

$CR < 0.10$

所以，$CR < 0.10$，说明维度因素指标判断矩阵A保持显著水平，具有满意的一致性。

$$AW = \begin{bmatrix} 1 & 1/3 & 1/2 & 1/3 \\ 3 & 1 & 2 & 1 \\ 2 & 1/2 & 1 & 1/3 \\ 3 & 1 & 3 & 1 \end{bmatrix} \begin{bmatrix} 0.1077 \\ 0.3422 \\ 0.1694 \\ 0.3807 \end{bmatrix} = \begin{bmatrix} 0.4333 \\ 1.3847 \\ 0.6827 \\ 1.5541 \end{bmatrix}$$

2.对一级评价因素指标进行一致性检验

前述已经对维度因素指标的判断矩阵进行了随机一致性指标检验，结论为，方法过程合理，检验结果符合要求，故在一级评价因素指标的权重测算上继续采用此方法。为了节省篇幅，对于一级评价因素指标的计算过程省略，只是将测算结果直接写出。

$$\lambda_{max} = \frac{\sum(AW)_i}{nW_i}$$

$$= \frac{0.4333}{4 \times 0.108} + \frac{1.3847}{4 \times 0.342} + \frac{0.6827}{4 \times 0.169} + \frac{1.5541}{4 \times 0.381} = 4.0459$$

$$CI = \frac{\lambda_{max} - n}{n-1} = \frac{4.0459 - 4}{4-1} = 0.0153$$

$$CR = \frac{CI}{RI} = \frac{0.0153}{0.90} = 0.017$$

（1）对一级评价因素——"政府"指标判断矩阵进行一致性检验。

对"政府指标"判断矩阵，即"A_1到B_1"判断矩阵所占权重进行的检验。

$$A_1 W_1 = \begin{bmatrix} 1 & 3.5 \\ 1/3.5 & 1 \end{bmatrix} \begin{bmatrix} 0.778 \\ 0.222 \end{bmatrix} \approx 2$$

$\lambda_{max} = 2.0$

$CI = 0$

$CR = 0 < 0.10$

$CR < 0.10$，说明一级评价因素指标矩阵$A_1 \sim B_1$保持显著水平，说明具有完全的一致性。

因为Saaty等人提出该方法时已经明确指出，一般判断矩阵阶数n越大，人为造成矩阵偏离一致性指标的值越大；n越小，人为造成偏离一致性指标的值越小。当n小于3时，RI的值是0，也就是说，当n小于3时，两两比较判断矩阵具有完全一致性。

（2）对一级评价因素——"用人单位"指标判断矩阵进行一致性检验

关于对"用人单位"指标判断矩阵，即"A_2到B_2"判断矩阵所占权重进行的检验。

$$A_2W_2 = \begin{bmatrix} 1 & 3 & 5 & 7 & 2 & 9 & 1 & 4 & 8 & 4 & 5 \\ 1/3 & 1 & 3 & 4 & 1 & 5 & 1/2 & 1 & 4.5 & 1.5 & 2 \\ 1/5 & 1/3 & 1 & 1 & 1/3.5 & 2 & 1/4 & 1/2 & 1.5 & 1/1.5 & 1 \\ 1/7 & 1/4 & 1 & 1 & 1/4 & 1.5 & 1/6 & 1/3 & 1 & 1/2 & 1/1.5 \\ 1/2 & 1 & 3.5 & 4 & 1 & 5 & 1 & 1.5 & 4.5 & 2 & 2.5 \\ 1/9 & 1/5 & 1/2 & 1/1.5 & 1/5 & 1 & 1/8 & 1/5 & 1 & 1/3 & 1/2.5 \\ 1 & 2 & 4 & 6 & 1 & 8 & 1 & 2 & 7 & 3 & 3 \\ 1/4 & 1 & 1/1.5 & 3 & 1/1.5 & 5 & 1/2 & 1 & 1/3 & 1 & 1 \\ 1/8 & 1/4.5 & 1/1.5 & 1 & 1/4.5 & 1 & 1/7 & 3 & 1 & 1/3 & 1/2 \\ 1/4 & 1/1.5 & 1.5 & 2 & 1/2 & 3 & 1/3 & 1 & 3 & 1 & 1 \\ 1/5 & 1/2 & 1 & 1.5 & 1/2.5 & 2.5 & 1/2 & 1 & 2 & 1 & 1 \end{bmatrix} \begin{bmatrix} 0.244 \\ 0.108 \\ 0.042 \\ 0.032 \\ 0.131 \\ 0.023 \\ 0.183 \\ 0.071 \\ 0.042 \\ 0.066 \\ 0.058 \end{bmatrix} = 11.595$$

$\lambda_{\max} = 11.592$

$CI = 0.0592$

$CR = 0.0392 < 0.1$

$CR < 0.10$，说明一级评价因素指标矩阵$A_2 \sim B_2$保持显著水平，说明具有满意的一致性。

（3）对一级评价因素——"高校"指标判断矩阵进行一致性检验。

对"高校"指标判断矩阵，即"$A_3 \sim B_3$"判断矩阵所占权重进行的检验。

$$A_3W_3 = \begin{bmatrix} 1 & 1/3 \\ 3 & 1 \end{bmatrix} \begin{bmatrix} 0.2500 \\ 0.7500 \end{bmatrix} = 2$$

$\lambda_{\max} = 2.0$

$CI = 0$

$CR = 0 < 0.10$

$CR < 0.10$，说明一级评价因素指标矩阵$A_3 \sim B_3$保持显著水平，说明具有完全的一致性。

（4）对一级评价因素——"毕业生个体"指标判断矩阵进行一致性检验。

对"毕业生个体"指标判断矩阵，即"$A_4 \sim B_4$"判断矩阵所占权重进行的检验。

$$A_4 W_4 = \begin{bmatrix} 1 & 2 & 3 & 4 \\ 1/2 & 1 & 2 & 3 \\ 1/3 & 1/2 & 1 & 3 \\ 1/4 & 1/3 & 0.5 & 1 \end{bmatrix} \begin{bmatrix} 0.4658 \\ 0.2771 \\ 0.1611 \\ 0.0960 \end{bmatrix} = 4.0394$$

$\lambda_{max} = 4.0310$

$CI = 0.0103$

$CR = 0.0114 < 0.1$

$CR < 0.10$，说明一级评价因素指标矩阵$A_4 \sim B_4$保持显著水平，说明具有高度的一致性。

通过上述的计算分析，使一级指标、二级指标等构造的判断矩阵均符合应用层次分析法确定指标权重的要求，具有高度的一致性，得到了4个维度、19个一级指标在总体系中所占的比重——权重。

通过计算，我们得到大学毕业生就业质量评价指标的权重，还缺乏对二级指标进行权重的测算，因此，还不能形成一个完整的评价体系。

本研究所确定的二级指标共有32个，下面继续应用上述方法，对19个一级指标下的32个二级指标权重进行测算。

对于就业质量评价的二级指标权重的确定，前述已经说明，沿用4个维度与19个一级指标的测算方法——层次分析法。由于方法一致，故在此通过简单描述测算方法后，将测算结果直接写出来。二级指标的权重测算也将分成三种情况。

第一种情况：一级指标分解成3个（或以上）二级指标，有5个，如层次结构图6-6至6-10所示。该5个指标的二级指标权重计算如表6-14至6-18所示。

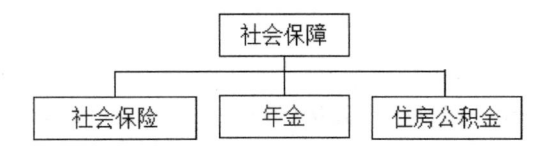

图6-6 一级指标"社会保障"层次结构模型

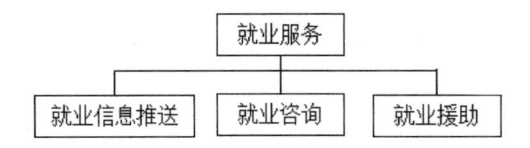

图6-7 一级指标"就业服务"层次结构模型

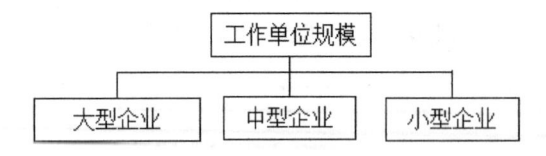

图6-8 一级指标"工作单位规模"层次结构模型

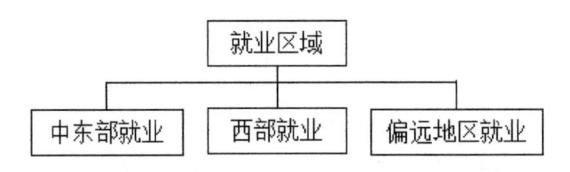

图6-9 一级指标"就业区域"层次结构模型

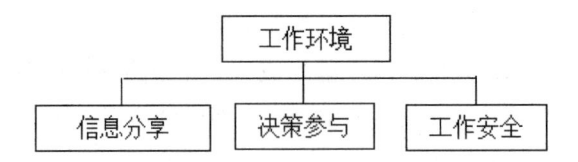

图6-10 一级指标"工作环境"层次结构模型

第一种情况，根据一级指标分解成3个（或以上）二级指标层次结构图，构建三阶判断矩阵；求出特征向量、最大特征根后，得到测算权重；最后进行一致性检验，如表6-14至6-18所示。

表6-14 一级指标"社会保障"下的二级指标权重

社会保障	社会保险	年金	住房公积金	权重 W（%）	λ	CI	CR	一致性检验
社会保险	1	3	2	54.85	3.0183	0.0092	0.0159	合格
年金	1/3	1	1	21.06				
住房公积金	1/2	1	1	24.09				

表6-15 一级指标"工作单位规模"下的二级指标权重

就业服务	信息推送	就业咨询	就业援助	权重 W（%）	λ	CI	CR	一致性检验
信息推送	1	1/2	1/3	16.38	3.0092	0.0046	0.0159	合格
就业咨询	2	1	1/2	29.73				
就业援助	3	2	1	53.90				

表6-16 一级指标"就业服务"下的二级指标权重

工作单位规模	大型	中型	小型	权重 W（%）	λ	CI	CR	一致性检验
大型	1	2	3	53.90	3.0092	0.0046	0.0079	合格
中型	1/2	1	2	29.73				
小型	1/3	1/2	1	16.38				

表6-17 一级指标"工作环境"下的二级指标权重

就业区域	中东部	西部	偏远地区	权重 W（%）	λ	CI	CR	一致性检验
中东部	1	3	5	64.80	3.0037	0.0056	0.0097	合格
西部	1/3	1	2	22.99				
偏远地区	1/5	1/2	1	12.22				

表6-18 一级指标"就业区域"下的二级指标权重

工作环境	信息分享	参与决策	工作安全	权重 W（%）	λ	CI	CR	一致性检验
信息分享	1	1/3	1/2	16.38	3.0092	0.0046	0.0159	合格
参与决策	3	1	2	53.90				
工作安全	2	1/2	1	29.73				

第二种情况：一级指标分解成2个二级指标，有3个，如层次结构图6-11至6-13所示。

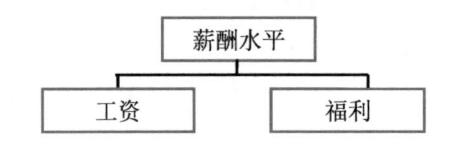

```
        薪酬水平
       /        \
     工资        福利
```

图6-11 一级指标"薪酬水平"层次结构模型

```
        个人发展机会
       /          \
  个人掌控的机会    发展的随机机会
```

图6-12 一级指标"个人发展机会"层次结构模型

```
        人职匹配度
       /         \
   专业对口率    能力素质对口率
```

图6-13 一级指标"人职匹配度"层次结构模型

前述已经提到，Saaty等人提出层次分析法时明确指出，当阶数n小于3时，RI的值是0。也就是说，当n小于3时，两两比较判断矩阵具有完全一致性。故对薪酬水平、个人发展机会与人职匹配度三个一级指标下的6个二级指标的权重进行测算时，就不需要进行一致性检验了。

通过测算，得到第二种情况的6个二级指标的权重，如表6-19所示。

表6-19 工资等6个二级指标的权重

指标	工资	福利	个人掌控的机会	发展的随机机会	专业对口率	能力素质对口率
权重W（%）	75	25	75	25	67	33

第三种情况：一级指标未经过再分解，即一级指标就是二级指标，有11个，它们的权重也就是一级指标的权重，如表6-20所示。

第六章 大学毕业生 EQE-SC 指标权重的确定

表6-20 一级指标与二级指标相同的指标

一级指标	二级指标	权重W（%）
工作稳定性	工作稳定性	8.55
劳动关系和谐度	劳动关系和谐度	4.28
员工培训	员工培训	15.47
工作时间	工作时间	3.09
晋升机会	晋升机会	21.96
用人单位满意度	用人单位满意度	12.07
专业对口率	专业对口率	25.00
就业率	就业率	75.00
学习创新能力	学习创新能力	27.71
就业满意度	就业满意度	16.11
大学生就业能力	大学生就业能力	9.60

经过多次的反复修改、推演，形成了完整的大学毕业生就业质量评价指标体系，如表6-21所示。

表6-21 大学毕业生EQE-SC评价指标体系

指标	维度	权重W（%）	一级指标	权重W（%）	二级指标	权重W（%）
大学毕业生EQE-SC评价指标	政府	10.77	社会保障	77.78	社会保险	54.85
					企（职）业年金	21.06
					住房公积金	24.09
			就业服务	22.22	就业信息推送	16.38
	政府	10.77	就业服务	22.22	就业咨询	29.72
					就业援助	53.90
大学毕业生EQE-SC评价指标	用人单位	34.22	薪酬水平	24.36	工资	75.00
					福利	25.00
			工作稳定性	10.83	工作稳定性	10.83
			劳动关系和谐度	4.22	劳动关系和谐度	4.22
			工作环境	3.24	信息的分享程度	16.38
					决策的参与程度	53.90
					工作安全感	29.72
			员工培训	13.07	员工培训	13.07

(续表)

指标	维度	权重 W（%）	一级指标	权重 W（%）	二级指标	权重 W（%）
大学毕业生EQE-SC评价指标	用人单位	34.22	工作时间	2.27	工作时间	2.27
			晋升机会	18.30	晋升机会	18.30
			人职匹配度	7.06	专业对口率	66.67
					能力素质对口率	33.33
			用人单位满意度	4.23	用人单位满意度	4.23
			就业区域	6.63	中东部就业	64.79
					西部就业	22.99
					偏远地区就业	12.22
			工作单位规模	5.80	大型企业	53.90
					中型企业	29.73
					小型企业	16.37
	高校	16.94	专业对口率	25.00	专业对口率	25.00
			就业率	75.00	就业率	75.00
	大学毕业生个体	38.07	个人发展机会	46.58	个人掌控的机会	75.00
					发展的随机机会	25.00
			学习创新能力	27.71	学习创新能力	27.71
			就业满意度	16.11	就业满意度	16.11
			大学生就业能力	9.60	大学生就业力	9.60

应用层次分析法对大学毕业生EQE-SC评价指标体系进行权重确定，提醒我们要重视科学方法，掌握清楚的分析思路，将思维过程系统化、数学化与模块化；时刻关注所分析问题的影响因素及其因果关系；善于使用科学的方法，才能解决多准则、多目标的复杂问题。

第七章　大学毕业生就业质量评价指标获得过程的实证分析

　　对于一个事物的分析，最主要的是应该把握住事物的本质。本研究借助对大学毕业生的就业质量评价，建立评价指标体系，尽可能使其科学合理，接近事物本质，进而应用于更广泛领域。首先，借助问卷调查获得第一手数据，用来反映大学毕业生就业质量的数量特征，并对这些数量关系加以实证；判断其状况，这不仅可以对大学毕业生就业质量发展变化及其相互关系进行检验，而且是制定提升大学毕业生就业质量政策的重要依据。具体表现：一方面，可通过实证检验评价指标体系的可行性和有效性；另一方面，可通过数据分析揭示大学毕业生就业现状的基本特征，判断其就业质量的高低，可作为评价的依据。

　　按照本研究的定义，大学毕业生就业质量与各影响因素（四个维度因素）的协调发展必须满足不同层次的要求：首先，各影响因素与大学毕业生就业质量之间必须存在相关性；其次，它们之间的关系必须存在互动性；最后，它们之间的互动关系必须具有显著性。根据这些标准，本研究运用现代计量经济学、统计学等的研究方法和分析软件对大学毕业生就业质量进行实证研究。

第一节　大学毕业生就业质量的相关实证分析

一、政府机构及官员对就业质量的评价

党的十八大报告提出"推动实现更高质量的就业",十九大报告也提出,"提高就业质量和人民收入水平,就业是最大的民生。要坚持就业优先战略和积极就业政策,实现更高质量和更充分就业。"2016年,二十国集团劳工就业部长会议宣言提到,让就业质量更高;在第15、16条中阐述指标"促进体面劳动、提高劳动者收入"等内容,可作为就业质量评价指标。人力资源社会保障部副部长孔昌生在二十国集团就业工作组第二次会议上阐明观点,中国将在提高就业质量上发力,实现更高层次的体面劳动。人力资源和社会保障部副部长、党组副书记杨志明在记者招待会上明确表示"要推动实现更高质量的就业"。但是,更多的关于就业质量评价的具体提法仍然很少。

二、专家学者对就业质量评价的分析

(一)专家观点

福建师范大学教授郭铁民在2013年6月24日《福建日报》上撰文,提出"推动实现更高质量就业,政府、社会、企业、家庭和劳动者个人要形成合力"。目前,我国仍然存在严重的"重资轻劳"倾向,单靠从思想意识上难以解决。借此,在政府层面上,就应当着力从制度上注意避免"重资轻劳"倾向,处理好资金收益与劳动报酬的关系。北京师范大学劳动力市场研究中心主任赖德胜于2012年12月17日在接受《经济日报》记者采访时提出了关于就业指数测量的几个维度,即就业环境、就业能力、就业状况、劳动者报酬、社会保护、劳动关系等多个方面,可以发现这些年我国就业质量是不断提高的[①]。中国人民大学中国就业研究所曾湘泉教授在《中国劳动保障报》2017年10月25日以"优化就业结构提高就业质量"为题发文称,"推动实现更高质量的就业,是一项非

[①] 赖德胜:《推动实现更高质量就业》http://views.ce.cn/view/ent/201212/17/t20121217_23945922.shtml.

常艰巨的任务。"

（二）相关专家学者对评价指标建设的观点

关于指标权重的设定，本研究参考的大部分文献都是在专家评分的基础上，但此设定方法主观性比较强，缺乏客观分析的微观基础。例如柯羽、韦勇等人就采用了定量分析，运用了层次分析法，郭立斌和王旭明应用模糊综合评价模型确定评价指标的权重[①]。

刘素华在就业质量评价指标体系设计时，提出了四个方面，即聘用条件、工作环境、劳动关系和社会保障，下设17个指标，并在确定指标后又确定了评价等级与评分表[②]。

中国劳动和社会保障科学研究院研究员刘燕斌在《中国就业》2017年第12期发特稿提出，"在今后一个时期，提高就业质量的重点应主要包括五个方面，即收入分配、社会保障、工作条件、就业的稳定性以及劳动者的权益保护。"

第二节 本研究的实证调查与分析

从2014年8月开始，我们课题组就开始关注大学毕业生就业质量。在关注的过程中，有一个槛一直迈不过去，那就是如何评价大学毕业生的就业质量。至此，开始对大学毕业生就业质量评价进行了相关调研，获取了方方面面的第一手资料，着手对大学毕业生就业质量评价指标与评价体系进行设计。

本研究旨在反映大学毕业生就业质量的真实情况，所调查的内容以第五章中的四个维度（政府、用人单位、高校、毕业生个体）为依据。其中各个就业质量维度内容又由若干相关指标构成。基于调查的便利性，对所设计的指标进行调整，一部分指标直接通过一个问题反映，另一部分指标由相关两个或几个指标综合处理而得。

---

① 王广慧，乔琳，刘宇清. 高校毕业生就业质量评价研究综述[J]. 吉林师范大学学报（人文社会科学版），2015（4）：105-108.

② 刘素华. 建立我国就业质量量化评价体系的步骤与方法[J]. 人口与经济，2005（6）：4-38.

我们进行了认真的研究设计与充分的准备工作,确定了工作思路。调查研究思路如下:

涉及参与调查人员层次。

第一层次:课题组成员。

第二层次:本专业从事HR工作的大学毕业生。

第三层次:往届的大学毕业生。

第四层次:目前的在校大学生。

调查涉及的地域、用人单位以及培养人的单位层次。

第一层次:"北上广"及选取的就业人口较多的省区。

第二层次:用人较多的企事业单位。

第三层次:政府机关。

第四层次:高等院校。

我们课题组成员走访了广东、福建、北京、上海、黑龙江、吉林、辽宁、山东、河南、河北等地;涉及的企业有中广核福建宁德核电有限公司、松下·万宝(广州)压缩机有限公司、广东省煤炭集团公司、河南盛润控股集团有限公司、辽宁曙光汽车集团股份有限公司、湖南与贵州湾田集团、河北冀凯实业集团、中煤黑龙江煤炭化工(集团)有限公司、长城汽车股份有限公司、河北港口集团等;涉及的政府机关与事业单位有河北省人社厅、长春莲花山度假区管委会、福建省教育厅科技开发服务中心、秦皇岛市人社局等;涉及的高校有厦门大学、五邑大学、中国人民大学、上海财经大学、上海师范大学、河北农业大学等。

具体实施情况如下:

一、调查的实施

(一)调查对象及调查方法应用

1. 调查对象

本研究以全国若干个高校毕业生、HR工作者、用人单位的管理工作者、高校教师等为调查对象。

2. 调查方法

调查方法主要采用直接访问，如问卷调查、访谈等调查方式。直接访问是目前运用最为广泛的调查方法，它依赖于抽样技术，一般通过对每个样本区300~600个样本的访问，来推断某区域范围内的整体情况。要保证调查访问数据质量的关键在于以下几个方面：

（1）标准的问卷设计。调查问卷经过征询专家意见及多次讨论后确定，力图保证调查项目与内容不仅符合本次课题的调查目的，而且使被调查者能够准确清晰地完成调查表的填写。因此，这样设计出的问卷能够帮助本书收集到足够的有效数据。

（2）严格的实地访问控制与质量监控制度，包括陪访率、回访率、抽检率、复核率等。

（3）完善的调查员培训制度。随机调查是一种很困难的访问方式，对调查的各个方面都是一个严格的考验，包括如何寻找调查对象、调查对象是否愿意接受访问等。因此，调查前对调查员的基础培训、技巧培训、项目培训等都是保证本书得以顺利完成的重要环节。

（4）统一标准。本研究以"大学毕业生就业质量调查问卷"作为调查工具，采取分层抽样的方法，由统一培训的调查员以统一的调查表、统一的调查方式对所有调查对象进行问卷调查。在调查过程中，尽量与大学毕业生单独面谈，以获得真实可靠的信息，并提高调查问题的应答率。

3. 调查活动实施的主要对象的分层

第一部分为企事业单位的HR及其管理工作者，主要借助高校招聘会的机会，发放问卷进行调查；第二部分为本校的往届毕业生，主要是学校的毕业生，主要使用问卷调查法；第三部分为政府机关与事业单位的受访人员，主要以走访调查为主，问卷调查为辅；第四部分为高校教师，主要采用问卷调查法、访谈法等。

4. 调查活动起止

于2014年8月至2018年10月对河北、北京、天津、上海、广州、福建、四川、重庆、贵州、河南、湖南、山东等省市的高校、企业、事业单位、政府机关等各个行业工作的3309名大学毕业生及其单位主管领导、HR工作人员等进行抽样调查与面谈。本次工作分两次完成，于2014年8月开始，对河北、北京等地的大学毕业生进行了小范围实验。问卷调查结果可能会影响研究结果的方向，所以调查需要大范围、大规模实施。分阶段实施的方法具有很多优点：在系统的监督下，首先从小范围的实验阶段开始，即对系统进行试运行实验，这是我们"以点带面""搞试点"。根据实验阶段调查者所反馈的信息进行有效性验证，从而对问卷的结构与实用性进行调整；同时从获取的调查问卷中剔除前后矛盾的问卷。实验阶段于2015年10月结束，大范围调研活动开始。

（二）问卷的发放与回收

调查问卷共发放3309份，回收有效问卷3201份，有效率为96.74%（其中包括30余家访谈）；其中，发放高校教师问卷115份，回收有效问卷98份，有效率为85.22%（主要是问卷，其中包括30余人次访谈）。另外，我们还借鉴了他人的研究成果。在本研究中，我们参考了相关专家学者、硕博研究生的研究成果，作为补充与完善。

二、调查资料的有效性判断

本研究的调查问卷，涉及的范围广泛，调查对象所指的多层次性与统计口径的差异性，难免在数据处理时会影响到结果的准确性与科学性。因此，在设计问卷时就注意到保持问卷的一致性与科学性相适应，难易程度与需求目的相适应。为了对本研究设计调查问卷的科学性、合理性与可靠性的把握，拟对其进行信度与效度检验。

（一）调查中的偏差与控制

1. *偏差的产生*

在实际的调查运行中，经常有这样的现象，凡是那些不可量化的指标，如态度和能力，尽管评分等级的标准已经相对较为明晰，但是实际的打分结果却近乎无效，因为所有的受调查者给出的分数非高则低，受主观因素影响较大。这样的调查结果作用就不是很大。

在实际的调查运行中，还会存在抽样误差。这是由于抽样造成样本指标与总体指标间的差别。

2. 调查中的偏差的控制

在问卷设计中，尽量采用数量指标作为调查内容。如遇必须使用质量指标时，采用李克特"五点量表"，使质量指标数量化。也可尝试采用以下几点来解决问题：

（1）调查数据大量化。在调查过程中，在条件允许的前提下，尽量使调查对象众多，避免以小众偏差影响研究结果。

（2）选择有效的调查对象。调查对象如果对自己熟悉的内容进行评价，就会对评价的指标和标准有较好的把握，考评的结果也会更趋近客观公正，避免调查过程中出现问题，提高调查过程的有效性。

（3）控制调查工作者的工作量。一个调查人不要一次调查太多调查对象，否则，若产生调查过程把握松紧不一、先松后紧或先紧后松的状况，均有失公允。

（4）注意调查活动的连续性。调查活动不是一次完成的。每次进行调查前，即对一个调查单位（有多个调查对象时）都先复查一下，把握上一次调查活动的应该继续的与应该注意的事情。每次调查活动间隔时间不宜过长。

（二）调查资料的信度和效度检验

许多调查部门在获得最终调查结果时，要进行反复确认，而非认为万事大吉。事实上，调查结果出现，还是一个"半成品"，如何使其成为"信得过"的"半成品"，调查结果的评价检验是重要的一个环节。形象地讲，调查效果的评价检验是调查资料"零部件"得以成为"半成品"的"质检员"。评价结果恰恰是我们进行进一步分析的前提，所以在这里，我们对调查活动及调查资料的信度和效度进行检验。

1. 信度评价

信度是指调查资料的稳定性和可靠性，它代表了测量结果与现实存在的接近程度。对信度的评价方法主要有四种，即重复信度、分半信度、内容信度和观察者之间的信度。例如，使用相同技术进行重复测量，就表明系统误差为零，重复测量就是随机误差在起作用，用同样技术测量同一个对象时，得到结果越相近，信度越高。在本课题的研究中，由于调查对象是大学毕业生，大部分人工作场所固定且稳定性较好，一小部分人无固定工作场所且流动性较大。基于研究目的需要，未进行重复调查，故以分半信度和内部信度对调查表进行信度评价。

（1）分半法。所谓分半法，就是在调查实施后，将调查表的结果分成奇偶两半，计算积差相关系数。因为分半系数实际上只是半个结果的相关系数，会低估信度，必须辅以修正。常用的修正公式是斯皮尔曼—布朗、福乐兰根等公式。前提条件是两半结果的方差相等。用SPSS 21.0统计软件提供的信度分析功能，采用Pearson系数测量问卷的内在信度。我们首先将问卷中95个问题归纳成4个方向（也就是本研究提出的4个维度）；然后，又进一步将问卷内容提炼出可作为分析指标的21个问题，就业质量指标按奇偶数法分为两部分，奇数部分包括社会保障、就业服务、工作单位规模、就业区域、工作稳定性、劳动关系和谐度、工作环境、员工培训、工作时间、晋升机会等；偶数部分包括人职匹配度、薪酬水平、用人单位满意度、专业对口率、就业率、个人发展机会、学习创新能力、就业满意度、大学生就业能力、离职率、求职倍率等。分别将两个部分汇总得分，将两个得分进行双变量相关分析，计算Pearson相关系数。Pearson相关系数为-0.693，$p<0.00$，表明调查表具有较好的分半信度。由此可以认为，该调查表具有较好的可信度，依此调查得到的数据是可信的，对调查表进行的数据分析也是可靠的。

（2）内部一致性。

内部一致性也称为内在效度，用于评价调查表内题目之间的关系，考察评价各个题目是否测量了相同的内容和特质。内部一致性通常用Cronbach'a系数表示，一般要求调查表的内部一致性大于0.6。用Cronbach'a系数来表示调查表的内部一致性，整个调查表和21项可作为就业质量指标的问题，各自系数均为0.72，由此说明，调查表的内部一致性较好，结果如表7-1所示。

表7-1 Cronbach's Alpha检验值

Cronbach's Alpha	基于标准化项的Cronbach's Alpha	项数
0.72	0.72	21

2. 效度评价

一个好的评价工具或方法，只有能合适地考评出人们所需要的评价对象的某种属性,达到某种目的时才是有效的。例如,尺子只有在测量长度时才能显示出有效性,而对于测量重量就是无效的。一个评价总能反映一个人的某些绩效特征,一个考评如果仅仅是信度高的话,它只能反映一个人某个方面的真实绩效水平,但不一定反映我们所要了解的那个方面的水平。比如根据销售额绩效指标来考评某个人的沟通能力,显然其效度是很低的。本研究运用结构效度对调查表进行效度评价。通过因子分析方法对问卷的结构进行拟合检验,并根据结果对问卷的有效性程度做出具体评价。表7-2是检验问卷的结构有效性的。看两个指标,一个是KMO检验系数>0.5,表7-2中数值为0.739,符合要求;另外一个是(巴特利特球体检验的χ^2统计值的显著性概率)p值<0.05时,问卷才有结构效度,表7-2中sig对应的数值0.000符合要求。所以问卷结构有效,可以进行涉及的各个变量指标因子分析。

表7-2 KMO与Bartlett检验值

KMO Measure of Sampling Adequacy		0.739
Bartlett's Test Of Sphericity	Approx. Chi-Squre	60.317
	df	68
	sig	0.000

根据以上分析,可以认为"大学毕业生就业质量问卷调查表"具有较好的信度和效度,根据该问卷所作的数据处理和数据分析具有科学性和可信性,其评价结果是可信的、有效的。

第三节 大学毕业生EQE-SC的实证分析

通过四年多的时间,我们经历了搞学术研究的辛苦与乏味,但也给课题组的年轻人提供了一个广阔的研究平台。这些调查结果为本研究提供了依据与支撑,让本课题组将大学毕业生就业质量的评价指标体系建成,虽然还很不完善、还欠科学,但令人欣慰的是,所建评价指标体系不是凭空杜撰的,它们是有实际支撑的。

4年多的时间,我们依据调查结果撰写了相关研究文章,有的已经发表。还有未来得及发表的,将附录在本章最后。以附录形式刊登的两个分解研究结果题目为,一、基于性别差异的大学毕业生就业质量研究——来自河北、广东和贵州三省的330名大学毕业生的调查;二、基于企业层面的大学毕业生就业质量评价研究。

实证分析一

基于性别差异的大学毕业生就业质量研究
——来自河北、广东和贵州三省的330名大学毕业生的调查

熊国祥　唐孝蓉

摘要：本文研究的基础资料，源于国家社科基金项目"大学毕业生就业质量评价研究"（3309份问卷）的调查结果。本研究基于就业单位、就业岗位、劳动关系与社会保障和就业满意度的视角，从中抽取近三年就业的330名大学毕业生，性别比例基本持平。运用一元方差分析的统计方法并建立模型，分析性别差异对就业质量的影响。结果表明，性别差异对就业岗位、劳动关系与社会保障、工作满意度等存在显著影响；对就业单位的选择影响不显著。

关键词　大学毕业生；性别差异；就业质量；一元方差模型

一、问题的提出

1999年开始，我国高校持续扩招，从这时起，我国高等教育从精英化阶段进入了大众化教育阶段。20多年来，我国的大学毕业生就业问题一直是热点话题，政府、社会各界给予极大关注，并且取得了可喜的成效。但是，对于大学毕业生的就业质量关注度却很低。就业质量是一个综合概念，诸多社会组织、专家学者对此给予定义。20世纪90年代，国际劳工组织（International Labour Organization）最早提出就业质量概念，认为就业质量与"体面劳动"有密切联系；欧洲基金会（the European Foundation）提出了工作与就业质量等指标体系[①]。我国学者在21世纪初也开始了对就业质量的研究，曾湘泉教授（2012）将就业质量概念分为广义和狭义。狭义的就业质量是指劳动者的内在就业质量，或者说从就业中所获得的效用和期望，如工作满意度、经济回报、非经济回报、职业发展机会、工作匹配度等；广义的就业质量还包括劳动力市场就业质量，

---

① 田永坡，满子会．就业质量内涵及测量：基于国际对比的研究[J]．第一资源，2013（4）：127-141．

如性别平等、工作健康与安全、社会对话、非歧视等。赖德胜（2017）认为，高质量就业是人民美好生活的重要组成部分；高质量就业是高质量发展的内在要求；高质量就业是世界各国的共同追求[①]。在我国的现实生活中，从潜在人力资本投资方向看，还是略偏向男性。在现实职业中，男女两性的投资回报是否有所不同？如果有，是因为"性别租金"的存在，所以在目前的"人力环境"中，男性比女性更具有投资价值。张抗私（2017）认为，国内外不乏关于就业性别歧视或人力资本投资性别取向的研究，但对两者之间的关联及相互作用的研究还不多见。由就业性别歧视与人力资本投资倾向相互逆向激励所带来的危害可知，女性长期被排斥在主流劳动力市场之外，性别工资差异也一直存在[②]。麦可思（2015）的研究报告中显示，男女大学毕业生之间的就业率没有明显差别，但在就业薪资水平方面两者差距明显，即便在女大学生占相对优势的专业中，女大学生工资水平普遍低于男生，可能存在同工不同酬的薪资歧视[③]。

具体说，就业质量就是对劳动者在就业过程中就业状况优劣程度、各方面满意程度，借助于某种具体指标进行的多维度价值衡量与评价。基于研究需要，本文将对就业质量的广义和狭义进行综合，构成四个方面属性（四个维度），有就业单位特征、就业岗位特征、劳动关系与社会保障特征、个人满意度特征，展开对男女大学毕业生就业质量差异影响的分析。

仅仅用上述四个维度衡量就业质量，还不能完全说明问题。因此，需要将就业质量按照影响因素的重要程度进行分解。根据本文研究需要，结合其他学者观点，将就业质量的四个维度进行分解描述，进一步契合大学毕业生性别差异对就业质量影响的分析。

维度一，就业单位特征。将就业单位特征分解为单位类型与就业区域。其中，将单位类型分解为党政机关、大型企事业单位、中型企事业单位、小型企事业单位与非正规组织；将就业区域分解为一线城市、省会城市、经济较为发达地区的中等城市、经济不发达的中小城市、县级以下的地区。

---

① 赖德胜. 高质量就业的逻辑[J]. 劳动经济研究，2017（6）：6-9.
② 张抗私. 就业性别歧视与人力资本投资倾向的交互作用分析[J]. 浙江大学学报（人文社会科学版），2009（5）：103-112.
③ 张抗私，刘翠花. 大学毕业生性别工资差异的实证研究[J]. 经济与管理研究，2017（9）：84-94.

维度二，就业岗位特征。将就业岗位特征分解为工资水平、培训时间、专业对口情况。其中，将工资水平分解为不同档次：一线城市5000元以上或其他城市4000元以上、一线城4000～5000元或其他城市3000～4000元、一线城市3000～4000元或其他城市2000～3000元、一线城市2000～3000元或其他城市1000～2000元、一线城市2000元以下或其他城市1000元以下；将第一份工作接受培训时间分解为不同档次：培训时间6个月以上、培训时间3～6个月、培训时间1～3个月、培训时间1个月以下、从未接受过培训；将专业对口情况分解为完全对口、基本对口、有些对口、基本不对口、完全不对口。

维度三，劳动关系与社会保障特征。将劳动关系与社会保障特征分解为劳动合同期限、社会保险待遇。其中，将毕业后第一份工作签订的劳动合同按合同期限分解为不同档次：3年及以上、1～3年、1年以下、劳务派遣合同、没有签订任何形式的合同；将社会保险待遇分解为不同档次：享有五险一金、享有五险、享有2～3项社会保险、享有1项社会保险、没有任何保险。

维度四，工作满意度特征。将工作满意度分解为非常满意、满意、一般满意、不满意、非常不满意（由于工作满意度的评价可以从多个角度进行，故在此只用其综合性释义）。

二、数据来源与样本特征

（一）数据来源

本研究依托国家社科项目《大学毕业生就业质量评价研究》进行，以河北、河南和贵州三省的大学毕业生的调查为案例，采用问卷调查法，涉及从事矿山采掘业、机械制造业、农业、高科技企业、服务类企业、政府机关与事业单位等不同行业类型的51个企事业单位就业的大学毕业生相关信息。出于本研究需要，从3309份问卷中随机选取了其中近三年就业、第一次就业信息比较清晰的问卷330份，作为研究总体。所抽选的问卷数量，基本上是每个就业单位5～10人，实现平均每个就业单位有6.47名大学毕业生参与了调查并进行答卷，为研究大学毕业生就业质量性别差异问题提供了真实性、客观性与科学性的基础保障。选取问卷330份，其中有效问卷291份，有效率为88.18%。其中男性147人，占比

50.5%，女性144人，占比49.5%；2014年毕业生占比31.6%，2015年毕业生占比33.7%；2016年毕业生占比34.7%。理学、工学、管理学、经济学、教育学、文学、农学、其他专业分别占比17.2%、15.8%、14.8%、13.4%、11.0%、10.0%、8.2%、9.6%。调查样本结构合理，具有一定代表性。

（二）样本基本特征

被调查者的基本情况，性别、毕业时间、学科专业分布情况如表1所示。

表1 样本基本情况分析

		频数	百分比	有效百分比	累积百分比
性别	男性	147	50.5	50.5	50.5
	女性	144	49.5	49.5	100.0
	合计	291	100.0	100.0	—
毕业时间	2014年	92	31.6	31.6	31.6
	2015年	98	33.7	33.7	65.3
	2016年	101	34.7	34.7	100.0
	合计	291	100.0	100.0	—
学科分类	理学	50	17.2	17.2	17.2
	工学	46	15.8	15.8	33.0
	管理学	43	14.8	14.8	47.8
	经济学	39	13.4	13.4	61.2
	教育学	32	11.0	11.0	72.2
	文学	29	10.0	10.0	82.2
	农学	24	8.2	8.2	90.4
	其他	28	9.6	9.6	100.0
	合计	291	100.0	100.0	—

资料来源：河北科技师范学院"大学毕业生就业质量评价研究"课题组问卷调研数据。

三、研究方法与结果分析

（一）研究方法

1.评价指标选择方法

本研究从客观的角度，参考国内外对就业质量评价指标体系构建的思路，依据科学性、全面性、可操作性原则，选取就业单位特征、就业岗位特征、劳动关系与社会保障、个人满意度等4个维度评价指标。在4个维度中，下设单位类型、就业地区等8个一级评价指标。各一级指标值的获取依据李克特量表（Likert scale）要求，分别对每个选项给予五点赋值。根据研究需要，进行2～10赋值（见表2）。4个维度评价结果的取得，通过统计各一级指标总分值进行线性计算；最后结合男女的得分情况和一级评价指标的统计分析状况，来衡量大学毕业生就业质量的性别差异的影响方向。

表2 大学毕业生就业质量评价指标及评分

维度	一级指标	10	8	6	4	2
就业单位特征	单位类型	党政机关	大型企事业单位	中型企事业单位	小型企事业单位	非正规企业
	就业地区	一线城市	省会城市	经济较为发达地区的中等城市	经济不发达的中小城市	县级以下的地区
就业岗位特征	工资水平	签约工资水平一线城市5000元以上或其他城市4000元以上	签约工资水平一线城市4000～5000元或其他城市3000～4000元	签约工资水平一线城市3000～4000元或其他城市2000～3000元	签约工资水平一线城市2000～3000元或其他城市1000～2000元	签约工资水平一线城市2000元以下或其他城市1000元以下
	培训水平	第一份工作接受培训时间6个月以上	第一份工作接受培训时间3～6个月	第一份工作接受培训时间1～3个月	第一份工作接受培训时间1个月以下	从未接受过培训
	专业对口情况	非常对口	基本对口	有些对口	基本不对口	完全不对口
劳动关系与社会保障	劳动合同	毕业后第一份工作签订的合同期限为3年及以上	毕业后第一份工作签订的合同期限为1～3年	毕业后第一份工作签订的合同期限为1年及以下	与用工方签劳务派遣合同	没有签订任何形式的合同
	社会保险待遇	享有五险一金	享有4～5项社会保险	享有2～3项社会保险	享有1项社会保险	没有五险一金
个人满意度	个人满意度	非常满意	满意	一般	不满意	非常不满意

2.结果分析方法

本研究使用一元方差分析的统计模型,选择使用SPSS19.0 软件进行统计分析。

一元方差分析考察的是单个因子对随机变量的影响,该因子所处的状态称为水平[①]。设从第i个水平下的总体获得m_i实验结果,记为x_{i1},x_{i2},$\cdots x_{im}$,$i=1$,2,$\cdots$,r。故总实验次数为$n=m_1+m_2+\cdots+m_r$。从而,其统计模型为$x_{ij} = \mu_i + \varepsilon_{ij}$,式中,$x_{ij}$是所选影响因素对就业质量作用大小的评分,$\mu_i$表示就业质量$i$的平均得分。$\varepsilon_{ij}$服从$N(0, \sigma^2)$分布,并且$\varepsilon_{ij}$之间相互独立。通过SPSS 19.0统计学软件对数据进行分析,计数资料以例数(N)、百分数(%)表示,采用χ^2检验,计量资料以"$\chi^2 \pm s$"表示,采用t检验,以$p<0.05$为差异有统计学意义。

(二)调查结果分析

1.就业质量四维度下男性与女性差异分析

应用上述分析方法,对男性与女性进行就业质量四维度进行均值检验与独立样本T检验。通过计算得出男性与女性得分结果,如表3和表4所示。

表3 就业质量四维度均值检验

	性别	N	均值	标准差	均值的标准误差
就业单位特征	男性	147	12.46	3.210	0.265
	女性	144	12.38	3.595	0.300
就业岗位特征	男性	147	19.37	3.816	0.315
	女性	144	16.89	4.579	0.382
劳动关系与社会保障	男性	147	16.08	2.708	0.223
	女性	144	14.65	3.369	0.281
工作满意度	男性	147	6.16	2.126	0.175
	女性	144	5.60	2.070	0.172

---

① 骆桦,刘兴.基于一元方差分析的正态分布均值变点检测研究[J].工业控制计算机,2017(10):120-121,124.

表4 就业质量四维度独立样本t检验

		方差方程的Levene检验		均值方程的 t 检验					优势比 95%置信区间	
		F	sig	t	df	Sig(双侧)	均值差值	标准误差值	下限	上限
就业单位特征	假设方差相等	6.396	0.012	0.219	289	0.827	0.088	0.399	−0.698	0.874
	假设方差不相等	—	—	0.219	283.962	.827	0.088	0.400	−0.699	0.875
就业岗位特征	假设方差相等	4.591	0.033	5.034	289	0.000	2.485	0.494	1.513	3.457
	假设方差不相等	—	—	5.024	277.828	0.000	2.485	0.495	1.512	3.459
劳动关系与社会保障特征	假设方差相等	9.198	0.003	3.992	289	0.000	1.429	0.358	0.724	2.133
	假设方差不相等	—	—	3.983	273.886	0.000	1.429	0.359	0.723	2.135
工作满意度特征	假设方差相等	0.006	0.940	2.301	289	0.022	.566	0.246	0.082	1.050
	假设方差不相等	—	—	2.301	288.989	0.022	.566	0.246	0.082	1.050

从表3与表4可知，在就业质量四维度下男性与女性的均值检验中，四项得分及总和均是女性得分低于男性。男性的每一项得分均高于女性（见表3），男性的总分为54.07，也高于女性的总分49.52。故得出结论：从四个一级指标的均值检验得分情况看，女性大学毕业生的就业质量要低于男性。

在独立样本T检验中，方差方程的 Levene 检验里面的sig值为0.012、0.033、0.003，0.940，可以得出结论，样本方差存在显著差异；又通过均值方程的t检验，即就业岗位特征、劳动关系与社会保障特征和工作满意度特征双侧检验的sig为0.00，0.00，0.022，均<0.05。一次可得结论：就业岗位特征、劳动关系与社会保障特征、工作满意度特征在性别变量上达到显著水平（$p<0.05$），其

他并不具备统计学意义。这表明，男、女大学毕业生的就业质量在以上三个指标上存在显著差异。通过该三个维度指标的均值结果可知，女性在就业岗位特征、劳动关系、工作满意三个指标上要显著低于男性，就业单位特征$p=0.827>0.05$，与就业质量性别差异无显著差异水平，不具备统计学意义。

2.就业质量一级指标下男性与女性差异分析

前述对大学毕业生男女就业质量四个维度的分析，是属于按类别的分析，结果存在差异。下面即通过具体的就业质量一级指标分析，得出影响男女就业质量差异的具体因素。具体分析方法是运用SPSS进行卡方检验。

维度一，就业单位特征分解了两个一级指标，即单位类型与就业区域；就业单位的类型和所在的地区在一定程度上反映了工作的发展空间、岗位的稳定性等。从前述维度分析的结论可知，就业单位特征与就业质量性别差异无显著影响。为了分析完整，也在此对其进行卡方检验。分析得知，对就业单位类型和就业地区进行卡方检验的结果。

表5 就业单位类型卡方检验

	值	df	渐进 sig.（双侧）
Pearson 卡方	5.894[a]	4	0.207
似然比	5.944	4	0.203
线性和线性组合	0.037	1	0.846
有效案例中的N	291	—	—

a. 0单元格(.0%) 的期望计数少于 5。最小期望计数为10.39。

表6 就业地区卡方检验

	值	df	渐进 sig.（双侧）
Pearson 卡方	0.391[a]	4	0.983
似然比	0.391	4	0.983
线性和线性组合	0.019	1	0.889
有效案例中的N	291	—	—

a. 0单元格(.0%) 的期望计数少于 5。最小期望计数为11.88。

通过表5与表6数据，表明男女性别在就业单位类型和就业地区上并无显著性差异（$p>0.05$）。表7与表8的数据为男女性别在这两个指标上的具体分布。

表7显示男女就业的单位都主要集中在中小企事业单位，男性占比72.8%，女性占比70.1%，其中，男性在党政机关就业的人数要少于女性，这也符合女性在求职过程中比男性更偏向稳定、社会地位又高的公务员。单位类型这一指标在性别上并无显著差异，男性和女性的分布都比较集中。

表7 就业单位类型分析

			单位类型					合计
			非正规企业	小型企事业单位	中型企事业单位	大型企事业单位	党政机关	
性别	男性	计数	9	47	60	20	11	147
		性别中的%	6.1	32.0	40.8	13.6	7.5	100.0
	女性	计数	12	52	49	12	19	144
		性别中的%	8.3	36.1	34.0	8.3	13.2	100.0
合计		计数	21	99	109	32	30	291
		性别中的%	7.2%	34.0	37.5	11.0	10.3	100.0

表8显示男女在各个地区的人数分布趋于一致，男女主要分布在经济较为发达的城市，这样的城市就业机会多、发展空间大。在经济不发达和县级以下地区的男女分别占比25.1%和25.0%，可见只是少数。就业地区这一指标在性别上并无显著差异。

表8 就业地区分析

			就业地区					合计
			县级以下的地区	经济不发达的中小城市	经济较为发达地区的中等城市	省会城市	一线城市	
性别	男性	计数	13	24	32	49	29	147
		性别中的%	8.8	16.3	21.8	33.3	19.7	100.0

(续表)

			就业地区					合计
			县级以下的地区	经济不发达的中小城市	经济较为发达地区的中等城市	省会城市	一线城市	
性别	女性	计数	11	25	34	48	26	144
		性别中的%	7.6	17.4	23.6	33.3	18.1	100.0
合计		计数	24	49	66	97	55	291
		性别中的%	8.2	16.8	22.7	33.3	18.9	100.0

（三）就业岗位特征相关指标分析

对工资水平、培训时间和专业对口情况分别进行卡方检验，表9至表13表明，男女在工资水平、专业对口方面存在显著差异（$p<0.05$），在培训时间上并无显著差异（$p>0.05$）。下面就具体来分析工资水平和培训时间的差异。表9、表10与表11分别为工资水平、培训时间和专业对口的卡方检验结果。

表9 工资水平卡方检验

	值	df	渐进 sig.（双侧）
Pearson 卡方	53.232[a]	4	0.000
似然比	55.571	4	0.000
线性和线性组合	35.981	1	0.000
有效案例中的N	291	—	—

a. 0单元格(.0%)的期望计数少于 5。最小期望计数为6.93。

表10 培训时间卡方检验

	值	df	渐进 sig.（双侧）
Pearson 卡方	0.419[a]	4	0.981
似然比	0.421	4	0.981
线性和线性组合	0.100	1	0.751
有效案例中的N	291	—	—

a. 0单元格(.0%)的期望计数少于 5。最小期望计数为 10.39。

表11 专业对口卡方检验

	值	df	渐进 sig.（双侧）
Pearson 卡方	10.740ª	4	0.030
似然比	10.877	4	0.028
线性和线性组合	9.286	1	0.002
有效案例中的 N	291	—	—

a. 0单元格(.0%)的期望计数少于5。最小期望计数为18.31。

1.工资水平分析

由表12可知男性签约起薪一线城市4000元以上或二线城市3000元以上的比例达到59.8%，而女性只有19.5%，女性的薪资水平主要集中在一线城市3000~4000元或其他城市2000~3000元这个层次上，占比为44.4%；男性薪资主要集中在一线城市4000~5000元或其他城市3000~4000元，占比为40.1%。这只是男女大学生签约的第一份工作的差异，随着时间的增长，男女工资之间的差异可能会更大。

表12 工资水平分析

			工资水平					合计
			一线城市2000元以下或其他城市1000元以下	一线城市2000~3000元或其他城市1000~2000元	一线城市3000~4000元或其他城市2000~3000元	一线城市4000~5000元或其他城市3000~4000元	一线城市5000元以上或其他城市4000元以上	
性别	男性	计数	7	15	37	59	29	147
		性别中的%	4.8	10.2	25.2	40.1	19.7	100.0
	女性	计数	7	45	64	19	9	144
		性别中的%	4.9	31.3	44.4	13.2	6.3	100.0
合计		计数	14	60	101	78	38	291
		性别中的%	4.8	20.6	34.7	26.8	13.1	100.0

2.专业对口度的分析

专业对口在一定程度上代表着自身储备的专业知识能否在工作中发挥作

用，工作专业对口的应届生一般也更容易上手，更容易在工作中发挥自己的特长。表13可见男性在专业有些对口、基本对口、非常对口这三个正向指标的总比例占74.8%，而女性占比58.4%，很明显男性就业专业的对口程度要高于女性。

表13 专业对口性别差异分析

			专业对口					合计
			完全不对口	基本不对口	有些对口	基本对口	非常对口	
性别	男性	计数	12	25	47	33	30	147
		性别中的%	8.2	17.0	32.0	22.4	20.4	100.0
	女性	计数	25	35	42	21	21	144
		性别中的%	17.4	24.3	29.2	14.6	14.6	100.0
合计		计数	37	60	89	54	51	291
		性别中的%	12.7	20.6	30.6	18.6	17.5	100.0

（四）劳动关系与社会保障指标分析

表14与表15是对合同形式和社会保险待遇进行卡方检验的结果，可以看出，男女在合同的签订形式上存在显著差异（$p<0.05$），在享受的具体社会保险方面并无显著性差异。

表14 合同形式卡方检验

	值	df	渐进 sig.（双侧）
Pearson 卡方	28.081[a]	4	0.000
似然比	32.859	4	0.000
线性和线性组合	15.988	1	0.000
有效案例中的N	291	—	—

a. 2单元格（20.0%）的期望计数少于5。最小期望计数为 4.45。

表15 社会保险卡方检验

	值	df	渐进 sig.（双侧）
Pearson 卡方	8.636[a]	4	0.071
似然比	8.761	4	0.067
线性和线性组合	1.968	1	0.161
有效案例中的N	291	—	—

a. 2单元格（20.0%）的期望计数少于5。最小期望计数为5.94。

劳动关系在此次调查中主要涉及劳动合同。劳动合同签订时间的长短、劳动合同的形式，在一定程度上代表了工作是否稳定、是否具有法律保障。表16为合同形式的调查结果，可以看出，男性与用人单位签订3年及以上合同的人数占比60.5%，而女性只有36.1%，用人单位更倾向于与男性签订更长时间的劳动合同。没有签订任何形式的劳动合同在双方的比例都比较少，证明随着就业政策的日趋成熟和相应法律的贯彻落实，男女大学生普遍拥有较好的劳动法律保障。

表16 合同形式分析

			合同形式					合计
			没有签订任何形式的合同	与用工方签劳务派遣合同	1年及以下	1~3年	3年及以上	
性别	男性	计数	1	16	0	41	89	147
		性别中的%	0.7	10.9	0.0	27.9	60.5	100.0
	女性	计数	10	19	9	54	52	144
		性别中的%	6.9	13.2	6.3	37.5	36.1	100.0
合计		计数	11	35	9	95	141	291
		性别中的%	3.8	12.0	3.1	32.6	48.5	100.0

（五）工作满意度

工作满意度作为一项主观指标，在很大程度上代表了毕业生对自己初次签约工作的评价，自然在一定程度上代表了男女的就业质量。在表3中也可以看出，男性工作满意度的得分均值为6.16，女性得分均值为5.6，并且T检验P值小于0.05，女性在工作满意度上要显著低于男性。

（六）调查结果总结

根据就业质量评价体系，本次调查得分情况如下：男性得分总和为54.07，女性得分总和为49.52，女性的就业质量要低于男性，具体体现在：

（1）从男女从事的岗位特征具有显著差异，男性的起薪要明显高于女性，男性工作的专业对口情况也要显著高于女性。

（2）从劳动关系上看，用人单位更倾向于与男性签订更长期的劳动合同。

（3）从工作满意度看，男性的工作满意度也是显著高于女性的。

性别差异对大学毕业生的无显著影响的方面,如就业单位类型、就业地区、社会保险待遇和培训时间等。

四、就业质量性别差异的原因分析

(一)传统观念的影响

由于传统性别观念的影响,大众比较支持"男性优越",认为男性应该在社会和家庭中发挥支柱的作用。这种观念的延续造成社会、家庭和个人对男女收入、专业、行业和职业的不合理的期望,影响着女大学生对收入、专业、行业和职业的自我选择,妨碍女性参加培训的机会和追逐领导职务的动机。

中国封建传统文化中对男女的角色定位是"男主外,女主内",这样的分工在很大程度上限制了女性的工作机会和发展空间。大众眼中的幸福夫妻应该是这样一个状态:丈夫挣钱养家,事业有成,妻子有份稳定的工作可以照顾家人。雇主甚至女性自己也将女性的工作定位于偏文职、偏事务性的工作,而需要创新、需要开拓的工作应该由男性完成,于是男性在职场中往往处于核心的岗位,女性往往在一些支持、事务性的岗位上,这种就业质量的差距随年龄的增长逐渐扩大。

(二)用人单位对女大学生的顾虑

1. 对女大学生婚育的担忧

刚毕业的女大学生,正值婚育的年龄,很多企业担忧会不会随后面临结婚、生育、哺乳的问题。而这种现象会给用人单位造成一定的成本负担。大学生毕业,基本上是晚婚晚育,国家规定男满25周岁、女满23周岁的初婚即为晚婚,晚婚可享受的晚婚假为10~30天不等(含三天法定婚假)。国家硬性规定女性生育假期为98天,难产增加15天,产假期满后仍不能正常工作的,如果有医院的相关证明,可以按照病假处理。女性在生育期间,企业不仅承担着生产期间的工资,而且还负担着岗位空缺造成的额外成本。企业出于自身利益的考虑,自然对雇佣女大学生有所顾忌。

2. 对女性身体素质的担忧

用人单位普遍认为女性的体力、精力不如男性。女性在经期、孕期工作效率、体力精力更是低于一般人。男性可以适应经常出差、应酬、加班,而女性由于身体素质的限制,往往更适合偏稳定的工作。企业出于这样的考虑更偏向于男性从事关键性的岗位,这样也拉大了男女的就业质量差距。

(三)大学生就业市场严重供大于求的现状

2015年大学生毕业大军达749万人,被称为史上"最难就业季";到2017年已经达到795万人,增长率为6.14%。毕业人数屡创历史新高,就业形势越来越严峻。每到毕业季,招聘会现场人山人海,大量毕业生网上海投简历,经常会出现几十个人争抢一个岗位的现象。毕业生数量逐年增长,而中国的经济增长遇冷,企业吸纳应届生的数量有限。这种情况给企业提高招聘门槛、设置性别限制创造了条件。即使存在职业性别歧视,雇主仍然可以找到合适的人选。在这种条件下,女大学生只有接受更低的薪资或放低要求才能找到一份工作,这种现状加剧了就业质量的性别差距。

(四)法律制度的不健全

我国目前有关男女性别平等的法律有《宪法》《劳动法》《妇女权益保障法》《工会法》,这些法律对就业性别歧视方面做了一些限制。我国《宪法》第四十八条规定"妇女在政治、经济、文化、社会和家庭生活等各方面享有与男子平等的权利"。《宪法》是国家根本大法,只提到男女有平等的权利,却并未提及实施就业性别歧视的相关责任人需要受到法律制裁。《妇女权益保障法》第四章第二十一至二十七条对女性就业权益的保护提出较为详细的规定,但却并没有提及如果不遵守这些规定,企业会承担什么样的责任。法律的不健全也使得雇主在用人过程中,实施就业性别歧视并无忌惮。

五、消除性别差异对大学毕业生就业质量影响的对策与建议

(一)用人单位用人观念的改变

只有用人单位观念改变,不要把雇佣女性看成是一项成本的增加,法律法规才能真正发挥应有的作用。

随着经济、文化的发展,女性的思维也越来越开放,不再拘泥于做家庭主妇或者只求一份安逸稳定的工作,也在追求自身素质的提高和自身价值的实现。有很多敢闯敢拼不怕困难的女性在工作上取得了很大的成就,甚至自己开

公司创业。另外，社会生活在不断地便捷化，女性用在照顾家庭方面的时间在不断减少，而且在现代，男性也越来越多地承担起家务，女性也完全可以和男性一样，高效地办公，为企业创造价值。企业在用人时，不要带上性别歧视的有色眼镜，要真正结合岗位的内在需求、企业自身的特点，做到唯才是举。

（二）政府政策法规的保护与执行

政府应该建立具体的、可实施的法律法规，避免一些过于笼统的规定。应该明确就业性别歧视的衡量标准和法律责任，并配套有明确、可操作的惩罚措施和补偿手段。同时，当女性在求职过程中遭遇性别歧视时，要有明确的维权和诉讼渠道，真正让这些女性可以通过法律渠道来维护自己的权益。

另外，政府也要给一些雇佣女工较多的企业给予相应的财政补贴或税收优惠，给受到就业性别歧视的女性一定的生活补助。在女性生育方面，要积极引导企业，生育对家庭稳定和社会发展具有重要意义，不应该把它当成一项成本额的增加，政府可以在女性生育期间给予个人和企业一定的补助。政府的这些举措，对提高女性就业质量、促进男女就业平等将有重大意义。

政府可以运用社会资源，组织一些女性社团，甚至建立自己的女性工会，女性劳动者自己团结起来，互帮互助，改变自己的弱势地位。

（三）高校的教育

高校要对女大学生的职业生涯规划多做辅导，从入学开始，就可以给女大学生开设有针对性的职业生涯规划辅导课。在辅导课上，可以以一些成功女性为案例，使女大学生意识到，女性一样可以成功、可以事业有成、可以为国家作出贡献。培养她们性别平等的意识，独立、自信的品质，在潜移默化中淡去封建的"男强女弱"的意识。可以开设一些有关女大学生就业的社团，帮助女大学生发现自己的兴趣和特长，社团里大家一起交流实习的机会、提升自身能力的方法；在这样的社团，女大学生也可以通过举办晚会、组织活动等方式锻炼自己的组织和社交能力。多做一些针对女大学生的就业指导活动，例如多鼓励女大学生参加实践活动，增加自己的动手能力。或者对她们进行如何选择适合自己的岗位、面试的技巧等方面的培训，使女大学生在面对合适的就业机会时，能够掌握主动权。

（四）女大学生自身的主观努力

一方面女大学生要注意培养自己的硬实力，在扎实掌握学校专业知识的同时，主动学习比较前沿的专业知识。把握机会多参加一些社会实践，提前掌握实际工作需要的技能。通过实践和理论的学习，提高自身就业的核心竞争力。另一方面，女大学生要改变自己传统的就业观，工作不能只求稳定舒适。要做好从基层干起的准备，培养自己抗压、耐挫、乐观积极的品质，克服自身胆怯、自卑的心理状态，积极主动地找工作，而不是等亲戚朋友主动把工作送到手上。培养自己的创业意识，现代的女大学生受过高等教育，在大学期间有的也建立了自己的资源，而且国家也出台了一系列的措施来鼓励大学生创业，甚至为大学生自主创业的启动资金提供无息贷款，女大学生也可以珍惜政府的好政策，利用自身的优势，实现自主创业，拓宽自己的就业渠道。

实证分析二

基于企业层面的大学毕业生就业质量评价研究

刘淑艳　唐孝蓉

摘要：随着我国大学教育制度的改革及高校招生数量的大幅度增加，大学毕业生数量快速增加，在为我国社会经济飞速发展奠定了良好的人力资源基础的同时，也进一步加重了大学生就业压力，大学毕业生就业质量大幅下降。目前的状况下，推动大学生实现高质量的就业，既关系着个人的职业发展与企业的未来，也是就业优先发展与社会稳定进步所追求的目标。要实现高质量的就业，就必须做好青年的就业工作，特别是解决好大学毕业生的就业问题。本文从企业的视角出发，以从企业人力资源部或部门相关人员处所获调查数据为依据，以平衡计分卡为工具构建评价体系对大学毕业生就业质量进行科学的评价分析，从中获取影响大学毕业生就业质量的主要因素，依此为促进大学生就业提供一些可操作的和实用性的建议。

关键词：企业层面；大学毕业生；就业质量；平衡计分卡

一、相关概念和理论

（一）大学毕业生就业质量

随着近几年来人们对大学毕业生就业问题的重视度的上升，研究者们对大学毕业生就业质量的研究也得以进一步发展，但由于一直以来，重点关注的是大学生就业率的统计和变化，许多方面发展不完善且仍有着大量分歧。李业昆等认为大学毕业生就业质量是依据其个体特点与知识技能，在自由、公平和安全的前提下，获得能满足其需求的工作岗位，并获得相应劳动报酬和自身发展的优劣程度[1]。朱钧陶认为大学生就业质量内涵有多元化性、主客观相结合、涵盖宏微观层次三个特性[2]。

由此看来，大学生就业质量是一个衡量大学生在整个就业过程中就业状况的综合性概念，一切影响大学生就业的因素都会制约大学生就业质量的提升[3]。大学生就业质量是从大学生自身特点出发，综合考虑微观层面高校、毕业生和用人单位以及宏观层面的社会劳动需求变化等多种因素之后大学生就业的优劣程度。

（二）平衡计分卡

平衡计分卡是由罗伯特·卡普兰（Robert S. Kaplan）教授和戴维·诺顿（David P. Norton）合作发明、共同提倡的一种全新的组织绩效管理工具。它将企业战略分为四个不同维度的运作目标，依此分别设计适量的衡量指标来组成一个相互平衡的绩效考评指标体系，并对这些指标的实现状况进行周期性的考评，从而为企业战略目标的实现建立起可靠的执行基础[4]。其中四个维度之间并不相互孤立，而是彼此间具有某种特定的因果关系，其基本原理如图1所示。

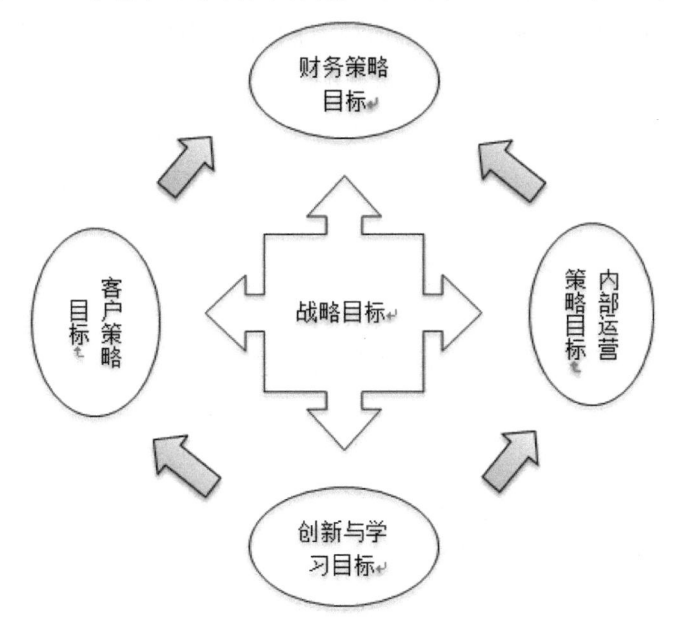

图1 平衡计分卡基本原理图

（三）就业质量与就业数量

就业包含就业数量与就业质量，相对于就业质量而言，就业数量更为简单、易量化，即能够与生产资料结合并获取相应报酬的劳动者数量。随着经济文化思想的发展，人们对职业以及与职业密切相关的直接影响其生活状态、职业发展、社会化的诸多因素越来越关注，就业质量的重视度也因而逐年上升。

国内对就业质量的研究较晚。一般认为，就业质量是指劳动者与生产资料结合的状况或优劣程度[5]。这个概念内涵丰富，需要从宏微观两大维度进行分析。宏观层面如人才培养方式是否合理、社会保障是否健全、就业服务体系是否完善、人才流动机制是否顺畅等。微观层面有劳动者自我评价、用人单位对员工的满意度、社会地位、收入水平、工作稳定性、人岗匹配度、工作环境与劳动者自身的协调性、职业发展前景等。

一直以来，就业数量被认为是解决就业问题的关键所在，而现在，就业质量问题已上升为就业领域不可回避的重点问题，既牵系劳动者的权益保护，更限制着就业数量的增长，制约着整体的就业工作。当一个人的就业质量很高时，那么其个人满意度就会获得相应的增加，工作也会很稳定，在其岗位上也愿意更多地付出。所以说，就业质量的提升不仅可以满足劳动者自身的需求，使就业更加趋于稳定，而且能使企业凝聚力增强，招聘等人工成本得以降低，为企业带来更多的效益。而好的经济效益又会带来生产规模的扩大和人员需求的增加，那么长久下去，这样的企业一一累计下来，就又会推动整个社会经济的快速发展，从而进入一个良性的循环。

二、企业层面的大学毕业生就业质量现状

当前，我国大学毕业生数量逐年上升，国家和地方经济增速减缓，宏观就业压力增大。据调查显示，2014年大学生的就业落实率不足70%，而2015年就业需求与2014年相比没有明显的起伏，且毕业生总数已超2014年，就业形势越来越趋于严峻。据调查，2011届全国高校毕业生就业现状满意度仅为47%，职业期待吻合度仅为42%，而毕业半年内的离职率则高达41%。因此，提升就业质量是解决当前大学毕业生就业问题的一个必不可少的重要途径。历年大学毕业生数量统计如图2所示。

大学生就业质量的优劣程度与企业的发展息息相关，从企业的视角构建评价体系来全方位深入研究如何提升大学生就业质量，对解决当前大学生就业问题有着重要的现实意义。

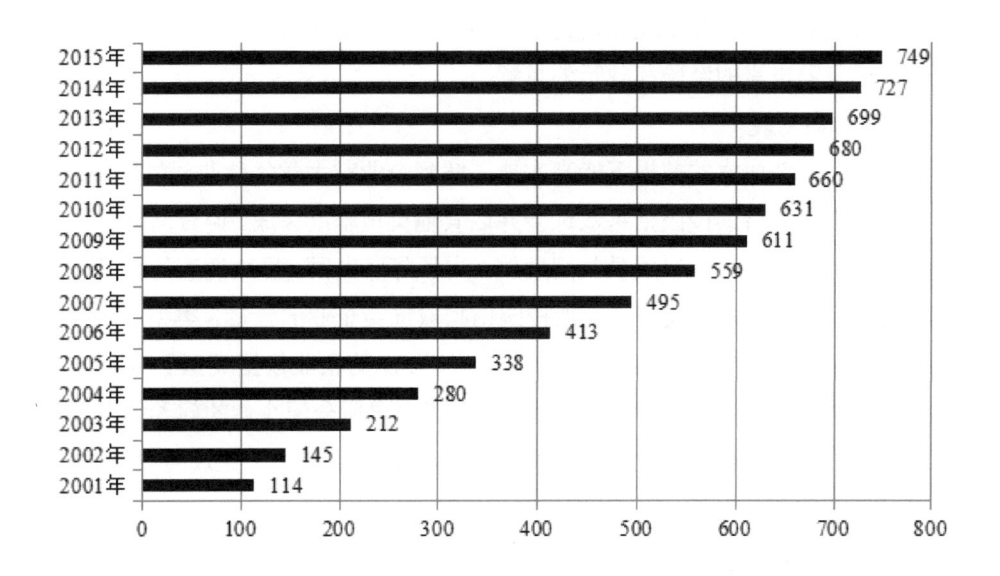

图2 2001—2015年全国高校毕业生人数（万人）

2015年	749
2014年	727
2013年	699
2012年	680
2011年	660
2010年	631
2009年	611
2008年	559
2007年	495
2006年	413
2005年	338
2004年	280
2003年	212
2002年	145
2001年	114

（一）资料获取方法

1. 调查方法

（1）问卷调查。本文以问卷调查作为获取数据资料的主要手段（调查问卷见附录1），同时配合专家调查法进行研究。此次调查转变了研究视角，创新性地以企业为调查对象，主要是国企、民营企业这些组织的人力资源部或主管相关工作的人员，如中秦兴龙工业集团、保定长城、中国人寿保险秦皇岛分公司、臻鼎科技股份有限公司等。调查问卷不署名，被调查对象回答没有更多的心理负担，容易获得其支持，使结论比较客观。

经过查阅大量文献以及与几位专家商讨，本次调查问卷的问答题目主要从政府、高校、企业与大学毕业生个体四个维度来设计，每个问答题目的选项依据指标重要性程度划分为非常重要、重要、一般、不太重要、不重要五个等级，对大学毕业生就业质量的影响的问题设计内容见附录1，即大学毕业生就业质量评价调查问卷。

（2）专家评价。本研究特邀冯乃秋教授及包括企业资深人力资源主管（如戴卡兴龙人力资源部部长王静、兴龙集团人力资源总部主任胡玉才）等在内的几位专家共同参与评价，以定量和定性的分析判断为基础得出相应结果。其中冯乃秋教授对大学毕业生就业问题研究多年,多次承接省级、国家级相关课题,在此领域有着丰富的经验和独特的见解。

2.问卷的发放

为了在降低成本的前提下能真实地了解到企业对大学生就业质量的看法,本文的调查主要借助校园招聘双选会并以其他渠道辅助完成。调查问卷由人力资源专业科研与学习小组成员共同发放。为了降低失误,提高调查的科学与准确性,在问卷发放之前我们对参加校园招聘双选会企业的数量、类型、简要介绍等基础信息进行了收集和简要了解,并将参加的企业依据类型划分不同小组,平均分配给每个成员,每个小组成员负责自己所分配企业的问卷的发放与回收,同时负责对企业所提出的疑问进行解答,有效地减少了无效问卷的数量,提高了调查效率。

(二)资料收集

本次调查共发放问卷150份,最后收回的问卷为136份,其中有效问卷为121份,问卷有效率为88.97%。针对收回的问卷我们进行了整理汇总,根据每一个指标的不同重要程度统计数量,计算每个重要等级在其指标下所占的百分比,并以此为依据构建百分比矩形图,以便更直观地观察分析指标的重要性程度,从而对其进行进一步选择应用。表1和图3是选择其中部分内容来展示数据整理结果的,下面以收入水平为例对表中内容所代表的含义进行解释。在收入水平这个因素中,问卷合计数代表121份问卷调查中有120份回答了此题,其中选择"非常重要"的有24份,"重要"的有73份,"一般"的有21份,"不太重要"的有2份,无人选择"不重要"。以合计数120作为基数,求得每个等级份数所占总体的百分比,并依据各个等级所占百分比构建柱形图。

表1 部分就业质量影响因素的重要性程度数据整理汇总表

因素		非常重要	重要	一般	不太重要	不重要	问卷合计数
收入水平	数量	24	73	21	2	0	120
	百分比(%)	20.00	60.83	17.50	1.67	0.00	100
专业对口率	数量	18	37	46	15	4	120
	百分比(%)	15.00	30.83	38.33	12.50	3.34	100

（续表）

因素		非常重要	重要	一般	不太重要	不重要	问卷合计数
职务晋升率	数量	34	66	16	0	0	116
	百分比(%)	29.31	56.90	13.79	0.00	0.00	100
离职率	数量	28	47	39	1	1	116
	百分比(%)	24.14	40.52	33.62	0.86	0.86	100
在岗周期	数量	43	49	24	1	0	117
	百分比(%)	36.75	41.88	20.51	0.86	0.00	100
求职倍率	数量	17	41	43	4	0	105
	百分比(%)	16.19	39.05	40.95	3.81	0.00	100
社保参保率	数量	50	43	21	2	0	116
	百分比(%)	43.10	37.07	18.10	1.73	0.00	100
培训机会	数量	39	41	13	1	0	94
	百分比(%)	41.49	43.62	13.83	1.06	0.00	100

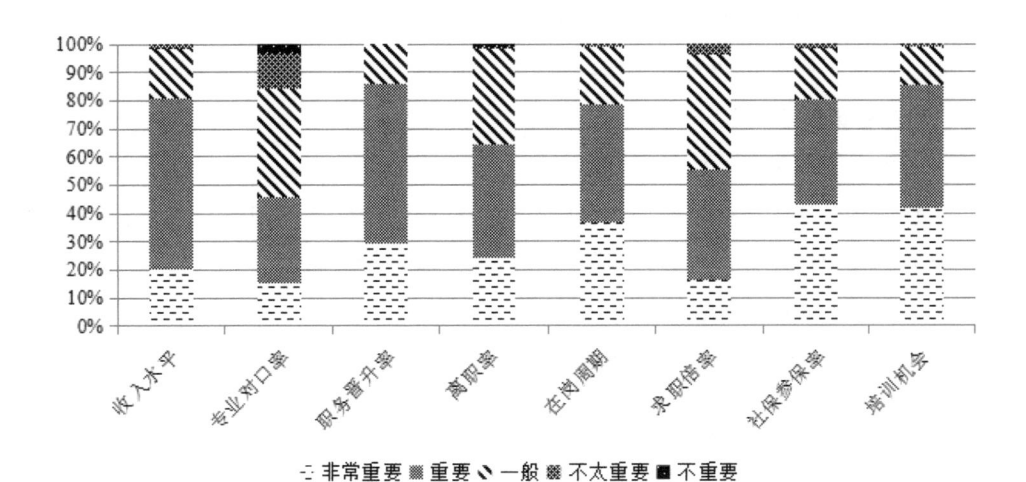

图3 部分就业质量影响因素的重要性程度数据整理汇总百分比图

三、基于企业层面的大学毕业生就业质量评价体系构建

（一）评价流程

针对收集整理的数据的评价，本文依据以下流程进行，具体内容如图4所示。

图4 评价流程图

（二）评价原则

大学毕业生就业质量的内涵丰富，虽然要衡量它不是一件简单的事，但是就业质量所蕴含的重要意义又要求我们必须努力做下去。综合参照多篇文献，本文将评价原则归纳为以下几点：

1.整体性原则

大学毕业生就业质量评价指标应包含大学毕业生就业质量的各个方面，并从整体上考虑各指标之间的相互影响，科学构造指标层次和数量[6]。评价指标要能完整地体现评价内容，能科学合理地反映评价对象。

2.定量与定性相结合原则

任何一个指标都有着质和量的规定性，不存在只有二者之一的指标。另外，定性和定量各作为一种分析方法时，虽各有其不足之处，但二者又是互补统一的。

3.主客观相结合原则

大学毕业生就业质量是一个不仅要反映客观的存在，还要体现主体的主观感受的综合概念。只有将这二者相结合，才能很好地展现其内涵，使作出的评价准确有效。

4.可操作性原则

在选择评价指标时，应选取具有较强操作性的指标，即评价指标体系要有可行性和实用性。

5.宏微观相结合原则

大学毕业生就业质量评价，要充分考虑大学毕业生个人的具体就业情况，又不能脱离宏观的社会经济环境，即必须使二者有效结合。

（三）评价指标体系

1.构建平衡计分卡模型

本文的研究重点是要考虑政府、企业、高校与大学毕业生个体之间的平衡。主要运用平衡计分卡的方法来构建评价体系，以大学毕业生就业质量的关键影响因素为研究重点。依据大学毕业生就业质量的主要影响因素，应用BSC思想，构建BSC总体评价模型（见图5）。

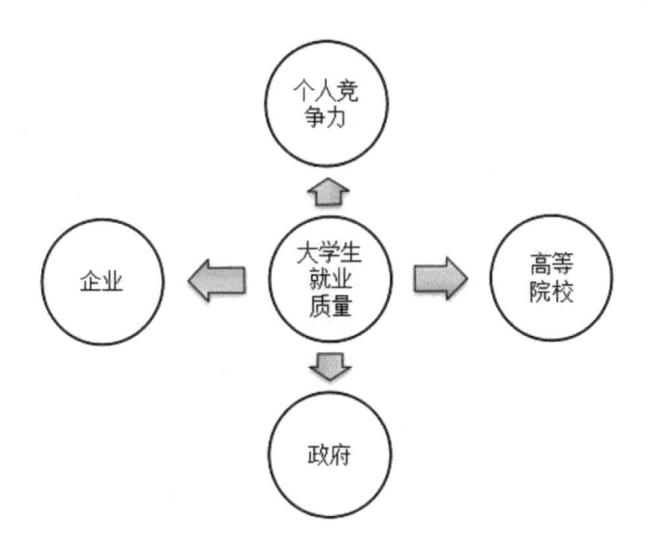

图5 平衡计分卡模型图

为了使大学生就业质量指标更加具体化，明确此次的研究重点，也为了提供评价指标的准则，我们小组将政府、企业、高等院校、个人能力作为研究大学生就业质量的主要方向，并分析确定了相应的具体目标，如表2所示。

表2 大学毕业生就业质量一级指标表

政府	企业	高等学校	个人竞争力
经济发展水平	企业发展前景	教学模式	个性特征
就业政策	企业文化	培养方式	个人能力
就业体制	薪酬福利	就业指导	专业能力
就业机会	劳动关系		专业特点
社会保障			职业发展

2.评价指标筛选

我们将调查问卷的数据结果进行统计整理，将影响目标的具体指标及其对应的权重等相关数据应用到平衡计分卡中。在这其中，我们将各项具体指标进行了归纳和整理，除此之外，还包括各项指标的重要性程度。以上内容便构成了平衡计分卡框架。

本文中，平衡计分卡各项指标所占权重指的就是用百分比数量化各项指标来说明在企业的眼中影响大学生就业质量指标的重要性程度。具体指标的分类汇总数据信息如表3所示。

表3 平衡计分卡指标统计表

内容	一级指标	二级指标	重要程度所占百分比（%）（≥重要）
政府	经济发展水平	经济增长率	66.31
	就业政策	就业政策实施程度	70.06
	就业体制	就业率	65.11
		签订就业责任书	81.09
	就业机会	信息数字化程度	85.22
		供需见面平台搭建个数	81.41
	社会保障	公共服务体系的完善度	77.68
企业	企业发展前景	单位的性质	73.15
		单位规模	72.10
		行业影响力	73.32
	企业文化	单位文化建设	69.09

(续表)

内容	一级指标	二级指标	重要程度所占百分比（%）（≥重要）
企业	薪酬福利	培训机会	85.11
		收入水平	80.83
		社会保险参保率	80.17
	劳动关系	劳动合同签订率	72.88
		离职率	64.66
高等学校	教学模式	企业兼职教师参与教学	53.64
	培养方式	"订单式"人才培养模式	76.31
		校企共建实训基地个数	75.68
	就业指导	开发就业指导课程	72.73
个人竞争力	个人特征	心理素质	95.79
		身体素质	88.88
		人文素质	87.83
	个人能力	语言文字表达能力	87.93
		方法能力	86.59
		社会能力	86.50
		创造经济（社会）效益	84.62
	专业能力	人岗匹配度	96.61
		工作效率	94.83
		创新能力	91.53
		业务能力	43.97
	专业能力	专业技能	77.50
		专业基本理论知识	67.54
	专业特点	专业对口率	45.83
	职业发展	求职倍率	55.24
		职务晋升率	86.53

3.基于平衡计分卡模型的就业质量评价指标

经过对专家的咨询和作者的反复思考，将影响大学毕业生就业质量指标的

"重要""非常重要"两等级所占权重之和在75%以上的作为关键因素,并确定为就业质量评价指标,其所选指标与表3中数据为灰色部分相对应,具体详见表4。

表4 关键指标筛选表

内容	一级指标	二级指标	重要程度所占百分比(%)(≥重要)
政府	就业体制	签订就业责任书	81.09
政府	就业机会	信息数字化程度	85.22
政府	就业机会	供需见面平台搭建个数	81.41
政府	社会保障	公共服务体系完善度	77.68
企业	薪酬福利	培训机会	85.11
企业	薪酬福利	收入水平	80.83
企业	薪酬福利	社会保险参保率	80.17
高等学校	培养方式	"订单式"人才培养模式	76.31
高等学校	培养方式	校企共建实训基地个数	75.68
个人竞争力	个人特征	心理素质	95.79
个人竞争力	个人特征	身体素质	88.88
个人竞争力	个人特征	人文素质	87.83
个人竞争力	个人能力	语言文字表达能力	87.93
个人竞争力	个人能力	方法能力	86.59
个人竞争力	个人能力	社会能力	86.5
个人竞争力	个人能力	创造经济(社会)效益	84.62
个人竞争力	专业能力	人岗匹配度	96.61
个人竞争力	专业能力	工作效率	94.83
个人竞争力	专业能力	创新能力	91.53
个人竞争力	专业能力	专业技能	77.5
个人竞争力	职业发展	职务晋升率	86.53

四、就业质量评价应用

（一）指标分析

1.政府

在政府层面，大学生就业质量的评价分别受经济发展水平、就业政策、就业体制、就业机会和社会保障的影响，根据调查数据显示这几大目标下的指标所占权重不同，反映出企业对于社会环境这一因素下的各个指标的重视程度的不同。根据平衡记分卡可以看出，与就业保障、就业政策等方面相比，就业机会的具体指标的重要以上程度的百分比更高，其具体措施包括建立权威数字化实时招聘信息和搭建供需见面平台，这其中建立权威数字化实时招聘信息，即信息数字化程度指标高达85.22%；搭建供需见面平台，即供需平台搭建个数指标为81.41%。这表明相对于就业率、经济发展水平等比较概括性的指标，企业更加重视自身招聘信息能否快捷地与求职者的求职意向相对接。因此，在求职者与企业招聘之间搭建能够很好衔接的平台更受重视。

而签订就业责任书指标权重为81.09%，这揭示出大多数企业希望政府可以出面划分就业责任，从而直接或间接地提升大学毕业生的综合素质，可以为他们提供与社会需求更接轨的高素质、高技能人才。同时，就业公共服务体系是否完善、就业环境是否公平、就业率高低等方面也是企业认为对大学生就业质量有较重要影响的指标。

2.企业

企业与求职者是与就业最直接相关的两个群体，企业这一维度下的大学生就业质量指标所占比重对于评价大学生就业质量方面有着更加重要的作用。

本次评价体系中与企业相关的目标有企业发展前景、企业文化、薪酬福利和劳动关系，在企业中，这四个目标都是与大学生就业质量相关的因素。通过对比发现，薪酬福利的重要性程度比重明显高于其他三项目标，其中，培训机会所占比重为85.11%，收入水平所占比重为80.83%，社会参保率所占比重为80.17%，由此可见薪酬福利的各项设置对于用人单位、员工个人方面的重要性。

薪酬福利是企业或者公司通过另一种方式给员工发放报酬的方式，对有贡献的员工给予补助和节假日上班按国家相关规定给予的相关福利，薪酬福利是每个员工都关注的问题,也是提升员工满意度的关键因素之一。相比本单位的性质和规模、企业文化、劳动合同签订率来说,公司提供给员工的培训机会、薪资待遇对于提升就业质量有着更加显著的作用。

3. 高等院校

高等院校为社会传送的劳动人才能否很好地满足社会需求是与高校的人才培养目标和培养方法密切相关的。在一定程度上,高校毕业生的就业质量是可以很好地体现不同培养模式对受教育者的影响以及该校教育教学中存在的问题的。

调查发现,在高等院校这一维度,大学生培养方式的具体指标的重要以上程度的百分比均超75%,这反映出,共建实训基地、"订单式"人才培养等这类校企合作的人才培养方式更受到企业及已工作人士的认可。也就是说,这种新型的人才培养方式更能与社会需求良好对接,对提升大学毕业生就业质量有着更好的效果。同时也能使大学生了解当前社会需求,使其在个人成长及发展方面能更好地完善自我,从而推动学校与社会更好地结合。

4. 个人竞争力

调查数据显示,个人竞争力这一维度的个人特征、个人能力、职业发展具体指标的重要以上程度所占百分比均在80%以上,而在这其中,心理素质方面尤为突出。这告诉我们伴随着社会经济的快速发展,工作的压力在加大,企业需要劳动者具备更高的心理素质。因此,在提高身体素质的同时,更要注重加强心理素质,这对大学生步入职场、实现高质量就业是很有必要的。在专业能力方面,有几个对比明显的指标,其中,能很快适应岗位要求和有较强的工作效率占了很大的比率,分别为96.61%和94.83%,体现出绝大多数企业都希望大学生具有较强的适应能力和执行力,这就要求大学生在平时的学习当中要注重锻炼自己的实践能力。另外就是关于证书方面的评价,该指标的比重只占43.97%,说明许多企业认为技能证书不能完全甚至很好地体现个人能力,所以学生要有选择性地考取一些必要的专业技能证书,而不是盲目跟风。以上数据的调查反映了企业对大学生就业能力方面的要求和期望,值得我们思考和借鉴。

(二)应用建议

依据上文中构建的大学生就业质量评价体系,结合其评价指标的具体分析，本文将在应用该评价体系的基础上，对促进大学毕业生就业质量的提升提出以下几个方面的建议：

1. 政府

在就业服务方面，政府除了通过推动经济更快更好发展来创造更多大学生就业岗位的责任外，还应引导、利用社会资源来增加大学生就业渠道，以大学生就业岗位和就业机会的扩大来实现大学生就业质量的快速有效提升。政府可以给支援西部的大学生更多补助，帮助他们改善工作环境；对吸纳失业大学生的非国有中小企业给予政策上的优惠，从而扩大大学生的就业渠道和机会；可以开展实名登记就业制度，相关部门将提供相应的就业服务，并跟踪了解其就业失业信息；可以建立多方立体综合化的就业信息交流平台，努力实现企业与政府、企业与毕业生、政府与大学毕业生的信息无障碍对接；可以与涉及就业的相关部门签订目标责任书来推动就业。此外，可以根据就业形势、针对不同的毕业生情况，对就业存在困难的学生实施"一对一"的就业援助计划，优先定制各种就业服务。

2. 企业

企业要建立科学合理的、与企业战略和人力资源管理战略相适应的薪酬福利制度，对于比较缺乏实践经验的大学毕业生不要一味地以没有工作经验为由而压低工资标准，应该适当调整薪资来鼓励大学生，让大学生充分运用较强的学习能力尽快提升自己的工作能力。同时也可以为大学生在职期间制订职业发展规划，给予其培训机会，帮助其提高技能水平和工作能力。另外，企业作为用人单位，应遵守法律规定，按规定给大学毕业生缴纳五险一金，提高社会保险参保率，增加学生对企业的忠诚度和归属感，从而减少离职率，提高就业质量。

3. 高等院校

高等院校要充分利用现有资源，加强校企合作，增强企业与大学生的交流，使学生所学专业知识和技能能更好地适用于社会工作。有调查显示，绝大多数大学生对学校的就业指导持一种无所谓的态度，但他们承认，找工作是他们目前最关心的事。一方面，这说明大学生对就业指导的认识不够；另一方面，高校就业指导工作可能做得不到位或效果不明显，没有引起学生的关注。所以，高等院校可以在坚持直接、适用原则的基础上开设多种形式的就业指导课程,将工作做到实处,如在大学生刚入学时就开始对其进行就业培训,增强学生就业方面的意识,帮助他们转变就业观念,熟悉国家就业政策,了解社会职业信息,掌握求职技巧,同时为在校大学生就业创造良好机会。

高等院校一般都设有提升应届毕业生就业率的组织或机构,如大学生创业孵化基地、创业协会、信息技术人才培养中心。本文将根据调查数据和现实状况,对这三个组织提出一些建议。

(1) 大学生创业孵化基地。第一,要提升知名度和影响力。作为一个鼓励大学生创业的组织,在校园内的影响力应该加强,通过设立板报、展板等形式,让在校大学生了解其组织概况、现有资源以及组织设立的目的和意义,以及都会提供哪些帮助与服务。第二,要充分利用现有资源申请程序公开化、透明化。学校设立这些资源就要能够充分利用,不造成资源闲置。大学生创业孵化基地与想要创业的在校大学生之间应该拥有信息对接的渠道。比如,通过建设校内网站、在电台做宣传等形式,将具体的流程公开化,使有创业想法的学生找到"组织"。第三,将鼓励创业落到实处。鼓励大学生创业不能仅仅停留在观念上,要有一些切实可行的措施,如为有创业想法和能力的学生提供一些基础设施和经济上的帮助作为鼓励。另外,不仅要将有意向创业的学生引进来,还要走出去鼓励学生创业,以召开宣讲会的形式定期进行宣传,在学生心目中树立"学校鼓励创业"的意识。

(2) 信息技术交流中心。高校应该切实加强信息交流,将信息平台的成果切实体现在学生身上,让学生切实享受到信息平台带来的好处与机遇。目前,许多高校都设有就业信息交流中心,但除了一些重点高校外,在许多普通二流高校,如此普遍的服务却不为广大学生所知所用,或所用的很少。因此,高校就业信息中心在广大学子心中的地位分量不足的主要原因就在于:高校就业信息中心不能很好地将校外的就业信息全面有效地搜集、整理、展现给学生。为此,我们建议:第一,高校就业信息中心要加强宣传,增强在学生中的影响力。高校就业信息中心可以在校园网的基础上建立自己的网页,同时利用微信、微博、QQ等工具快速传播自己掌握的信息。第二,要增强对一些招聘网站的关注度,将一些与高校相关的就业信息及时整理、反馈给学生。第三,要充分利用各种资源,同各类企业增强联系,第一时间获得其招聘信息,并能掌握企业的要求。第四,与其他周边高校建立密切关系,互通有无,互惠互利。定期将其他高校的就业信息与就业讲座视频总结推荐给广大学生,另外也可以利用网络的有利条件,定期收集整理一些对就业有指导意义的文章和视频,为广大学子提供借鉴,帮助他们更好地与社会对接。

(3)大学生创业协会。大学生创业协会是一个可以引入企事业单位以及其他大型创业机构的资源来为大学生提供创业、就业机会的良好平台。学校应该充分利用这个平台,为有创业想法的在校大学生,特别是准备创业却又不知如何开始的大学毕业生提供培训和学习,让学生可以有更多创业的机会。为了让创业协会更好地发挥作用,相关建议如下:

第一,在校内,做好协会的宣传工作,让绝大部分的大学生都知道它的存在,了解创业协会设立的基本情况、目的及意义。譬如,它可以让想创业的学生了解、学习创业政策,明确创业方法与流程,掌握相关技能,培养大学生的创新创业意识,增强团队协作与沟通能力,加强创业理论与实际的融合,让理论指导实践。

第二,有针对性地向外界宣传创业协会,吸引对创业有兴趣的企业家或者其他大型的创业机构投资,特别是当地的企业。

第三,鼓励大学生创业,利用从外界筹集的资金为大学生提供创业资金,让大学生有更多的创新想法实现创业的目的。另外,可以申请利用投资方计划拓展项目的一部分来进行实践操作,提高大学生做项目的能力。

4.大学生

一般来说,专业知识是大学毕业生找工作的敲门砖,特别是工科和财经类的学生,而且现在许多工作都要求有专业背景与知识储备才可以完成。所以,大学生要加强专业知识的学习,尤其是实际运用的能力,避免陷入片面的理论学习与考证的误区。在大学期间,大学生应尽量找一些与自我专业相关的社会实践工作,带着目标和任务积极投入实践,尽量将专业知识运用到工作中去。

随着社会的发展,用人单位越来越喜欢全方面发展的人才,而且越有发展前景的用人单位往往对人才的要求越高。因此,除了专业技能之外,个人能力的提高也是必不可少的。大学生要敢于去尝试,挑战一些自己没有经历过的实践活动，在实践中学习，在学习中历练自我，提高自身综合素质。

结论

大学毕业生就业问题已成为社会关注的焦点，大学生作为接受过高等教育的知识分子群体，对就业有着自身的要求与期盼，在获得就业岗位时更加注重就业质量。因此，提升大学生就业质量，建立合理有效的评价体系，对改善大学毕业生就业问题是十分必要的。

参 考 文 献

[1] 李业昆，赵喜哲. 大学毕业生就业质量影响因素研究[J]. 人力资源管理，2015（2）：239-240.

[2] 朱钧陶. 大学生就业质量评价体系的实证研究[J]. 高教探索，2015（5）：109-112.

[3] 刘艳华. 关于大学生就业质量的研究现状与启示[J]. 北京教育：高教版，2012（7）：158-159.

[4] 孙庆华. 平衡计分卡的内涵及其在现代企业中的应用[J]. 现代经济信息，2012（1）：40-41.

[5] 刘颖，兰亚明. 大学生就业"量"与"质"的关系问题探讨[J]. 中国青年研究，2013（12）：94-97.

[6] 秦建国. 就业质量评价指标体系探析[J]. 广东行政学院学报，2011（23）：76-80.

第八章 大学毕业生就业质量评价研究总结

党的十八大报告强调"推动实现更高质量的就业",党的十九大报告强调"要坚持就业优先战略和积极就业政策,实现更高质量和更充分就业",这充分体现了中国共产党的初心和使命,广大人民群众倍受鼓舞、倍感亲切。为了贯彻落实党的十八大、十九大精神,国家哲学社会科学基金项目《大学毕业生就业质量评价研究》课题组在对北京、上海、广东、福建、黑龙江、吉林、辽宁、山东、河南、河北等地的国有、民营、合资企业以及事业单位、政府机关抽样走访调研和问卷调查的基础上,对大学毕业生就业群体的就业质量评价问题进行了深入研究。该课题从管理学视角出发,应用社会学、经济学等方法,针对大学毕业生群体就业质量特征,结合企业绩效管理平衡计分卡思路,应用关键绩效指标法、层次分析法、德尔菲法以及相关数学推演等,构建了大学毕业生就业质量评价指标体系EQE-SC(Employment Quality Evaluation-Scord Card)。各类研究方法的综合应用,使该研究成果更具有科学性、实用性。

一、研究结论

(一)构建大学毕业生EQE-SC 为提高就业质量服务

本研究提出的大学毕业生就业质量评价指标体系(EQE-SC)从表层走向深入,由4个维度和19个一级指标、32个二级指标组成。

(1)第一维度:政府(10.77%),主要包括社会保障和就业服务。具体释义如下：

社会保障（63.72%），主要包括社会保险、企（职）业年金和住房公积金。社会保险是指按照国家法律法规规定缴纳五险种，在社会保障中占比最高，达54.85%；住房公积金，是企事业单位、政府机关在职职工缴存的长期住房储备金，是一种具有强制性（政策性）的福利制度，占比24.09%；企（职）业年金是指对在职职工基本养老保险的补充，由用人单位和个人共同承担，占比21.06%。

就业服务（36.28%），主要指政府对大学生就业提供的服务与承担的责任。其中，就业援助占比最高，为53.90%，就业咨询占比29.73%，就业信息推送占比16.37%。

通过以上数据发现，政府能否提供社会保险和就业援助是评价大学毕业生就业质量的重要指标。

（2）第二维度：用人单位（34.22%），包含工作单位规模、就业区域、薪酬水平、工作稳定性、劳动关系和谐度、工作环境、员工培训、工作时间、晋升机会、入职匹配度、用人单位满意度。具体释义如下（依据权重降序原则对上述内容进行阐述）：

晋升机会（21.96%），指用人单位为其员工提供的成长、进步机会。

薪酬水平（21.22%），包含工资和福利两方面。其中，工资占比是福利占比的3倍，为75%，指员工为用人单位付出劳动给付的报酬；福利占比25%，指员工在获得劳动报酬基础上获得的补充。

工作单位规模（11.72%），主要是依据国家统计局印发的《统计上大中小微型企业划分办法（2017）》的通知（国统字〔2017〕213号）对企业规模进行的划分。其中，大型企业占比最高，为53.90%，中型企业占比29.72%，小型企业占比16.38%。

员工培训（11.07%），主要指用人单位对员工所进行的培训。

用人单位满意度（8.07%），主要指用人单位对大学毕业生的个人素质、业务能力、知识水平等整体素质的满意程度。

就业区域（6.17%），是依据国家四大经济区域的划分，参考大学毕业生就业去向中地域选择而确定的，其中，中东部就业64.80%，西部就业22.98%，偏远地区就业12.22%。

人职匹配度（5.66%），主要包含专业对口率和能力素质对口率。专业对口率指员工所学专业与工作岗位相一致，能力素质对口率指员工工作岗位与能力、特长、兴趣等基本一致。其中，专业对口率占比较高，为66.67%，是能力素质对口率（33.33%）的2倍。

工作稳定性（5.05%），主要指工作单位变换的时间长度与次数（包括工作1年、工作3年、工作5年后换单位）。

工作环境（3.71%），包括决策的参与程度、工作安全感和信息分享程度。其中，员工在工作单位参与决策的程度占比高达53.90%；员工在工作单位参加劳动活动的身心安全程度即工作安全感占比29.72%；用人单位为员工提供相关工作信息的获取程度即信息的分享程度占比16.38%。

劳动关系和谐度（3.28%），主要指劳动关系双方各自追求利益的最大化下，促使利益协调一致的机制与制度的程度。

工作时间（2.09%），主要指用人单位依法履行劳动时间的制度。

通过以上数据发现，用人单位能否提供较好的晋升机会、薪资水平如何、工作单位规模大小、用人单位可否提供适当的员工培训均为大学毕业生就业质量评价体系中的重要指标。同时，用人单位满意度、就业区域、人职匹配度、工作稳定性处在相对重要的地位。另外，工作环境、劳动关系和谐程度、工作时间等也是评价大学毕业生就业质量的参考因素。

（3）第三维度：高校（16.94%），主要包含专业对口率和就业率。

专业对口率（25%），指从事的工作与所学专业的契合度。

就业率（75%），指已就业大学生人数与应就业人数之比。

通过以上数据发现，专业对口率仍是大学毕业生就业质量评价指标体系中非常重要的指标。

（4）第四维度：大学毕业生个体（38.07%），包含个人发展机会、学习创新能力、就业满意度、大学生就业能力。

个人发展机会（46.58%），主要包含个人掌控的机会（75%）和发展的随机机会（25%），个人掌控的机会是指通过个人努力能够获得的机会；发展的随机机会是指能够看到又可以抓住的机会。

学习创新能力（27.71%），主要指学习专注能力、创造创新能力以及整合能力。

就业满意度（16.11%），主要指大学毕业生对于职业的期望、认知在实际就业后的一种主观上"满意"或"不满意"的结果。

大学生就业能力（9.60%），主要指大学生的各种能力，如学习能力、思想能力、实践能力、应聘能力和适应能力等。

通过以上数据发现，大学毕业生非常重视个人发展机会，尤其是通过个人努力能够获得的机会。在能力具备方面，大学毕业生非常关注学习专注能力、创造创新能力、整合能力、思想能力、实践能力、应聘能力以及适应能力等。

（二）该研究成果广泛应用的积极作用

本研究认为，大学毕业生就业质量评价指标体系EQE-SC中所包含的各项指标，涉及政府、用人单位、高校、大学毕业生个体等方方面面，具备一定的科学性、实用性。如果本评价体系得到应用和推广，可由社会机构依照本评价体系对不同地区、不同行业、不同高校的大学毕业生就业质量进行评价，这将会对提高大学毕业生就业质量起到积极的促进作用。

1.在服务政府方面

可以促进地方各级政府更好地坚持就业优先战略，持续推进"双创工程"，采取有效措施，营造良好的大学毕业生就业环境，保障大学毕业生就业质量的提高。

2.在服务企业方面

可以有效引导、鼓励、监督用人单位，依照法律法规和市场规则，保证就业大学生的相关权益得到落实，保障大学毕业生就业质量的提高。

3.在服务高校方面

可以激励、督促高校，强化教育教学改革，持续提高人才培养质量，帮助大学毕业生树立正确的择业观，使大学毕业生将个人的职业生涯规划与经济社会发展深度融合、同频共振，保障大学毕业生就业质量的提高。

4.在服务大学毕业生个体方面

可以在大学毕业生更多关注的能力领域，如创新创造能力、整合能力、思想能力、实践能力等方面给予大学生更多的培养和指导，引导、鼓励大学毕业生自主创业，在创业中提高就业质量，在实现中华民族伟大复兴的实践中实现人生价值的最大化。

二、进一步研究的必要性

本研究还未到达终点，我们还将继续研究下去，为提高全民就业质量作出贡献。为了给后续研究破冰开路打基础，做如下阐述。

（一）本研究的局限性

就业质量本身就是一个复杂概念，它可以从多个层面去分析解读。对就业质量进行评价，其研究内容的涉及面既具有广博性，又具有层次的多样性。本课题组虽然动用了大量的人力进行前期准备，采用了相对科学、可行实用的研究分析方法，但由于自身研究能力有限，使得研究结论仍存在不足，总结归纳为以下几方面：

1.研究方法的局限

本研究依据调查资料分析结果，采用了企业管理中的评价方法进行聚类分析，借助专家意见、应用统计分析方法来建立大学毕业生就业质量评价指标体系（EQE-SC）。这些方法的应用，难免会受到主观因素的影响。例如，在评价指标体系确定时，专家意见起到一定作用。所以在专家的选择上，就应该结合系统的分析方法，选择更合适的专家，从而尽量避免受到主观因素的影响。

2.采集数据的局限

在数据采集上，本研究虽然跨越了数个省市，但是尚不属于大数据分析。如果在全国范围内拥有数据（本课题组没有能力达到），可能建立的评价指标体系会更全面、更实用。

3.研究结论适用性的局限

本研究结论是针对大学毕业生的就业质量进行评价，对于是否可以复制到全民范围进行应用，缺少实证验证。

（二）需要进一步研究开展的工作

1.进一步完善就业质量评价指标体系

本研究是针对大学毕业生就业质量评价所做的相关研究，但只是初步建立了评价指标体系，关于评价以后的后续工作，即如何提高就业质量问题，可以继续研究相关对策即措施。

2.复制大学毕业生就业质量评价指标体系，服务全社会

继续进行相关数据的调研，使大学毕业生就业质量评价指标可以复制，应用到对全体劳动者就业质量评价及其推进就业质量的提高方面。具体做法：通过实证分析，获得第一手资料，重构全体劳动者就业质量评价体系。

总之，大学毕业生就业质量评价研究，具有理论意义与现实意义。本研究发现，我国当前发展形势与社会需求需要这样的评价体系，以此提高国民劳动者的就业质量，从而促使生活质量的提高，这也是我党、我国政府的初心，是实现两个一百年、实现中国梦的一个抓手。本研究深知，凭借我们自身能力还远远不够，只能是为系统而深入的研究做一些抛砖引玉的工作。

附　　录

附录1

大学毕业生就业质量评价调查问卷

亲爱的朋友，您好！我们为更好地完成课题《大学毕业生就业质量评价研究》（国家社科基金项目，批准号14BSH064）的研究，恳请您在百忙之中抽出点时间填写这份问卷。您提供的信息仅作研究之用，谢谢您的支持与配合！

一、基本信息

性别：	A.男	B.女	年龄：	
婚否：	A.已婚	B.未婚	政治面貌：	A.中共党员　B.其他
学历：	A.专科	B.本科　C.硕士研究生　D.博士研究生　E.其他		
生源地：		省/直辖市　　地级市/区　　　县/市		
毕业学校及专业与毕业时间（请依次填写）：				
从事工作：　A.各类经理人员　　B.管理人员　　C.服务业人员　　D.专业技术人员 E.生产人员　　F.工勤人员　　G.医生　　H.护士　　I.教师　　J.其他				

二、工作信息

1	您当前的月收入（元）：　A. 3500以下　　B.3000～5000　　C.5000-7500　　D.7500-10000　　E.10000以上
2	您所学专业与您当前的工作是否对口：　A.对口　　B.相关　　C.不对口

（续表）

3	您选择目前工作最主要的原因是： A.收入高 B.稳定 C.喜欢这种职业 D.职业发展空间
4	您的合同类型是： A.劳动合同(年制) B.劳务派遣合同 C.临时合同
5	与上一年相比，您的月收入： A.增加 B.不变 C.下降
6	过去三年中，影响您工作变化的事情： A.新的工作流程或技术被引进 B.大规模的重建或重组 C.宏观经济政策 D.其他
7	您每周工作的时间：＿＿＿天，每天约＿＿＿小时
8	您采用何种方式通勤＿＿＿，单程需要＿＿＿分钟。 A.自行车或步行 B.公交或地铁 C.驾车/拼车 D.通勤车
9	您的工作安排会经常改变吗？会提前得到通知吗？ A.不会 B.是的，即时得到通知 C.是的，提前得到通知
10	一般情况下，您的工作更倾向于被客观评价吗？ A.是 B.否 C.部分是
11	您目前工作能力现状： A.需要进一步的培训 B.现在的能力足以应对我的工作 C.有能力应对更高要求的工作 D.其他
12	您工作收入主要包括(可多选)： A.工资 B.津贴 C.分红 D.奖金 E.其他收入
13	您有职业危机感吗？ A.经常有 B.偶尔有 C.没有 您职业危机的原因是(可多选)：A.年龄 B.收入低 C.能力不足 D.发展空间小
14	您工作中感受到最快乐的时刻是(注意不是多选)： A.完成一个项目时 B.发工资时 C.下班时刻 D.学习到新知识时 E.晋升时刻 F.被信任时 Q.意见被采纳时
15	您现在从事的工作是如何获得的？ A.应聘 B.家人或朋友介绍 C.学校或机构推荐
16	除工资以外您最想提升的福利是(单选)： A.少加班 B.带薪休假 C.实物或现金福利 D.集体活动 E.提职或加薪 F.被客观评价
17	以下哪种激励最能让您安心工作(注意不是多选)： A.提高工资 B.授予荣誉称号 C.物质奖励 D.职务晋升 E.领导重视
18	您对目前工作满意的方面有(可多选)： A.人性化的监管 B.良好的环境 C.和谐的同事关系 D.工作强度适中 E.上下级关系融洽 F.开放式的管理方式
19	在目前的工作岗位上，您是否容易被其他人替代？ A.不可替代 B.较难替代 C.很容易被新入职员工替代
20	您每年享受的实质性带薪休假＿＿＿天 您之前换过几次工作？＿＿＿次

三、请您发表看法,在下面各表的相应栏内打√:

请您对下列指标在就业质量评价中的重要性程度作出选择(单选)。

衡量指标		非常重要	较重要	一般	不太重要	不重要
1. 就业率						
2. 就业地域选择						
3. 就业单位的性质、规模、行业影响力						
4. 自主创业						
5. 收入水平						
6. 满意度	毕业生满意					
	家长满意					
	用人单位满意					
7. 专业对口						
8. 职务晋升						
9. 工作稳定性						
10. 工作环境						
11. 离职率						
12. 在岗周期						
13. 签订劳动合同						
14. 参加社会保险						
15. 获得培训机会						
16. 其他:(请您填写在右边)						

请您选择下面各项内容对于就业质量影响的重要程度作出选择(单选)。

内 容	非常重要	重要	一般	不太重要	不重要
1.能很快适应岗位工作要求					
2.有较强的专业技能					
3.有扎实的专业基本理论					
4.有较高的工作效率					
5.有解决问题的新方法、新技术、新思路					

(续表)

内　容	非常重要	重要	一般	不太重要	不重要
6.拥有多个专业技能证书、具备多种业务能力					
7.语言、文字表达能力					
8.协调与整合能力					
9.安全意识与防控能力					
10.信息收集和筛选能力					
11.沟通能力					
12.执行能力					
13.道德修养					
14.其他：（请您填写在右边）					

请就以下因素对您大学毕业后成功找到工作与取得工作成就的影响度作出选择（单选）。

因　素	非常重要	比较重要	一般	不太重要	不重要
1.学校、老师的推荐					
2.学习成绩、综合素质好					
3.家庭背景					
4.学历层次					
5.毕业院校					
6.政治条件					
7.当地生源					
8.担任过学生干部					
9.相关工作经历和经验					
10.个人相貌与身高					
11.性别					
12.面试时的综合表现					
13.与用人单位的社会关系					
14.毕业于名牌大学					
15.学历层次					
16.制订了周全的职业生涯规划					
17.具有良好团队意识和人际关系					
18.其他：（请您填写在右边）					

以下是关于提升就业质量的建议，请对其重要性程度作出选择（单选）。

内容＼评价	非常重要	重要	一般	不太重要	不重要
1. 政府建立权威的数字化实时招聘信息发布平台					
2. 与用人单位签订就业责任书					
3. 学校开发就业指导课程					
4. 政府搭建供需见面平台					
5. 政府制定并实施促进就业与就业质量提升的政策					
6. 促进经济增长，创造就业机会，提供更多的就业岗位					
7. 政府完善就业公共服务体系，营造公平就业环境					
8. 政府对于大学毕业生就业劳动关系的建立					
9. 政府对于大学毕业生就业工资收入方面					
10. 政府对于大学毕业生就业的社会保障方面					
11. 政府对于大学毕业生就业质量提升方面					
12. 政府协调好社会、企业、学校间的关系方面					
13. 其他：（请您填写在右边）					

四、如果您还有其他建议请写出来

_____

_____

_____

_____

附录2

大学毕业生就业质量评价指标备选征询意见表

尊敬的各位专家：

您好！又一次恳求您的帮助，打扰了。

本研究已经确定从大学毕业生就业质量评价的四个维度出发，分别建立评价指标体系。本次征询，旨在通过我们的实证调研，综合归纳问卷观点，借助各位专家的专业学识与丰富的实践经验，对该指标体系中的各备选指标构成提出您的看法与修改建议，您的宝贵卓见对该指标体系的最终完成具有决定性的影响，对于您的帮助，谨致以最诚挚的感谢。

请您对表1、2、3、4提出修改意见。

表1 政府层面的大学毕业生就业质量评价指标备选

维度	一级指标	二级指标	判断标准					备注（或标出可增、减指标）
			5	4	3	2	1	
政府	社会保障	社会保险						
		住房公积金						
	工作时间	月工作时长						
		日工作时长						
	就业服务	就业信息推送						
		就业咨询						
		就业援助						
	就业权益	工作安全保护						
		签订劳动合同						
		制定工资指导线						
	就业率	就业率						
		失业率						
	就业地域	中东部就业						
		西部就业						
		老少边穷地区就业						

表2 用人单位层面的大学毕业生就业质量评价指标备选

维度	一级指标	二级指标	判断标准					备注（添加或标出可增、减指标）
			5	4	3	2	1	
用人单位	企（职）业年金	企业年金						
		职业年金						
	薪酬水平	工资						
		福利						
	工作稳定性	工作稳定性						
		换工作时长						
	劳动关系和谐度	劳动关系和谐度						
	工作环境	信息的分享程度						
		决策的参与程度						
		工作安全感						
	劳动保护	劳动保护						
	劳动合同期限	劳动合同期限						
	员工培训	员工培训						
	工作环境	工作环境						
	工作—家庭平衡	工作—家庭平衡						
	行业性质	行业性质						
	机会平等	机会平等						
	劳动保护	劳动保护						
	决策的参与程度	决策的参与程度						
	工作安全性	工作安全性						
	职业发展前景	职业发展前景						
	工作反馈程度	工作反馈程度						
	工作机会可得性	工作机会可得性						
	工作强度	工作强度						
	工作特征	工作特征						

表3 高校层面的大学毕业生就业质量评价指标备选

维度	一级指标	二级指标	判断标准					备 注（添加或标出可增、减指标）
			5	4	3	2	1	
高校	专业对口率	专业对口率						
	就业率与稳定率	就业率						
		工作稳定性						
	就业服务	就业服务						
	基本素质	道德素质						
		科学文化素质						
		身心素质						
	职业能力	专业技能						
		综合素质						
	大学生就业能力	大学生就业能力						
	技能多样性	技能多样性						
	教育程度对口率	教育程度对口性						
	考研率	考研率						
	为社会创造价值的能力	为社会创造价值的能力						

表4 大学毕业生个体层面的就业质量评价指标备选

维度	一级指标	二级指标	判断标准					备 注（添加或标出可增、减指标）
			5	4	3	2	1	
大学毕业生	个人发展机会	个人掌控的机会						
		发展的随机机会						
	人际交往能力	人际融合能力						
		理解表达能力						
		处理问题能力						
	工作态度	工作态度						

(续表)

维度	一级指标	二级指标	判断标准					备 注 （添加或标出可增、减指标）
			5	4	3	2	1	
大学毕业生	抗压能力	抗压能力						
	责任意识	职业责任						
		社会责任						
	团队协作能力	团队协作能力						
	学习创新能力	学习专注能力						
		创造能力						
		整合能力						
	独立工作能力	独立工作能力						
	理想信念	理想信念						
	社会责任	社会责任						
	诚实敬业	诚实敬业						
	奉献精神	奉献精神						
	道德水准	道德水准						

说明：

1. 请您判断上述指标是否合理，先用打分方式完成，然后把意见填在备注里。评价标准：合理（5~4分）、基本合理（3~2分）、不合理（1分）。

2. 如果表格填写不下您的意见与建议，请您写在下面空白处；您也可直接通过电话或微信向我们传达。

再次衷心地向您表示感谢！
"大学毕业生就业质量评价研究"课题组

附录3

大学毕业生就业质量评价指标权重确定征询意见表

尊敬的各位专家：

您好！再一次恳请您的帮助，打扰了。

本研究在您与我们的共同努力下，已经确定了大学毕业生就业质量评价指标体系。有了评价指标，还缺少评价指标权重。本次征询，旨在借助各位专家的专业学识与丰富的实践经验，对该指标体系中各指标权重提出您的看法与建议。您的宝贵意见将对该指标体系的最终完成具有决定性影响。对于您的帮助，谨致以最诚挚的感谢。

请您结合表1，根据大学毕业生就业质量评价指标权重确定"两两比较评价标准"，将您的意见，填入表3-0、3-1、3-2、3-3、3-4内。

表1 大学毕业生就业质量评价指标EQE-SC权重分配表

指标	维度	权重	一级指标	权重	二级指标	权重W（%）
大学毕业生EQE-SC评价指标	政府		社会保障		社会保险	
					企（职）业年金	
					住房公积金	
			就业服务		就业信息推送	
					就业咨询	
					就业援助	
	用人单位		薪酬水平		工资	
					福利	
			工作稳定性		工作稳定性	
			劳动关系和谐度		劳动关系和谐度	
			工作环境		信息的分享程度	
					决策的参与程度	
					工作安全感	
			员工培训		员工培训	
			工作时间		工作时间执行	
			晋升机会		晋升机会	
			人职匹配度		专业对口率	
					能力素质对口率	
			用人单位满意度		用人单位满意度	

（续表）

指标	维度	权重	一级指标	权重	二级指标	权重W（%）
大学毕业生EQE-SC评价指标	用人单位		就业区域		中东部就业	
					西部就业	
					偏远地区就业	
			工作单位规模		大型企业	
					中型企业	
					小型企业	
	高校		专业对口率		专业对口率	
			就业率		就业率	
	大学毕业生个体		个人发展机会		个人掌控的机会	
					发展的随机机会	
			学习创新能力		学习创新能力	
			就业满意度		就业满意度	
			大学生就业能力		大学生就业力	

表2 大学毕业生就业质量评价指标权重确定"两两比较评价标准"

评价标准	绝对重要	相当重要	重要	比较重要	同等重要	比较重要	重要	相当重要	绝对重要
评价标度	9	7	5	3	1	1/3	1/5	1/7	1/9

大学毕业生就业质量评价指标权重确定"两两比较评价记录表"

表3-0 四个维度 "两两比较评价记录表"

就业质量O	政府A_1	用人单位A_2	高校A_3	个人A_4
政府A_1	1			
用人单位A_2		1		
高校A_3			1	
个人A_4				1

表3-1 政府层面 "两两比较评价记录表"

政府A_1	社会保障B_{11}	就业服务B_{12}
社会保障B_{11}	1	
就业服务B_{12}		1

表3-2 用人单位层面 "两两比较评价记录表"

用人单位A_2	薪酬水平B_{21}	工作稳定性B_{22}	劳动关系和谐度B_{23}	工作环境B_{24}	员工培训B_{25}	工作时间B_{26}	晋升机会B_{27}	人职匹配度B_{28}	用人单位满意度B_{29}	工作单位规模B_{2x}	就业区域B_{2y}
薪酬水平B_{21}	1										
工作稳定性B_{22}		1									
劳动关系和谐度B_{23}			1								
工作环境B_{24}				1							
员工培训B_{25}					1						
工作时间B_{26}						1					
晋升机会B_{27}							1				
人职匹配度B_{28}								1			
用人单位满意度B_{29}									1		
工作单位规模B_{2x}										1	
就业区域B_{2y}											1

表3-3 高校层面 "两两比较评价记录表"

高校A_3	专业对口率B_{31}	就业率B_{32}
专业对口率B_{31}	1	
就业率B_{32}		1

表3-4 大学毕业生个体层面"两两比较评价记录表"

毕业生个体A_4	个人发展机会B_{41}	学习创新能力B_{42}	就业满意度B_{43}	就业能力B_{44}
个人发展机会B_{41}	1			
学习创新能力B_{42}		1		
就业满意度B_{43}			1	
就业能力B_{44}				1

说明：

1.请您根据"两两比较"方法要求，依据"两两比较评价标准"，填写表3-0、3-1、3-2、3-3、3-4。

2.如果表格填写还有不清楚的地方，请直接电话或微信与我们联系。

再次衷心地向您表示感谢！
"大学毕业生就业质量评价研究"课题组